中国古典学

第二辑

赵卫东　许东　主编

山东大学出版社
SHANDONG UNIVERSITY PRESS
·济南·

图书在版编目(CIP)数据

中国古典学.第二辑/赵卫东，许东主编.—济南：山东大学出版社，2021.9

ISBN 978-7-5607-7130-4

Ⅰ.①中… Ⅱ.①赵… ②许… Ⅲ.①儒家—哲学思想—中国—古代—文集 Ⅳ.①B222.05-53

中国版本图书馆 CIP 数据核字(2021)第 186661 号

责任策划　李　港
责任编辑　郭凯迪
封面题字　聂　清
封面设计　张　荔　王秋忆

出版发行　山东大学出版社
社　　址　山东省济南市山大南路 20 号
邮政编码　250100
发行热线　(0531)88363008
经　　销　新华书店
印　　刷　济南华林彩印有限公司
规　　格　720 毫米×1000 毫米　1/16
　　　　　16 印张　286 千字
版　　次　2021 年 9 月第 1 版
印　　次　2021 年 9 月第 1 次印刷
定　　价　55.00 元

《中国古典学》
编委会

目　录

升“书”还是回“经”

——清代《大学》《中庸》归属与儒学价值取向

徐庆文

摘要：儒家思想在西汉被确定为独尊地位后，一直到唐代，“五经”都是儒家的绝对经典，也是儒家思想的核心内容。宋代朱熹将《大学》《中庸》与《论语》《孟子》合为“四书”，标志着儒学从汉学转入义理之学，为儒学创造了一个新的义理系统。这一变化，也打破了“五经”是儒学唯一载体和支撑的内部结构，使“四书”超越了“五经”，升格为儒家经典的核心。清乾隆十三年(1748)的《钦定礼记义疏》将《大学》《中庸》重归《礼记》，引起了《大学》《中庸》的回“经”运动。官方对《大学》《中庸》回归《礼记》的认可，加剧了宋学汉学的分化，使儒学内部的汉宋之争趋于白热化。晚清，《大学》《中庸》升“书”还是回“经”映衬着儒学发展的汉宋之争，间接引起了今古文之争和经子之争，代表着儒学发展的两种不同的价值取向，直接影响着经学的解体与儒学的发展方向。

关键词：大学　中庸　四书　儒家经典

《汉书·艺文志》描述儒学为：“盖出于司徒之官，助人君顺阴阳明教化者也。游文于六经之中，留意于仁义之际，祖述尧舜，宪章文武，宗师仲尼，以重其言，于道最为高。”这段话被学者认为是对儒者的经典概括，道出了“六经”对于儒者的重要性。自汉武帝设“五经”博士以来，“经”一直是儒家思想的唯一载体和支撑，其社会作用无可比拟，“经典就具有了宰制万态、牢笼百家的功用。举凡治国的道理、社会的准则、教育的内容、做人的规

徐庆文，山东大学儒学高等研究院教授，主要从事近现代儒学研究。

矩、知识的获得等等，都可以通过研读经书的活动得到‘权威’的答复”[①]。正因为如此，儒家经典也由“五经”扩展到“九经”“十二经”“十三经”。儒家经典的庞杂及笼统也被指责为“博而寡要”[②]。唐代韩愈的“道统说”是儒家思想的聚焦，从宋代二程开始到朱熹完成的理学，是继韩愈之后儒家思想的进一步聚焦。其中，儒家经典的变化是程朱聚焦儒家思想最重要的步骤。朱熹将《大学》《中庸》从《礼记》中提出，将《孟子》从“子”学中提出，组成了“四书”，并赋予“四书”在儒家经典中最重要的位置，抬“书”抑“经”，使“书”承载儒家义理，成为儒学经典的核心内容。这种局面一直持续到明代。清代，出现了《大学》《中庸》重返《礼记》运动，引起了《大学》《中庸》的归属之争，同时影响着整个儒学的价值取向。

一、“书”的设立与儒家经典结构的改变

儒家思想在西汉被定为国家意识形态的独尊地位后，一直到唐代，“五经”就是儒家的绝对经典，也是儒家思想的核心内容。这一情况自韩愈提出儒家“道统说”起发生了改变。

韩愈直接将汉代的经学扫除在儒家道统之外，而认为儒家道统谱系是“尧以是传之舜，舜以是传之禹，禹以是传之汤，汤以是传之文武周公，文武周公传之孔子，孔子传之孟轲，轲之死，不及其传焉”[③]。这一谱系传承不但不以“五经”为基准，还恰恰将汉代以“五经”为基准的儒家思想排除在外。这一道统到底以什么为基准？宋儒作了进一步明确。程颐首先将《孟子》与《论语》并列，认为“学者当以《论语》《孟子》为本。《论语》《孟子》既治，则《六经》可不治而明矣。读书者，当观圣人所以作经之意，与圣人所以用心，与圣人所以至圣人，而吾之所以未至者，所以未得者，句句而求之，昼诵而味之，中夜而思之，平其心，易其气，阙其疑，则圣人之意见矣”[④]。《论语》虽然不在“五经”之列，但它和《孝经》属“明经”，为各科所必须“兼通”，因此它们实际

---

① 许道勋、徐洪兴：《中国经学史》，上海人民出版社 2006 年版，第 410 页。

② 司马迁《史记·太史公自序》载：“儒者博而寡要，劳而少功，是以其事难尽从”；“夫儒者以《六艺》为法。《六艺》经传以千万数，累世不能通其学，当年不能究其礼，故曰‘博而寡要，劳而少功’”。由此可知，儒家经典在汉代就已经繁杂。

③ 韩愈撰，马其昶校注：《韩昌黎文集校注》第一卷，上海古籍出版社 1986 年版，第 18 页。

④ 程颢、程颐著，王孝鱼点校：《二程集》，中华书局2004 年版，第 322 页。

上也是"经"。将《论语》与《孟子》并列，且视其为"六经"之本，实际上是在"六经"之上又加上了一个"本"。这标志着儒学的一个新的价值取向，即向《论语》《孟子》看齐。而在汉代的经学排序中，"六经"（实际上是"五经"）只有顺序之别，没有本末之分。

朱熹又将《大学》《中庸》与《论语》《孟子》合为"四书"，认为"《大学》一篇乃入德之门户，学者当先讲习，得知为学次第规模，乃可读《语》《孟》《中庸》。先见义理根原体用之大略，然后徐考诸经以极其趣，庶几有得。盖诸经条制不同，功夫浩博，若不先读《大学》《论》《孟》《中庸》，令胸中开明自有主宰，未易可遽求也"[①]。朱熹倾注大量精力，为"四书"作注，认为"四书"中《大学》是纲领，《论语》《孟子》是根本，《中庸》传授心法，是理学的精髓。《四书章句集注》就是他重塑孔孟形象、发挥儒家精神、宣传理学道义的经典，同时使"五经"成为"四书"的注解。

"四书"的提出，标志着儒学从汉学转入义理之学。汉儒讲求的是"经"本身，将"经"视为常道，"经"之外没有义理，所以不去推求圣人之心，而是讲求具体的圣人之法，以之通经致用。宋儒一反汉儒经外无道的思路，认为"经"本身不是常道，圣人借经以明道，道在经之上，所以必先明义理之道，才能够治经。因此，二程强调，"古之学者，皆有传授。如圣人作经，本欲明道。今人若不先明义理，不可治经，盖不得传授之意云尔"[②]。这样，宋儒就在"经"之上又加入了一个"书"。"书"的出现，从某种意义上说为儒学创造了一个新的义理系统，使儒学由通经致用的外求转向心性义理的求圣成贤。这一变化，也打破了"五经"是儒学唯一载体和支撑的内部结构，使"四书"超越了"五经"，升格为儒家经典的核心。《孟子》从"子"升"书"，《大学》《中庸》从"经"升"书"等都是儒家经典地位的一个显著提升。

宋儒将"四书"凌驾于"五经"之上的做法在元代得到了官方的进一步认可。元代不仅将"四书"凌驾于"经"之上，而且将《大学》《中庸》从《礼记》中剥离出来，使其由原来在《礼记》中属于"言礼"的内容改而担载儒家核心义理的重任。《大学》《中庸》也由"经"升"书"，实现了从身份到地位的彻底转换。与之相对应的是，《礼记》已经容纳不了《大学》《中庸》。吴澄在《礼记纂

---

① 朱熹：《晦庵先生朱文公文集·与陈丞相别纸》，朱杰人、严佐之、刘永翔主编：《朱子全书》第21册，上海古籍出版社、安徽教育出版社2010年版，第1180页。

② 程颢、程颐著，王孝鱼点校：《二程集》，第13页。

言原序》中说："若其篇第，则《大学》《中庸》，程子、朱子既表章之，《论语》《孟子》并而为四书，固不容复厕之礼篇。"[①]陈澔《礼记集说序》："《仪礼》十七篇，《戴记》四十九篇，先儒表章学庸，遂为千万世道学之渊源。其四十七篇之文，虽纯驳不同，然义之浅深同异，诚未易言也。"[②]陈澔之后，元明两代的《礼记》注本或礼书重编本等均不载《大学》《中庸》，俨然成为惯例，多仿照陈澔《礼记集说》，只存篇目。

诚然，将《大学》《中庸》从《礼记》中提升到"书"，也受到当时学者的质疑。如祝允明（1460～1527）认为："然愚谓《大学》《中庸》终是《礼记》之一篇，孟子之言，羽翼孔氏，然终是子部儒家之一编耳。古人多有删驳，国初亦尝欲废罢。故愚以为，宜以《学》《庸》还之《礼》家。《论语》并引《孝经》同升以为一经，《孟子》只散诸论场为便。"[③]郝敬（1558～1639）也指出："先儒以《大学》《中庸》两篇为道学之要，别为二书。夫礼与道非二物也。礼者，道之匡郭，道无垠堮，礼有范围，故德莫大于仁，而教莫先于礼。圣教约礼为要，复礼为仁，礼仪三百，威仪三千，致中和，天地位，万物育，此道之至极而礼之大全也，故曰'即事之治谓之礼'。冠昏丧祭，礼之小数耳。子曰：'民可使由之，不可使知之。'世儒见不越凡民，执小数，遗大体，守糟魄而忘菁华，如《曲礼》《王制》《内则》《玉藻》《杂记》则以为礼，如《大学》《中庸》则以为道，过为分疏，支离割裂，非先圣所以教人博文约礼之意。自二篇孤行，则道为空虚而无实地；四十七篇别列，则礼似枯瘁而无根柢，所当亟还旧观者也。"[④]然而，朱熹的《四书章句集注》被朝廷推崇并采用[⑤]，对于"四书"的批评就成为末流，显得微不足道了。《四书章句集注》在宋至明之间成为儒学发展的主体，并经宋、元、明儒学大师们的进一步倡扬，得以固化，朱熹也因此成为儒学发展史上里程碑式的人物。

---

① 吴澄：《礼记纂言原序》，《景印文渊阁四库全书》第121册，（台北）台湾商务印书馆1986年版，第3页。

② 陈澔注，万久富整理：《礼记集说序》，凤凰出版社2010年版，第1页。

③ 祝允明著，薛维源点校：《祝允明集》，上海古籍出版社2016年版，第209页。

④ 郝敬：《礼记通解》，《四库全书存目丛书·经部》第91册，齐鲁书社1997年版，第641页。

⑤ 南宋宁宗嘉定五年（1212），朝廷将《论语集注》和《孟子集注》列入学官，作为法定的教科书。理宗宝庆三年（1227）朝廷下诏盛赞《四书集注》"有补治道"。

二、清代《大学》《中庸》重返《礼记》

儒学以“四书”为核心的局面一直持续到清代。经过几代人对以“四书”为核心的理学的张扬，到明末，儒学逐渐演变成为“阳明心学”。从某种意义上说，宋明理学在抬高“四书”地位的同时，将儒学的价值取向转往个体内部，转向人心，使儒学成为人的“心性”之学，而其经世的作用相对弱化。于是，明末阳明后学受到当时士人的批判，指责其“袖手空谈心性”，“迂远不切实际”，甚至有些人将明代的灭亡归咎于明末王学。“阳明一出，而尽变天下之学术，尽坏天下之人心，卒以酿乱亡之祸”①；甚至康熙年间“海内士大夫，以宗阳明为耻”②。清代满人入关，继续倡导宋明理学，汉人反满，捎带着也反满人提倡的宋明理学。于是，从清代开始，反宋明理学而兴汉学的潮流在士人中间兴起。

反理学兴汉学，首先要做的就是解散理学得以支撑的“四书”经典体系，恢复“五经”体例。王船山在《礼记章句》中一改元代以来《礼记》中《大学》《中庸》只存篇目的传统，将《大学》《中庸》录入《礼记》，并指出：“凡此二篇，今既专行，为学者之通习，而必归之《记》中者，盖欲使《五经》之各为全书，以见圣道之大，抑以知凡戴氏所集四十九篇，皆《大学》《中庸》大用之所流行，而不可以精粗异视也。”③王船山将《大学》《中庸》回归《礼记》，目的是“使五经各为全书”，以体圣道之大。这在当时并非王船山的个人观点。徐世沐梳理《礼记》时也主张“是书合《曲礼》《檀弓》《杂记》各为一篇，删古本上下之目。《大学》《中庸》二篇则仍从古本，全录以成完书。每篇之首各注其大意，每篇之末各评其得失”④。这说明，清初已有很多士人为了《礼记》完整，突破了元代以来《礼记》中只录《大学》《中庸》篇目、不录文章内容的通行做法。

如果说王船山、徐世沐等人是从版本学角度考虑将《大学》《中庸》内容重归《礼记》的话，那么清初另一位有重要影响的士人黄宗炎则从《大学》《中

---

① 张烈：《读史质疑》，徐世昌等编，沈芝盈、梁运华点校：《清儒学案》，中华书局2008年版，第893页。

② 程晋芳：《勉行堂文集·正学论三》，《清代诗文集汇编》第343册，上海古籍出版社2010年版，第440页。

③ 王夫之：《礼记章句》，《船山全书》第4册，岳麓书社1996年版，第1246页。

④ 永瑢等撰：《四库全书总目》，中华书局1965年版，第196页。

庸》的内容上主张重归《礼记》。他认为："割礼传之《大学》《中庸》两篇而孤行之，盖由视礼为粗迹，而别求性与天道不可闻之微旨以为上达，至使'慎独''未发'纷纷聚讼，岂知'一日克己复礼，天下归仁'恐非粗迹所能臻者！《大学》之修、齐、治、平，《中庸》直至'参赞''位育''无声无臭'，亦只形容礼之至极尔。今欲割去本原，别寻玄妙，几何其不入于释氏也！"[①]黄宗羲更是直接指出《大学》《中庸》说的是"礼"，而不是儒家思想的纲领、心法，所谓的"三纲八目""参赞化育"等说的是礼达到极致所呈现的状态，也就是"礼"的作用。这种说法直接否定了"四书"体系成立的基础。

黄宗羲虽然是很有影响的思想家，他的观点也代表着一部分士人的主张，但毕竟左右不了清初整个学界。一直到乾隆前期，官方编纂的《礼记》仍然沿用陈澔《礼记集说》的做法。如乾隆朝由张廷玉等奉敕编的《日讲礼记解义》，仍然谨守惯例。但是，成书于乾隆十三年(1748)的《钦定礼记义疏》(李绂领纂，全祖望、吴廷华、惠士奇参与)却将《大学》《中庸》重归《礼记》，《大学》《中庸》皆用古本原文，正文之后依序排列郑注、孔疏、朱子《章句》。其《凡例》说："《中庸》《大学》二篇，自宋大儒编为四书，其后俗本《礼记》遂有止载其目而不列其文者，兹仍曲台之旧以尊全经，以存古本，兼辑朱注，以示准绳，而《正义》等条，概置勿用。"[②]这是自元代陈澔《礼记集说》400年后，官方的《礼记》注本首次恢复《大学》《中庸》，其目的非常明确，尊重《礼记》一书的完整性，保存古本的形态，特别增设《大学》《中庸》与其他47篇不同的体例。"其《中庸》《大学》二篇，陈澔《集说》以朱子编入《四书》，遂删除不载，殊为妄削古经。今仍录全文，以存旧本。惟章句改从朱子，不立异同，以消门户之争。盖言各有当，义各有取，不拘守于一端，而后见衡鉴之至精也。"[③]此书面世，意义重大。在宋明理学仍被朝廷奉为圭臬的乾隆朝，《钦定礼记义疏》又将《大学》《中庸》内容归还《礼记》，无疑为民间如火如荼的汉学提供了官方依据。许多士人借此扩大汉学的影响，攻击宋明理学推崇的"四书"。扬州学派代表人物汪中就力主《大学》言"礼"，"《大学》，其文平正无疵，与《坊记》《表记》《缁衣》伯仲，为七十子后学者所记，于孔氏为支流余裔。师师相传……诚知其为儒家之绪言，记礼者之通论。孔门设教，初未尝以为至德

① 黄宗炎：《周易象辞》卷四，《景印文渊阁四库全书》第40册，第263页。

② 《钦定礼记义疏凡例》，《景印文渊阁四库全书》第124册，第3页。

③ 永瑢等撰：《四库全书总目》，第172页。

要道"[1]。梁章钜直接指出"四书"不应该存在,"朱子之《章句集注》,积平生之力为之,垂没之日犹改定《大学·诚意章》注,凡以明圣学也。元延祐中用以取士,而阐明理道之书遂渐为弋取功名之路。至《大全》出而捷径开,八比盛而俗学炽,驯至高头讲章行,非惟孔、曾、思、孟之本旨亡,并朱子之《四书》亦亡矣"[2]。

官方对《大学》《中庸》回归《礼记》的认可,加剧了宋学汉学的分化,使儒学内部的汉宋之争趋于白热化。之后,汉学日益兴盛,《大学》《中庸》既在朝廷提倡的理学的"四书"中,又回到"五经"的《礼记》中。由于汉学在乾嘉时期的凸显,《大学》《中庸》回归到《礼记》已经成为当时士人的流行做法。"《大学》《中庸》重返《礼记》的运动,产生于古学兴起的雍正、乾隆时代,回归原典,尊经崇古是当时的潮流。"[3]升到"四书"的《大学》《中庸》又在400余年之后回到"经"。

三、"书""经"之间与儒学的价值取向

本来,《大学》《中庸》升"书"还是回"经",只是个古典文献内容的归属问题,不值得小题大做,却映衬出儒学发展不同的价值取向,而这种不同的价值取向所带来的直接后果,就是传统经学的解体。从这个意义上说,升"书"还是回"经"绝不仅仅是一个文献问题,而是关乎儒学的存亡。

升"书"代表着宋学传统,将儒学看作"天道""性命"之学,并将其带向了人心所向,使其真正成为"为己之学"。回"经"代表着汉学传统,将儒家经典视为做人做事的规范、标准,视为上天的旨意,供人们信奉。因此,升"书"还是回"经",实质上代表着儒学发展的汉学传统与宋学传统。历史上,汉学占据了汉唐时期的统治地位,宋明兴起的理学取代了汉学的地位。在明代以前,汉学与宋学并没有真正意义上的交集,可以说"各领风骚"。然而,到了清代,诸种因素促成了汉学宋学交集争锋,兴汉学与尊宋学构成了朝野上下

① 汪中著,田汉云校:《新编汪中集》,广陵书社2005年版,第381页。

② 梁章钜:《退庵随笔·读经二》,沈云龙主编:《近代中国史料丛刊》第44辑,(台北)文海出版社1973年版,第802～803页。

③ 石立善:《〈大学〉、〈中庸〉重返〈礼记〉的历程及其经典地位的下降》,《国学学刊》2012年第3期。

的分道扬镳。清廷对理学的抬升与倡扬不比任何一个朝代差，康熙“夙好程朱，深谈性理”，并亲自主持刊定《性理大全》，将朱熹配祀“十哲”之列。朝野上下风行程朱理学，“康熙中叶以后，为程朱极盛之时，朝廷之意指，士大夫之趋向，皆定于一尊”①。而民间汉学的学风如日中天，与理学形成对峙之势，甚至朝廷大臣中也兴起汉学之风。乾隆皇帝曾专门下旨训诫诸臣：“盖近来留意词章之学者，尚不乏人，而究心理学者盖鲜……有宋周、程、张、朱子于天人性命大本大原之所在，与夫用功节目之详，得孔孟之心传，而于理欲、公私、义利之界，辨之至明。循之则为君子，悖之则为小人。为国家者，由之则治，失之则乱，实有裨于化民成俗、修己治人之要，所谓入圣之阶梯，求道之涂辙也……朕愿诸臣研精宋儒之书……明体达用，以为启沃之资，治心修身，以端教化之本。”②即使这样，也没能阻止汉学在士人及朝廷大臣之间的兴盛。汉学家从音韵、文字学入手，通过文字、音韵来判断和了解古书的内容和含义，即以语言文字学为治经的途径，“凡古儒所误解者，无不旁征曲喻，而得其本义之所在。使古圣贤见之，必解颐曰：‘吾言固如是。’数千年误解之，今得明矣”③。他们重视客观材料，不以主观想象轻下判断，考订问题用形式逻辑的归纳法，把同类材料罗列在一起，旁征博引，然后得出结论，只讲证据不讲道理，逐渐发展成了脱离实际、厚古薄今、舍本求末、烦琐细碎等单纯的考据学问。汉学越深入，其学说越繁杂，也越偏离现实。

汉学宋学之争直接带来了今古文之争。这看似与《大学》《中庸》升“书”还是回“经”毫无关系，但正是《大学》《中庸》回“经”的合法化（《钦定礼记义疏》收录《大学》《中庸》内容，由此引起《大学》《中庸》重返《礼记》运动），加剧了汉学的升温，使汉学与宋学势均力敌。汉学解经的繁杂、琐碎与深奥，把经解读得支离破碎，于是，质疑之声泛起，“泥古”“不论是非”“离经叛道”“异端邪说”“鸩酒毒脯，烈肠洞胃”等批评之声不绝于耳，今文经学作为乾嘉学派的反动乘势而起。今文经学主张经学的微言大义，认为儒学的经典集中

---

① 徐世昌等编，沈芝盈、梁运华点校：《清儒学案》，第2171页。

② 《清高宗纯皇帝实录·乾隆五年十月己酉条》，《清实录》第10册，影印本，中华书局1985年版，第875～876页。

③ 阮元撰，邓经元点校：《揅经室集》，中华书局1993年版，第120页。

于《春秋》，特别是《公羊春秋》发扬了孔子的大义。康有为以今文经学为核心，重新构造了儒学的道统，指出儒学并不是孔子延续夏、商、周三代而形成的，而是其为改制而依托三代所创造的。孔子创造的“六经”没有延续下来，传承下来的是汉代刘歆的伪经。这无疑是“思想界之一大飓风”，如“火山大喷火”“大地震”。从某种意义上说，康有为将今文经学发挥到了极致。古文经学在今文经学兴起之时已经显有退势。但至晚清，古文经学家又开始对今文经学发难。章太炎专门研究今文经学奉为圭臬的《春秋》，指出孔子并非受天命而作《春秋》，只是修《春秋》。与章太炎观点类似，刘师培也不同意将《春秋》视为孔子的“政治蓝本”，认为今文经学家最大的错误是没有将《春秋》作为“史书”来对待，这样，《春秋》之“史”的意义终于被康有为阉割殆尽。章太炎、刘师培等古文大师对于《春秋》等儒家经典的考证，否定了《公羊春秋》在儒家经典中的地位，动摇了今文经学所建立的理论基础。在汉宋之争没有完全消弭的情况下，今古文的争论又甚嚣尘上，儒学内部的纷争已经乱象丛生，这种内部争斗削弱了儒家经典的地位，使儒家思想从内部出现了危机。

儒学内部的争论，降低了儒学的影响力，“伴随着汉学的衰落，是宋学复振的呼声、今文经学的崛起和诸子学的兴盛”①。晚清，诸子学的兴起进一步加剧了儒学的解体。诸子学在儒学独尊后，成为经学的辅助，以子解经者几乎成为学者治学的方法。清初士人尤为重视子学，顾炎武说：“子书自孟、荀之外，如老、庄、管、商、申、韩，皆自成一家言。”②晚清章太炎更是抬高诸子，拉低儒学，使儒学回到诸子学的地位，并指出儒学只是诸子学中的显学，孔子与墨子、老子等没有高下之分。章太炎对先秦诸子，尤其是儒、道、墨、法各家学说都有深入研究，于校勘训诂中整理出一种有条理而又系统的诸子学。既是经学家又是子学名家的章太炎，在研究方法和发掘思想内容方面常常能做到融会贯通。在《儒墨》《儒道》《儒法》《儒侠》《儒兵》以及《诸子学略说》《国故论衡》《国学概论》等著述中，章太炎通过对儒家与墨家、道家、法

① 景海峰：《清末经学的解体和儒学形态的现代转换》，《孔子研究》2000 年第 3 期。

② 顾炎武著，黄汝成集释，栾保群、吕宗力校点：《日知录集释》，上海古籍出版社2006 年版，第 1083 页。

家、兵家等其他诸子的比较，较为系统地梳理了先秦思想史。章太炎非常强调儒家是先秦诸子之一，并发现儒家与其他诸子在源流上相互渗透，在义理方面具有相通之处。章太炎认为，在先秦诸子学中，道、儒两家所见独到，本是同源，后来才分离。在儒道两家中，道家才是南面之术的倡导者，“老聃为柱下史，多识故事，约《金版》《六韬》之旨，箸五千言，以为后世阴谋者法。其治天下同，其术甚异于儒者矣。……且夫儒家之术，盗之不过为新莽；而盗道家之术者，则不失为田常”①。不仅儒道同源，儒墨也同源。墨子也说“法禹”，《淮南子·要略》说“墨子学儒者之业，受孔子之术”，《墨子·节葬》载：“吾上祖述尧舜禹汤文武之道。”墨子的“兼爱”与宋明儒的“理一分殊”有相通之处。墨子的“非乐”“短丧”使人们的情感得不到表达，与儒家分道扬镳，并被孟子、荀子所批评。儒家与法家的关系更加密切，儒家离不开法家，法家也从儒家中吸取养分。法家的严刑峻法与儒家的道德说教目的都是维护社会的治理，只是手段不一样。儒家与法家一样主张专制，“是故孔子有‘不可以政假人’之论。而孟子对梁惠王之言，先及弑君。惟孟子不主用术，主用仁义以消弭乱源，此其与术家不同处耳”②。通过比较，章太炎还分析出其他诸子学在某些方面并不落后于儒学，如在政治主张方面，道家的范围比儒家大，老、庄的名利观轻于孔子；在哲理论述方面，道家高于儒家；等等。经章太炎“抬子压儒”式的考证，儒家经典经两千余年累积起来的神圣光环被剥落殆尽，儒学跌落回先秦诸子之一派，与道、墨、法等家没有什么特殊不同了。如果从儒学的历史发展上反思经学解体的话，可以说，正是经学内部出现的不同价值取向，才为诸子学乃至西学提供了与儒学对垒的缝隙。而经学内部的分歧，也正是由类似《大学》《中庸》升“书”还是回“经”这样对于经典的不同解读而引发的。

总之，《大学》《中庸》升“书”还是回“经”，代表着儒学发展的两种不同的价值取向，直接影响着经学的解体与儒学的发展方向。

---

① 章炳麟著，徐复注：《訄书详注》，上海古籍出版社 2000 年版，第 64、65 页。

② 章太炎：《章太炎国学讲义》，海潮出版社 2007 年版，第 207～208 页。

从"设官分职"到"学成治就"

——"大学之政"形态中的"大学之道"考论

李　政

摘要：在"经学"特别是"礼学"传统中，"大学"是王者"设官分职"统治形态中的重要"学政"机构。基于或通过"大学"制度而达成、落实的统治、治理教令及举措，可被统称为"大学之政"，"天子职位"负责的"大学之道"即"大学之政"的总体性规范。"大学之政"以培养合格的统治者与治理者为根本目的，"三公"传授于王太子的"世子法"是"大学之政"的核心内容。"大学之政"通过对"天子之位"及各级官、爵之"在位者"的养成，成为"设官分职"系统顺利运作和自我维续的重要环节。"明明德""亲民""止于至善"是"天子之位"的在位者必须践行的制度性要求，天子对"世子法"的实践，构成了"大学之道"的真实内容。"大学之道"的最终形态，必然呈现为一种天子统摄下的"学成治就"秩序，即一种作为"大学之政"最终归宿的完善的统治、治理秩序。

关键词：设官分职　大学之政　大学之道　世子法　学成治就

李政，聊城大学政治与公共管理学院讲师，主要从事儒家哲学、经学、古典诗学研究。

《礼记·大学》一篇，特别是篇首“大学之道，在明明德，在亲民，在止于至善”的表述，历来被学者视为某种经典性“纲领”[①]。同时，《大学》又因其被赋予的总括性意义，而被视为某种形式化的“间架”[②]，“大学之道”的含义亦由此而被形式化乃至概念化。然而，就《大学》以及整部《礼记》所处的经典系统，或曰“五经”系统来看，“大学之道”的表述固然可以且需要参照其他经典而被恰当地理解，但这并不意味着“大学之道”只具有一种形式化的、概念化的意义或形态；恰恰相反，在“五经”系统内部特别是“礼经”中，“大学之道”具有丰富的实质性内容，正是这些内容赋予了《大学》中关于“大学之道”的表述以真正的实践形态。“大学之道”亦因其实质性内容以及实践性特征，而在“礼学”乃至整个“经学”传统中，甚至在我们当下对“经学”的传承实践中，具有重要的内在意义与价值。

导　论

（一）作为“教令”的“大学之道”

在传世文献中，对《大学》全篇最早的权威性论述，见于郑玄《礼记目

---

① 作为“纲领”说代表人物，朱熹不仅将“大学之道”以下三句称为“《大学》之纲领”，而且将《大学》全篇视为“纲领”，即所谓“《大学》是为学纲目。先通《大学》，立定纲领，其他经皆杂说在里许。通得《大学》了，去看他经，方见得此是格物、致知事；此是正心、诚意事；此是修身事；此是齐家、治国、平天下事”（黎靖德编，王星贤点校：《朱子语类》，中华书局 1986 年版，第 252 页）。金履祥承续朱子之意云：“是‘三在’者固俱为《大学》纲领，而又自相为纲领。‘在明明德’所以起下两‘在’，‘在止于至善’又所以总上两‘在’。”[金履祥：《大学疏义》，《景印文渊阁四库全书》第 202 册，（台北）台湾商务印书馆 1986 年版，第 3 页]陈栎更主张：“为学次序自有其要，先须《大学》以为入德之门，以其中说‘明明德’‘新民’具有条理，实群经之纲领也。”（胡广等辑：《四书大全》，《景印文渊阁四库全书》第 205 册，第 8 页）

② 朱子云：“今且须熟究《大学》作间架，却以他书填补去。”甚至认为“《大学》是一个腔子，而今却要去填教实着”（黎靖德编，王星贤点校：《朱子语类》，第 250、251 页）。牟宗三先生虽然不认同朱子解读《大学》的思路，却同样认为：“是故《大学》之为实践之规模，摆列出一个实践之间架，只是现象学地平说。……这只是个形式的规模。”[牟宗三：《心体与性体（三）》，《牟宗三先生全集》第 7 册，（台北）联经出版事业股份有限公司 2003 年版，第 61 页]钱穆先生也说：“《大学》的贡献，在把全部复杂的人生界，内外（心与行，德与业，知与物，我与人），本末（身与家、国、天下，个人与社会大群），先后，举出一简单的观念与系统来统统包括了。”[钱穆：《中国思想史》，《钱宾四先生全集》第 24 册，（台北）联经出版事业股份有限公司 1998 年版，第 103 页]

录》,其云:“名曰《大学》者,以其记博学,可以为政也。此于《别录》属《通论》。”[①]郑玄认为,《大学》之所以得名,一方面在于此篇所记的内容“博学”,另一方面则在于其内容“可以为政”。

“可以为政”之“政”,可泛指“统治”“治理”的权力、制度、举措等,亦可专指统治者的政令。《礼记·哀公问》载:“公曰:‘敢问何谓为政?’孔子对曰:‘政者,正也,君为正,则百姓从政矣。’”郑玄注:“言君当务于政。”[②]又如《礼记·檀弓下》:“惠伯曰:‘政也,不可以叔父之私,不将公事。’”郑玄注:“政,君命所为。”孔疏引郑玄《论语注》:“君之教令为政,臣之教令为事也。”[③]故“可以为政”的总体意义可被理解为:作为教令而适用于君主的统治、治理。

就《大学》本经来看,在“大学之道”或朱子所谓“大学之纲领”的统摄下,从“欲明明德于天下”到“国治而后天下平”的论说,构成了一套首尾呼应的意义脉络。这一系列表述的真实内容不仅始终指向而且必定呈现为或落实于“国”乃至“天下”的秩序形态,此种秩序又必定通过“天子”或“君”统摄、引领的“为政”实践而达成。这种秩序的统摄者和引领者,亦是“大学之道”的颁行者。[④]

概言之,的确如郑玄之“释名”所言,《大学》与“大学之道”本身就是出自“天子”或“有国者”之“政”,即本身就是一种布行于“国”乃至“天下”的“教令”。此“教令”主要通过“大学”这一“学”之特定形态以达成真实效用,此即《礼记·学记》所谓:“夫然后足以化民易俗,近者说服,而远者怀之。此大学之道也。”[⑤]

固然,《大学》中明言“自天子以至于庶人,壹是皆以修身为本”,但这并不意味着作为“教令”的《大学》及“大学之道”无差别地适用于特定人伦—政治共同体(ethical-political commonwealth)中包括“天子”“庶人”在内的所有

---

① 郑玄注,孔颖达疏:《礼记正义》,北京大学出版社 2000 年版,第 1859 页。

② 郑玄注,孔颖达疏:《礼记正义》,第 1606 页。

③ 郑玄注,孔颖达疏:《礼记正义》,第 355 页。

④ “天子”或“君”具有的“为政”的资格、地位固然呈现于“明明德”“亲民”“止于至善”的真实形态,但并不由后者赋予和决定;相反,“德”“善”的真实形态必定依照在特定人伦-政治制度系统中,“天子之位”或“君位”对当下的及将来在位者的客观要求而成立。详论见后。

⑤ 郑玄注,孔颖达疏:《礼记正义》,第 1227 页。

成员，而只是表明“教令”的有效性需要通过一种“自天子以至于庶人”的上下秩序而达成。① 因为“治国”“平天下”的表述已明确地将“大学之道”的执行者——而非相关效用的承担者——限定为将要或能够对“国”与“天下”实施统治、治理的“君子”，也就是包括天子在内的有爵者及有官者②。此正如劳思光先生所说：“《礼记》中之《大学》，自指贵族之学而言，观全文主旨归于‘治国’及‘平天下’可知。”③

（二）“大学之道”即“大学之礼”④

在“经学”中，更准确地说，在经学“教典”(Canon)中，一切“为政”实践都以“礼”或曰“礼”之制度为根据，而相应的所有要求与规范，无论其适用于个体还是群体，都必然在“礼”的领域(Gebiet)内获得其对象及效用。

“礼”对“为政”或“政”的形态与目的具有一种总体上的统摄性与决定性。孔子云：“内以治宗庙之礼，足以配天地之神明。出以治直言之礼，足以

---

① 自上而下布行“教令”或“政令”的秩序本身具有重要意义。如《国语·周语中》：“王曰：‘不可。夫政自上下者也，上作政，而下行之不逆，故上下无怨。’”(《国语》，上海古籍出版社1988年版，第59页)《左传·襄公二十一年》：“夫上之所为，民之归也。上所不为而民或为之，是以加刑罚焉，而莫敢不惩。若上之所为而民亦为之，乃其所也，又可禁乎？”(左丘明传，杜预注，孔颖达正义：《春秋左传正义》，北京大学出版社2000年版，第1112～1113页)《荀子·非相》：“起于上所以道于下，正令是也。”(王先谦撰，王啸寰、王星贤点校：《荀子集解》，中华书局1988年版，第87页)《礼记·乐记》：“君好之，则臣为之。上行之，则民从之。《诗》云：‘诱民孔易。’此之谓也。”(郑玄注，孔颖达疏：《礼记正义》，第1312页)

② 《荀子》：“君子听律习容而后士。”杨倞注：“君子，在位者之通称。”(王先谦撰，王啸寰、王星贤点校：《荀子集解》，第496页)《礼记·曲礼上》：“是以君子恭敬撙节退让以明礼。”孔疏：“君子是有德有爵之通称。王肃云：‘君上位，子下民。’又康成注《少仪》云：‘君子，卿大夫若有异德者。’”(郑玄注，孔颖达疏：《礼记正义》，第17～19页)

③ 劳思光：《新编中国哲学史》第二册，三联书店2019年版，第50页。

④ 在近期学界研究中，阮航准确指出：“汉代儒学家从‘礼学’立场来诠释《大学》，突出的正是‘礼’的精神，特别是对社会建制的关切。……从‘礼’的角度看，可以由《大学》追溯到《礼记》、‘六经’，进而探讨它和礼学包括《春秋》的关联。”(阮航：《“仁”与“礼”——对〈大学〉文本的诠释立场与解释方法》，《理论与现代化》2007年第3期)高会霞亦认为：“汉唐时期礼学思想占主导地位，《大学》《中庸》两篇作为《礼记》中的文章，主要以论‘礼’为主，属于论政之外王之学。……可见，汉代《大学》处于礼学研究范围，属于政治性的文章。”(高会霞：《从论“礼”到论“性”——唐代学者对〈大学〉〈中庸〉的意义转换》，《中州学刊》2015年第4期)实际上，我们今天未必完全同意汉儒对《大学》所作出的解读，但应当承认，至少就“礼经”系统来看，汉儒把《大学》作为“礼学”经典的立场和进路，是完全自洽的，乃至具有根本性意义。

立上下之敬。……为政先礼，礼其政之本与！"郑玄注："直，犹正也，正言谓出政教也。"[①]同时，"礼"也是统治者、治理者据以自上而下构建、贞定具体的"政"之秩序的根本原则，即"礼者，君之大柄也，所以别嫌明微、傧鬼神、考制度、别仁义，所以治政安君也"[②]。而"礼"不仅在源头上决定着"政"的秩序性，更要求这种秩序性通过"政"普遍地下达、落实于民众。孔子云："礼之所兴，众之所治也。礼之所废，众之所乱也。"[③]又如《左传·桓公二年》："礼以体政，政以正民，是以政成而民听。"[④]

特就"大学之道"而言，其作为"教令"必在"礼"的决定下被纳入"为政"实践，并由此被赋予一种依照各种具体的"礼"之制度而构成的现实形态。所谓"制度"，就其最宽泛的意义讲，就是"制事之法度"[⑤]。《礼记·仲尼燕居》："子曰：'制度在礼，文为在礼。'"孔颖达云："'制度在礼'者，言国家尊卑、上下制度存在于礼。'文为在礼'者，人之文章所为，亦在于礼，言礼为制度、文章之本。"[⑥]

---

① 郑玄注，孔颖达疏：《礼记正义》，第1607页。

② 郑玄注，孔颖达疏：《礼记正义》，第795页。

③ 郑玄注，孔颖达疏：《礼记正义》，第1623页。

④ 左丘明传，杜预注，孔颖达正义：《春秋左传正义》，第175页。

⑤ 《说文解字·又部》："度，法制也。"（段玉裁注：《说文解字注》，上海古籍出版社1981年版，第116页）《国语》："必有以知天地之恒制。"韦昭注："制，度也。"（《国语》，第578页）《礼记·深衣》："古者深衣，盖有制度，以应规矩绳权衡。"郑玄注："言圣人制事，必有法度。"（郑玄注，孔颖达疏：《礼记正义》，第1822页）泛言之，"礼"之规范系统即制度，而"制度"亦可专指关于政事的具体规定，也就是作为"即事之治"的"礼"。就此以言"制度"，如《礼记·礼运》："故天子有田以处其子孙，诸侯有国以处其子孙，大夫有采以处其子孙，是谓制度。"（郑玄注，孔颖达疏：《礼记正义》，第794页）"是故夫政必本于天，殽以降命。命……降于五祀之谓制度。"《乐记》："制度文章，礼之器也。"（郑玄注，孔颖达疏：《礼记正义》，第1269页）就现实统治、治理秩序的形成与维护而言，"即事之治"显然较"礼"之体系的完整性更应被重视。故《王制》云："变礼易乐者为不从，不从者君流。革制度衣服者为畔，畔者君讨。"孔疏："礼乐虽为大事，非是切急所须，故以为不从，君惟流放。制度衣服，便是政治之急，故以为畔，君须诛讨。此四罪先轻后重。"（郑玄注，孔颖达疏：《礼记正义》，第426、429页）贾谊亦云："君臣相冒，上下无辨，此生于无制度也。今去淫侈之俗，行节俭之术，使车舆有度，衣服器械各有制数。制数已定，故君臣绝尤，而上下分明矣。"（贾谊撰，阎振益、钟夏校注：《新书校注》，中华书局2000年版，第104页）

⑥ 郑玄注，孔颖达疏：《礼记正义》，第1620、1622～1623页。

进一步讲，正是“礼”对“政”的统摄性、决定性赋予了“大学之道”对于“为政”之人、事的有效性。[①] 至少在《大学》本经所申明且最终指向的人伦-政治秩序形态中，“大学”与“大学之道”的真实性、有效性乃至合法性，既不是天然自明的，也不是无条件、无区别地呈现于所有人的，而必须在依照“礼”而成立的总体实践秩序中，以一种具有等次性的形态，落实于遵循、维护或服从制度中的分位、职能规定以行事的所有实践者或曰“人伦—政治共同体成员”[②]。正因如此，一旦脱离了或逾越了“礼”的制度与“政”的领域，“大学之道”便不再具有明确的指涉对象，“明明德”“亲民”“止于至善”这类表述的意义也因其适用界限的虚化而变得含混。在这种情形中，无论将“大学之道”视为“教令”或某种“纲领”，都会造成更大的迷惑。

一、从“设官分职”到“大学之政”

在“经学”传统中，特别是在作为“礼学”经典的《周礼》《礼记》记述中，“礼”与“政”被统合于一套完备的“设官分职”系统[③]，“大学”就是本于此系统而成立并依照特定的制度规范而运作的“学政”机构。通过与“大学”相关之机构与职官设置而成立的实践形态，皆可谓“大学之政”。

（一）“设官分职”与“官法”

孔子云：“礼者何也？即事之治也。君子有其事，必有其治。”[④]在一种客观的、制度化的“礼”之秩序中，通过“礼”而被决定的“事”以及相应的“治事者”身份，其相互关系即被统合为并贞定为特定的“官职”系统，此即所谓“官

---

① 单纯就形式而言，在“为政”实践中，“大学之道”必定关联于并适用于统治、治理的具体对象，并对相关人、事具有指导、规范乃至决定作用，故其真实形态必由“事”与“法度”共同构成。而这种综合形态就是呈现于“制度文为”之“礼”，或者说是被纳入“礼”之完整系统中的“制度文为”。

② 此义可参见《大戴礼记·少闲》：“故天子昭有神于天地之间，以示威于天下也。诸侯修礼于封内，以事天子；大夫修官守职，以事其君；士修四卫，执技论力，以听乎大夫；庶人仰视天文，俯视地理，力时使以听乎父母。此唯不同等，民以可治也。”（王聘珍撰，王文锦点校：《大戴礼记解诂》，中华书局 1983 年版，第 214 页）

③ 秦蕙田云：“盖圣人为国以礼，礼以辨上下、主秩叙，则官职之统属相维，大小相贯，内外相系，固典礼之一大事也。”（秦蕙田：《五礼通考》，《景印文渊阁四库全书》第 140 册，第 322 页）

④ 郑玄注，孔颖达疏：《礼记正义》，第 1616 页。

者，管也，以管领为名，若指其所主，则谓之职”[①]。

《周礼·天官·叙官》云：“惟王建国，辨方正位，体国经野，设官分职，以为民极。”[②]《礼记·曲礼下》亦云：“君天下曰‘天子’，朝诸侯、分职、受政、任功，曰‘予一人’。”[③]而“政”作为王者或天子的政教命令、举措，之所以能够被自上而下地布行并达成效用，最直接、最有力的客观保障就在于王者或天子对相应官职的设立与任命。[④]

“设官分职”所满足、所呈现的并非王者或天子个人对权力或“德”的某种需求与认同，而是对于统治者、治理者在人伦-政治领域达成、实现一种客观的“治”之形态的必然要求[⑤]，即旨在落实并贞定一种客观的、自上而下确

---

① 郑玄注，孔颖达疏：《礼记正义》，第388页。

② 《周礼·天官·叙官》郑玄注：“周公居摄而作六典之职，谓之《周礼》。”孙诒让以为：“此郑依刘歆说，以《周礼》为周公致太平之道也。……郑意作六典之职，即制礼之一端也。”（孙诒让撰，王文锦、陈玉霞点校：《周礼正义》，中华书局1987年版，第9页）朱子则云：“盖《周礼》乃制治立法、设官分职之书，于天下事无不该摄，礼典固在其中，而非专为礼设也。”（朱熹：《仪礼经传通解·篇第目录序题》，朱杰人、严佐之、刘永翔主编：《朱子全书》第2册，上海古籍出版社、安徽教育出版社2002年版，第28页）又云：“《周官》一书，固为礼之纲领。”（朱熹：《晦庵先生朱文公文集·乞修三礼劄子》，《朱子全书》第20册，第687页）按：孙诒让所谓“制礼之一端”与朱子所谓“礼之纲领”并不矛盾，因“制礼”“作六典之职”皆以“致太平”为最终目的。就《周礼》本经而言，其涵摄天下之礼，故可谓“礼之纲领”；就《周礼》经中包含的“制治立法、设官分职”的制度构建而言，其作为确立天下秩序的基本方式，确为“制礼之一端”。因为“礼”的总体形态就是“致太平之道”，而一切制度、官职的设置都是“致太平”实践的组成部分。

③ 郑玄注，孔颖达疏：《礼记正义》，第143页。

④ 作为一种现实政治形态的“设官分职”实践远早于周公制礼作乐而构建的“周礼”系统。《尚书·尧典》记载，尧作为天子能够“平章百姓，百姓昭明”，“允厘百工，庶绩咸熙”，此“百姓”“百工”即“百官”；而尧命羲和“敬授人时”，命羲仲、羲叔、和仲、和叔分宅四方，此即立官布政之实务，“协和万邦，黎民于变时雍”的统治秩序亦本此而成。《礼记·明堂位》：“有虞氏官五十，夏后氏官百，殷二百，周三百。”（郑玄注，孔颖达疏：《礼记正义》，第1109页）林之奇云：“古者官有大功则有官族……羲和之命在尧之世，谓之羲仲、羲叔、和仲、和叔，盖以是四者为官称也。至于夏时，掌天地四时之官犹谓之羲和，若此之类，盖是以官为族……尧时分命羲和四子，定历象、正闰余，以为甚重。其设官分职，莫先于此。”（林之奇：《尚书全解》，《景印文渊阁四库全书》第55册，第241页）

⑤ 司马光云：“臣闻天子之职莫大于礼，礼莫大于分，分莫大于名。何谓礼？纪纲是也。何谓分？君、臣是也。何谓名？公、侯、卿、大夫是也。夫以四海之广，兆民之众，受制于一人，虽有绝伦之力，高世之智，莫不奔走而服役者，岂非以礼为之纪纲哉！是故天子统三公，三公率诸侯，诸侯制卿大夫，卿大夫治士庶人。贵以临贱，贱以承贵。上之使下犹心腹之运手足，根本之制支叶，下之事上犹手足之卫心腹，支叶之庇本根，然后能上下相保而国家治安。故曰天子之职莫大于礼也。”（司马光：《资治通鉴》，中华书局1956年版，第2～3页）

立的统治、治理秩序；或者说："君一人而已，所统之地非一所也，所治之民非一人也，所行之事非一类也，必欲事理民安而无一处不到焉，非立官以分理之不能得也。"①这种通过"官职"而呈现的整体人伦—政治秩序，可被表述为一个通过"治职""教治""礼职""政职""刑职""事职"等"官府之六职"②以"辨邦治"的大系统。

在一个稳定的人伦—政治秩序形态中，"官职"秩序并非诸种"权位"与"事务"的单纯聚结(Aggregation)，而是依照具体的、系统化的制度规定而成立和自我维系。此种制度规定即《天官・太宰》所谓"官属""官职""官联""官常""官成""官法""官刑""官计"等八种"治官府"之"法"。③ 孙诒让认为："凡典礼文制通谓之法。……此八法为治百官之通法。"④诸"法"中，以"正邦治"之"官法"最为关键，其不仅统领着"官职""官常""官成"的内容，而且界定了"官属""官联""官刑""官计"的适用范围。⑤

显然，在《周礼》中，"设官分职"作为王者治国理政的基本方式，并非被规定为某种单纯的形式原则或要求，而是呈现为一个完整的治理系统。在此系统中，"官""职""法"是三项基本构件，"治"则是三者的共同枢机以及最终目的。正如班固所说："古者天子建国，诸侯立家，自卿大夫以至于庶人各

① 丘濬：《大学衍义补》，《景印文渊阁四库全书》第712册，第81页。

② 《周礼・天官・小宰》："以官府之六职辨邦治：一曰治职，以平邦国，以均万民，以节财用；二曰教职，以安邦国，以宁万民，以怀宾客；三曰礼职，以和邦国，以谐万民，以事鬼神；四曰政职，以服邦国，以正万民，以聚百物；五曰刑职，以诘邦国，以纠万民，以除盗贼；六曰事职，以富邦国，以养万民，以生百物。"(孙诒让撰，王文锦、陈玉霞点校：《周礼正义》，第163～164页)

③ 《周礼・天官・太宰》："以八法治官府：一曰官属，以举邦治；二曰官职，以辨邦治；三曰官联，以会官治；四曰官常，以听官治；五曰官成，以经邦治；六曰官法，以正邦治；七曰官刑，以纠邦治；八曰官计，以弊邦治。"(孙诒让撰，王文锦、陈玉霞点校：《周礼正义》，第62页)

④ 孙诒让撰，王文锦、陈玉霞点校：《周礼正义》，第63页。

⑤ 郑玄云："官法谓职所主之法度，官职主祭祀、朝觐、会同、宾客者，则皆自有其法度。"(孙诒让撰，王文锦、陈玉霞点校：《周礼正义》，第62页)宋儒王昭禹认为："官法者，百官各有奉行之法也……六官之属所承以治事者无非法也，以其施之于官，故曰官法。"(王昭禹：《周礼详解》，《景印文渊阁四库全书》第91册，第206页)叶时更详细指出："惟其有官属，则治有所统而不乱。有官职，则官有所守而不侵。有官联，则关节脉络有贯通而无扞格。有官常，则纲领条目有秩序而无舛讹。有官成，则以之经理而有所依据。有官法，则以之听治而有所操执。有官刑，则人知警戒而无慢心。有官计，则人知勉励而无怠志。"(叶时：《礼经会元》，《景印文渊阁四库全书》第92册，第13页)显然，一切"治官府之法"皆需要落实到相应的具体的"官位"之"法"，而此"法"的基本形式就是"听治而有所操持"。

有等差……百官有司奉法承令，以修所职，失职有诛，侵官有罚。夫然，故上下相顺，而庶事理焉。”①章学诚则明确指出，“官”与“法”是“学”由以成立的重要根据，“有官斯有法，故法具于官；有法斯有书，故官守其书；有书斯有学，故师传其学；有学斯有业，故弟子习其业。官守学业皆出于一，而天下以同文为治”②。

至此，依据“设官分职”的秩序建构，我们可以对作为“学”与“政”之综合形态的“学政”之一般性形态进行更深入的分析，以在一个明确的范围内认识“大学之政”。

（二）“学政”与“大学之政”

《尚书·尧典》：“帝曰：‘夔！命汝典乐，教胄子。’”此“帝”即舜，他对夔的任命，既是有经典可证的乐官掌“学”之始，也是“设官”以立“学”之始。

周公制礼作乐，原先单纯依照王者教令而成就的“学”与“政”的综合实践，由此即被进一步贞定为“礼”之系统中的“学政”制度。《周礼·春官·大司乐》云：“大司乐掌成均之法，以治建国之学政，而合国之子弟焉。”郑玄注：“玄谓董仲舒云：‘成均，五帝之学。’成均之法者，其遗礼可法者。国之子弟，公卿大夫之子弟，当学者谓之国子。”③黄以周认为：“成均者，亦大学之总名也。以形言之曰辟雍，以义言之曰成均。”④凡通过“学”之机构、官职而成立的统治、治理制度与举措，可统谓之“学政”。而“成均之法”实即大司乐之“官法”⑤，就此“法”的适用领域而言，亦可谓“大学之法”⑥。就“大学”在“设官分职”系统中最直接的作用而言，它是承担

① 班固撰：《汉书·游侠传》，中华书局1962年版，第3697页。

② 章学诚著，叶瑛校注：《文史通义校注》，中华书局1985年版，第951页。

③ 孙诒让撰，王文锦、陈玉霞点校：《周礼正义》，第1711页。

④ 黄以周撰，王文锦点校：《礼书通故》，中华书局2007年版，第1331页。

⑤ 孙诒让云：“‘掌成均之法’者，大司乐教学之官法也。……大司乐通掌大小学之政法，而专教大学，与师氏、保氏、乐师教小学，职掌互相备。”（孙诒让撰，王文锦、陈玉霞点校：《周礼正义》，第1711页）

⑥ 就“官法”而言之“大学之法”并不同于《礼记·学记》所谓“大学之法”，后者乃就“为人师”者而非“学政”形态而成立。《学记》云：“大学之法，禁于未发之谓豫，当其可之谓时，不陵节而施之谓孙，相观而善之谓摩。此四者，教之所由兴也。……君子既知教之所由兴，又知教之所由废，然后可以为人师也。”郑玄注：“未发，情欲未生，谓年十五时。”“可，谓年二十，时成人。”“不陵节，谓不教长者、才者以小，教幼者、钝者以大也。”（郑玄注，孔颖达疏：《礼记正义》，第1237、1239页）

大司乐所掌之“学政”，并按照相应之“官法”而运作的机构。[①]

在“学政”系统中，“大学”并非孤立特出，而是在诸“学”之等级形态中居于顶层者。刘向《五经通义》云：“三王教化之宫，总名为学。夏为学校。校之言教也。殷为庠，周为序，周家又兼用之，故乡为庠，里为序，家为塾。”[②]《礼记·学记》云：“古之教者，家有塾，党有庠，术有序，国有学。”[③]在“国”之学又分小学、大学。如《礼记·王制》云：“天子命之教，然后为学，小学在公宫南之左，大学在郊。天子曰辟雍，诸侯曰泮宫。”郑玄注：“学，所以学士之宫。”[④]《礼记·王制》又云：“有虞氏养国老于上庠……夏后氏养国老于东序……周人养国老于东胶。”郑玄注：“上庠、右学，大学也，在西郊……东序、东胶，亦大学，在国中王宫之东。”[⑤]

因此，就“学政”制度而言，“大学”与其说是一个机构之专名，不如说是对具体执行“学政”之最高机构的一种功能性通名。[⑥] 秦蕙田总结经典中作为“教化之宫”的“大学”的有关记述云：“古之王者建国，君民教学为先。太学之制，昉于五帝，其名为成均。虞曰庠，夏曰序，殷曰瞽宗；周曰辟雍，又兼

---

① 就此义而言之“大学”所指涉的，首先是作为职官机构运作之现实场所的“学宫”。明末阮峻《礼记涤除》云：“先儒以《大学》为大人之书，立义虽精，而非古训之旧。《小戴·学记》云‘大学之法’‘大学之礼’‘大学之教’，《大戴·保傅篇》‘八岁出就外舍，束发入大学’，并指学宫言之。音当从太。”（朱彝尊：《经义考》，《景印文渊阁四库全书》第 679 册，第 79 页）

② 李昉等纂：《太平御览》引《五经通义》，河北教育出版社 1994 年版，第 238 页。

③ 郑玄注：“古者仕焉而已者，归教于闾里，朝夕坐于门，门侧之堂谓之塾。《周礼》：五百家为党，万二千五百家为遂。党属于乡，遂在远郊之外。”孔颖达疏：“国，谓天子所都及诸侯国中也。《周礼》天子立四代学，以教世子及群后之子，及乡中俊选所升之士也。”（郑玄注，孔颖达疏：《礼记正义》，第 1227、1228 页）

④ 郑玄注，孔颖达疏：《礼记正义》，第 434 页。

⑤ 郑玄注，孔颖达疏：《礼记正义》，第 497 页。

⑥ 金鹗认为：“国学之称亦不专以地言也。一乡之士所入，谓之乡学；一国之士所入，谓之国学。……古者天子立五学以法五行，犹朝廷有五官、明堂有五室也。诸侯杀于天子，立三学以法三才。”又云：“周之乡学，本皆曰庠，而欲备三代之名，故乡又名‘校’，而州又名‘序’。夏尊于殷，殷尊于周，故乡取夏而州取殷。党则从当代之名也。周之国学，本皆曰学，而欲备历代之名，故有东序、瞽宗等号。四面以南向为尊，故取五帝之学名；次北为虞，次东为夏，次西为殷；而以当代之学居中，为主其义，亦犹是也。”（金鹗：《求古录礼说》，《续修四库全书》第 110 册，上海古籍出版社 1996 年版，第 252、255 页）

立四代之学，是为五学。”①孙诒让认为：“天子大学五，其成均、上庠、东序、瞽宗并为教国子之学。”②

“大学”作为“学政”系统中处于最高等级的机构，其下的“学政”机构还有小学及乡学；唯有经过下级学校培训，并通过严格考核选拔的学者，才能升入大学。③ 周代有资格进入“大学”的受教者及其升学方式可分为三类：“一为国子，即王大子以下至元士之子，由小学而升者也；二为乡遂大夫所兴贤者、能者，司徒论其秀者入大学……三为侯国所贡士。”④

在“大学”的受教者中，王太子是“天子之位”的继承者，他践祚后即成为“分职受政”的主宰者；诸侯世子有世爵⑤，卿、大夫、士之嫡子多有世

① 秦蕙田：《五礼通考》，《景印文渊阁四库全书》第 139 册，第47 页。

② 孙诒让撰，王文锦、陈玉霞点校：《周礼正义》，第 1815 页。

③ 就从民间自下而上的选拔过程言，《周礼·地官·乡大夫》：“三年则大比，考其德行道艺，而兴贤者能者。”郑玄认为：“兴贤，谓若今举孝廉。兴能者，谓若今举茂才。”（孙诒让撰，王文锦、陈玉霞点校：《周礼正义》，第 845 页）《礼记·王制》：“（司徒）命乡论秀士，升之司徒，曰选士。司徒论选士之秀者而升之学，曰俊士。升于司徒者不征于乡，升于学者不征于司徒，曰造士。”郑玄注：“秀士，乡大夫所考，有德行道艺者。……学，大学。”（郑玄注，孔颖达疏：《礼记正义》，第 472 页）就“国子”从“小学”到“大学”的进阶过程言，《大戴礼记·保傅》：“古者年八岁而出就外舍……束发而就大学。”（王聘珍撰，王文锦点校：《大戴礼记解诂》，第 60 页）《礼记·王制》：“乐正崇四术，立四教。……王大子、王子、群后之大子，卿、大夫、元士之适子，国之俊选，皆造焉。凡入学以齿。”郑玄注：“乐正，乐官之长，掌国子之教。……幼者教之于小学，长者教之于大学。《尚书传》曰：‘年十五始入小学，十八入大学。’”（郑玄注，孔颖达疏：《礼记正义》，第 472 页）

④ 孙诒让撰，王文锦、陈玉霞点校：《周礼正义》，第 1711 页。

⑤ 《礼记·王制》：“外诸侯，嗣也。”孔颖达谓：“畿外诸侯，世世象贤传嗣其国也。”（郑玄注，孔颖达疏：《礼记正义》，第 412 页）《仪礼·士冠礼》：“继世以立诸侯，象贤也。以官爵人，德之杀也。”郑玄注：“象，法也。为子孙能法先祖之贤，故使之继世也。”“杀犹衰也。德大者爵以大官，德小者爵以小官。”（郑玄注，贾公彦疏：《仪礼注疏》，北京大学出版社 2000 年版，第 66 页）

官[1];其他自上而下渐阶而升者,若在大学中表现优异,可经过考察而被授予官爵。《礼记·王制》云:

> 大乐正论造士之秀者,以告于王,而升诸司马,曰进士。……司马辨论官材,论进士之贤者,以告于王,而定其论。论定,然后官之。任官,然后爵之。位定,然后禄之。[2]

《周礼·地官·乡大夫》则谓:"乡老及乡大夫、群吏献贤能之书于王,王再拜受之,登于天府,内史贰之。"孙诒让云:"论学士之秀者以告于王,而升名于司徒也。……盖贤能由乡升于司徒,更由司徒升于学,由学升于司马,然后

---

① 《国语·周语中》:"百姓兆民。"韦昭注:"百姓,百官也,官有世功受氏姓也。"(《国语》,第50、51页)《楚语下》:"民之彻官百。王公之子弟之质能言能听彻其官者,而物赐之姓,以监其官,是为百姓。"韦昭注:"彻,达也。自以名达于上者,有百官也。……物,事也,以功事赐之姓。官有世功,则有官族,若太史、司马之属是也。"(《国语》,第570、571页)此"百姓"即古之"世官"。又如《诗·大雅·文王》:"凡周之士,不显亦世。"笺云:"凡周之士,谓其臣有光明之德者,亦得世世在位,重其功也。"正义:"以士者,男子成名之大号,下至诸侯及王朝公卿大夫,总称亦可以兼士也。"(郑玄笺,孔颖达正义:《毛诗正义》,北京大学出版社2000年版,第1122、1124页)此谓士以德世位。《周礼·夏官·诸子》:"诸子掌国子之倅,掌其戒令与其教治,辨其等,正其位。"郑玄注:"国子,谓诸侯卿大夫士之子也。……玄谓四民之业而士者亦世焉。"(孙诒让撰,王文锦、陈玉霞点校:《周礼正义》,第2473、2474页)《礼记·燕义》孔疏:"'正其位'者,正其朝廷所立之位也。……此等诸子虽未为官,皆继父尊卑以为等级,故有别其等、正其位也。"(郑玄注,孔颖达疏:《礼记正义》,第1932、1933页)《左传·隐公八年》:"官有世功,则有官族,邑亦如之。"(左丘明传,杜预注,孔颖达正义:《春秋左传正义》,第132页)既云"官有世功",则必有世官之制。可知周代本有"世官"之法,且"世官"之制与"学政"有密切关系。王夫之云:"三代之教,一出于天子所立之学宫,而下无私学。……且自天子之子以降无异学,公卿大夫士之子弟,自以族望而登于仕,非以他日受禄,歆之以利而使学,故学者亦无苟且徇时,求合于章程以徼名利。"(王夫之:《读通鉴论》,中华书局1975年版,第1262、1263页)胡渭指出:"古者入学之年,大抵以贵贱为差。贵者生而有天下国家之责,且或有童年嗣世之事,故宜早谕教以成其德,此天子、诸侯之世子所以八岁而入小学,十五而入大学也。"(胡渭:《大学翼真》,《景印文渊阁四库全书》第208册,第917页)孙诒让亦云:"盖古多世官,故入学者以适子为尤重。"(孙诒让撰,王文锦、陈玉霞点校:《周礼正义》,第1001页)曹元弼认为:"凡公卿百官有功于民者,原其所以生,赐之姓以统其族。其后宗支蕃衍,又别为氏,此大夫、士宗法之所由起。而典乐教胄,成均之法,自王太子、王子、群后之太子,公卿、大夫、元士之适子与国之俊选,皆教之修德学道。是以百官族姓成才实多。"(曹元弼:《古文尚书郑氏注笺释》,《续修四库全书》第53册,第469~470页)

② 郑玄注,孔颖达疏:《礼记正义》,第473、479页。

升于朝而受爵禄。"[①]统而言之,"大学"作为"学政"系统中的最高层机构,虽然接纳了来自社会各阶层的受教者,但其运作的方式与目的,皆落实为培养、选拔能够认同并维护一种共同的人伦-政治秩序的高级统治者与治理者,此即所谓:"自王子、公、卿、大夫、士之子,国之俊造,及曲艺之士,无不养之于学校之中,待其学成而任之以官。"[②]

是以"大学"不仅是"学政"系统中依照"官法"运作的专职机构,更是令整个"设官分职"体系的效用得以落实及自我维系,从而达成统治、治理之秩序形态的关键环节。[③] 进一步讲,培养、提供合适的统治者与治理者,以构建、贞定人伦-政治秩序,正是"大学"乃至整个"学政"系统的最终目的;依托"大学"的机构与"官法"而成立的实践活动,就其制度化形态而言,可统谓之"大学之政"。

二、"大学之政"的内部形态

基于"设官分职"体系成立的"大学之政",无疑具有一种必然的秩序性要求;根据这种要求,不仅"大学之政"的具体内容得以与一般性的"学政",并与其他下级机构的"学政"相区别,而且"大学之政"自身亦由此而形成一种特殊的等次结构。

(一)"大学之政"的一般性内容

在"大学"中,以"分科"形式而被纳入具体"官法"规定,并以所有阶层的受教者为传习对象的内容,就是"大学之政"的一般性内容。

依《周礼》《礼记》所述,在"大学"中,由大司乐掌教之"乐德""乐语""乐

① 孙诒让撰,王文锦、陈玉霞点校:《周礼正义》,第849～850页。

② 秦蕙田:《五礼通考》,《景印文渊阁四库全书》第139册,第160页。

③ 马端临云:"盖古之为吏者,其德行道艺,俱足以为人之师表,故发政施令,无非教也。以至使民兴贤,出使长之;使民兴能,入使治之。盖役之则为民,教之则为士,官之则为吏,钧是人也。"(马端临:《文献通考・自序》,中华书局1986年版,第5页)

舞”[①]三科，以及《礼记·王制》所记乐正所立之“四教”[②]，就是“大学之政”的典型分科。[③] 对此类分科内容的详细表述见于《礼记·文王世子》：

> 凡学世子及学士必时，春夏学干戈，秋冬学羽籥，皆于东序。小乐正学干，大胥赞之。籥师学戈，籥师丞赞之。胥鼓《南》。春诵夏弦，大师诏之。瞽宗秋学《礼》，执礼者诏之。冬读《书》，典书者诏之。……凡祭与养老乞言，合语之礼，皆小乐正诏之于东序。大乐正学舞干戚，语说，命乞言，皆大乐正授数。[④]

值得注意的是，被纳入“大学之政”的科目几乎都在下级“学政”机构中具有某种对应设置。如大司乐所教之“乐德”“乐语”和乐正所立之“四教”，就与大司徒用以“教万民”之“乡三物”以及师氏教国子之“三德”“三行”多有重合。[⑤] 又如，属于“地官”之舞师与属于“春官”之乐师、旄人等官，亦对民众以及在“小学”之“国子”教“乐舞”，尽管只是教小舞而非大司乐专掌之祭祀大舞。[⑥]

---

① 《周礼·春官·大司乐》：“大司乐掌成均之法，以治建国之学政，而合国之子弟焉。……以乐德教国子中、和、祗、庸、孝、友。以乐语教国子兴、道、讽、诵、言、语。以乐舞教国子舞《云门》，《大卷》，《大咸》，《大磬》，《大夏》，《大濩》，《大武》。”(孙诒让撰，王文锦、陈玉霞点校：《周礼正义》，第 1711～1725 页)

② 《礼记·王制》：“乐正崇四术，立四教。顺先王《诗》、《书》、《礼》、《乐》以造士。春秋教以《礼》、《乐》，冬夏教以《诗》、《书》。”(郑玄注，孔颖达疏：《礼记正义》，第 472 页)又《少仪》云：“问大夫之子长幼，长，则曰‘能从乐人之事矣’；幼，则曰‘能正于乐人’、‘未能正于乐人’。”郑玄注：“正，乐政也。”孔疏：“正，谓政令。以幼者习乐未成，但听政令于乐人，受乐人所教。”(郑玄注，孔颖达疏：《礼记正义》，第 1199～1200 页)由此可知，乐正之“教”即“政”，在学者“受教”即“听政令”。

③ 黄以周云：“古者崇四术，立四教，专用《诗》《书》《礼》《乐》。而《易》，时人视为卜筮书，《春秋》为鲁史，学士不之习，惟鲁兼重是书，藏诸故府……自孔子赞《易》修《春秋》，学者尊至，遂与《诗》《书》《礼》《乐》并列为六。”(黄以周：《礼书通故》，第 1348 页)

④ 郑玄注，孔颖达疏：《礼记正义》，第 730、733 页。

⑤ 《周礼·地官·大司徒》云：“以乡三物教万民而宾兴之：一曰六德，知、仁、圣、义、忠、和；二曰六行，孝、友、睦、姻、任、恤；三曰六艺，礼、乐、射、御、书、数。”(孙诒让撰，王文锦、陈玉霞点校：《周礼正义》，第 756 页)《师氏》云：“以三德教国子：一曰至德，以为道本；二曰敏德，以为行本；三曰孝德，以知逆恶。教三行：一曰孝行，以亲父母；二曰友行，以尊贤良；三曰顺行，以事师长。”(孙诒让撰，王文锦、陈玉霞点校：《周礼正义》，第 997 页)

⑥ 参见孙诒让撰，王文锦、陈玉霞点校：《周礼正义》，第 911～914、1795～1799、1902～1903 页。

然而，“大学之政”并不因其与下级“学政”具有类似或相同的分科及传习内容，就被消解于“大学”之外的机构的功能中；相反，作为一个整体的“学政”系统，要通过“大学之政”来构建和维持自身效用，而“大学之政”亦由此获得自身在“学政”乃至整个“设官分职”系统中的独立地位。①

详言之，“大学之政”与下级“学政”在传习科目方面的重叠或近似，至少具有三重意义：其一，“学政”机构通过对这些科目、内容——如“乐舞”②——的传习，可以自上而下、由尊至卑地在不同阶层、不同年龄的受教者中构建一种统一于“礼”的实质性的身份认同；其二，基于重叠或近似的分科，下级“学政”实践乃至某些其他职官的“官法”实践，为“大学之政”提供了具有相应资质的受教者；其三，“大学之政”正因为没有抛弃、隔离下级“学政”的传习内容，从而获得了真实、具体的统摄对象。换言之，“大学之政”主导、引领着下级“学政”，后者是前者效用的落实场地，前者是后者的实践目的——而“学政”系统内部的秩序形态即由此而成立。

因此，“大学之政”的一般性内容虽然相应于不同阶层、不同年龄的受教者以及不同的“官属”而被区分为或划定为不同的科目，即构成一种“分科教育”，但这种区分或划定并未造成“学政”之全体与“大学之政”内部的分裂，而是令“大学之政”在最广泛的人伦—政治实践领域中，通过与其他“设官分

---

① 在“设官分职”体系中，“教万民”只是大司徒之“职”，此“职”的目的在于“佐王安邦擾国”，即襄助王者自上而下地确立统治及治理秩序。而“大学”正是王者“设官分职”系统得以落实并自我维系的关键机构，“大学之法”又是此机构成立和运作的根本制度，故大司徒之“教万民”实际上要依赖“大学之法”的有效施行而落实，更何况此“教万民”的一项重要内容就是通过各级“教官”培养、选拔人才进入“大学”受教——而这种培养、选拔实践亦被纳入“大学之政”。

② 《礼记·祭义》：“食三老五更于大学，天子袒而割牲，执酱而馈，执爵而酳，冕而总干，所以教诸侯之弟也。”郑玄注：“冕而总干，亲在舞位，以乐侑食也。”（郑玄注，孔颖达疏：《礼记正义》，第 1564 页）《周礼·春官·大司乐》：“帅国子而舞。”贾公彦疏：“凡兴舞，皆使国之子弟为之。”（郑玄注，贾公彦疏：《周礼注疏》，北京大学出版社 2000 年版，第 695 页）可知天子与国子可作为“舞者”而成为仪式的共同执行者。《周礼·春官·旄人》：“旄人掌教舞散乐，舞夷乐，凡四方之以舞仕者属焉。凡祭祀、宾客，舞其燕乐。”郑玄注：“散乐，野人为乐之善者。”（孙诒让撰，王文锦、陈玉霞点校：《周礼正义》，第 1902～1903 页）《地官·舞师》：“凡野舞，皆教之。”郑玄注：“野舞，谓野人欲学舞者。”孙诒让云：“然则凡野人欲学舞者，先教以散乐之舞；野舞既闲习，乃教以《乐师》六小舞，《大司乐》六大舞也。”（孙诒让撰，王文锦、陈玉霞点校：《周礼正义》，第 914 页）则“野人”亦可与国子共同习舞。

职”形态的关联而呈现出一种明确的等次结构或曰层级秩序。

（二）“世子法”教育的特殊性

“大学之政”作为一个自身相对独立的“学政”形态，不仅包含以“分科教育”形式被所有受教者传习的内容，还有一种专门相应于“大学”之特殊受教者的内容，即“世子法”。

在作为受教者的“国子”中，“世子”是十分特殊的群体。他们不仅接受“大学之政”的分科教育，而且接受专门的“世子法”教育[①]；他们的施教者也不限于大夫、士，而可上及天子之“三公”[②]。

《礼记·文王世子》云：

> 成王幼，不能莅阼，以为世子，则无为也。是故抗世子法于伯禽，使之与成王居。欲令成王之知父子、君臣、长幼之义也。[③]

负责“抗世子法”的有傅、保、师三官，《大戴礼记·保傅》云：

> 昔者周成王幼，在襁褓之中，召公为太保，周公为太傅，太公为太师。保，保其身体；傅，傅之德义；师，导之教训，此三公之职也。于是为

① 《仪礼·士冠礼》：“天子之元子犹士也，天下无生而贵者也。”注：“元子，世子也。无生而贵，皆由下升。”贾疏：“天子元子冠时行士礼，后继世为天子，是由下升。”（郑玄注，贾公彦疏：《仪礼注疏》，第65、66页）《礼记》：“士依于德，游于艺。”郑玄注：“德，三德也，一曰至德，二曰敏德，三曰孝德。艺，六艺也，一曰五礼，二曰六乐，三曰五射，四曰五御，五曰六书，六曰九数。”（郑玄注，孔颖达疏：《礼记正义》，第1196页）盖王太子在大学，乃依“士”之规范学习分科内容。

② 《春秋公羊传·隐公五年》：“天子三公者何？天子之相也。天子之相，则何以三？自陕而东者，周公主之；自陕而西者，召公主之；一相处乎内。”（何休解诂，徐彦疏：《春秋公羊传注疏》，北京大学出版社2000年版，第59页）“三公”亦天子之官。《礼记·曲礼下》：“五官之长曰‘伯’，是职方。其摈于天子也，曰‘天子之吏’。”郑玄注：“谓三公也。”（郑玄注，孔颖达疏：《礼记正义》，第156页）《左传·成公二年》：“王使委于三吏。”杜预注：“三吏，三公也。”（左丘明传，杜预注，孔颖达正义：《春秋左传正义》，第816页）《说文·一部》：“吏，治人者也。”（段玉裁注：《说文解字注》，第1页）孔颖达谓：“吏者，在官之通称。”（郑玄笺，孔颖达正义：《毛诗正义》，第1552页）众官中，“三公”乃最近“天子”之官。《大雅·荡》：“尔德不明，以无陪无卿。”毛传：“无陪贰也，无卿士也。”孔颖达正义：“陪贰，谓副贰王者，则三公也。卿士，谓六卿也。昭三十二年《左传》曰：‘物有陪贰，天生季氏，以贰鲁侯。’诸侯以上卿为贰，则知天子陪贰唯三公也。冢宰虽亦贰王治事，当从卿士之列也。”（郑玄笺，孔颖达正义：《毛诗正义》，第1360、1361页）

③ 郑玄注，孔颖达疏：《礼记正义》，第743～744页。

置三少，皆上大夫也，曰少保，少傅，少师。是与太子宴者也。故孩提，三公三少固明孝仁礼义，以导习之也。[①]

依以上所述，成王在幼年时或“孩提”时即受“三公”之教，直至“既冠成人”方可“免于保傅之严”。故可以认为，专门的“世子法”教育至少贯穿小学与大学阶段。

“世子法”教育最直接的目的就是培养王太子与诸侯之世子，更准确地讲，是培养能够遵行、维护并示范“君臣、父子、长幼之道”以继承统治、治理天下、邦国之位的人。[②] 因此，与其说“世子法”是“因人设法”，不如说是“依位立法”。所谓“位”，就是天子、诸侯之爵位。[③] 故保、傅、师的一切施教活动都是以培养合格的“在位者”为目的，而作为受教者的王太子、诸侯世子必须通过“学”来获得处于此“位”之资格，或曰令自身成为此“位”的真正人格主体。此即《文王世子》所谓：“故学之为父子焉，学之为君臣焉，学之为长幼焉。父子、君臣、长幼之道得而国治。”[④]

进一步讲，“世子法”本身即蕴含着一种对于分位等次的秩序性要求，其传习方式与过程只能顺应并助成上述要求。例如，保、傅、师必须以“臣”的身份向王太子示范、讲解“君臣之道”，王太子也只能以“臣”与“子”的身份理

---

① 王聘珍撰，王文锦点校：《大戴礼记解诂》，第 49～51 页。

② 《白虎通·爵》引《韩诗内传》：“所以名之为世子何？言欲其世世不绝也。”陈立曰：“《史记注》引唐固《注》云：‘父子相继曰世。’言当世父子之位，又取义于世世不绝也。”（陈立撰，吴则虞点校：《白虎通疏证·爵》，中华书局 1994 年版，第 29～30 页）《春秋穀梁传·僖公五年》：“王世子云者，唯王之贰也。……天子世子，世天下也。”廖平云：“贰，谓当继立副贰也。天子诸侯言世子，明世位。”（廖平：《穀梁古义疏》，中华书局 2012 年版，第 233 页）

③ 《公羊传·隐公元年》徐彦疏引《春秋说》：“周五等爵法五精：公之言公，公正无私；侯之言候，候逆顺，兼伺候王命矣；伯之言白，明白于德；子者，孳恩宣德；男者，任功立业。皆上奉王者之政教、礼法，统理一国，修身洁行矣。”（何休解诂，徐彦疏：《春秋公羊传注疏》，第 7 页）《礼记·王制》孔疏引《元命包》说与此同。《孟子·万章下》：“北宫锜问曰：‘周室班爵禄也，如之何？’孟子曰：‘……天子一位，公一位，侯一位，伯一位，子、男同一位，凡五等也。’”《白虎通·爵篇》：“天子者，爵称也。爵所以称天子何？王者父天母地，为天之子也。”《号篇》：“或称天子，或称帝王何？以为接上称天子者，明以爵事天也。”对“天子”作为“爵称”的讨论，请参见陈立撰，吴则虞点校：《白虎通疏证》，第 1～2 页；陈寿祺：《五经异义疏证》卷下，中华书局 2014 年版，第 198～199 页；皮锡瑞：《驳五经异义疏证》卷四，吴仰湘编：《皮锡瑞全集》第 4 册，中华书局 2015 年版，第 93～96 页。

④ 郑玄注，孔颖达疏：《礼记正义》，第 744 页。

解并践行“君臣之道”，即所谓“君之于世子也，亲则父也，尊则君也”；无论施教者还是受教者，都不应当自居或假想自己居于“君位”以实践“君臣之道”。①

唯通过上述形式的“世子法”教育，世子才得以在“大学”中成为示范、践行“君臣、父子、长幼之道”的典型，从而令“世子法”的秩序性要求在其他受教者中乃至“万民”中落实，由此形成的秩序形态便是“大学之政”乃至整个“学政”系统的效用及目的所在。此即《文王世子》所谓：

> 故世子齿于学，国人观之，曰：“将君我而与我齿让，何也？”曰：“有父在则礼然。”然而众知父子之道矣。其二曰：“将君我，而与我齿让，何也？”曰：“有君在则礼然。”然而众著于君臣之义也。其三曰：“将君我，而与我齿让，何也？”曰：“长长也。”然而众知长幼之节矣。故父在斯为子，君在斯谓之臣。居子与臣之节，所以尊君亲亲也。②

概言之，“世子法”对“大学之政”在“大学”机构乃至“万民”中的布行与落实具有至关重要的作用。所有“大学之政”的参与者，都已经或将要在“礼”之制度中居于特定的分位，或被授予特定的职权，并由此成为人伦-政治秩序的参与者；而“世子法”本身即要求“大学”的所有受教者在整个学习过程中认同并践行由各等次分位、职权共同构成的普遍秩序，认同并持守自身的特定现实分位，如作为“臣”“子”“民”的分位。因此，“世子法”虽然不属于也不能被分解为“大学之政”的任何科目，但是作为一种基本的“实践纲领”统摄着“大学之政”乃至整个“学政”中的分科教育落实于所有受教者的效用形态。在此意义上，我们可以认为“世子法”是“大学之政”领域内居于一切

---

① 《周礼·夏官·诸子》：“国有大事，则帅国子而致于大子，唯所用之。”孙诒让云：“凡王巡守、会同，出行在外，大子或守或从，国子皆共其役。此大事当亦兼大会同、大军旅、大丧之等。”又云：“国子学而未仕，异于王臣，且与大子同在大学，故使属大子也。”孙氏又引《大戴礼记·千乘》“立子设如宗社……是以母弟官子，咸有臣志”，其曰：“官子即国子，以其属大子，故有臣志矣。”（孙诒让撰，王文锦、陈玉霞点校：《周礼正义》，第2475、2476、2477页）按：《诗·小雅·北山》：“率土之滨，莫非王臣。”王太子无至尊之爵，亦非建国诸侯，如国子因“属大子”而对其有“臣志”，则对王有不臣之心。盖王太子虽有遇大事役国子之职，而此职无改其“位”；《千乘》所谓“臣志”的具体内容，无非认同《文王世子》所谓“将君我”之事，非对王太子个人之效忠。

② 郑玄注，孔颖达疏：《礼记正义》，第744页。

科目之上的最高层内容。[①]

(三)“世子法”在“大学之政”中的制度定位

虽然以“父子、君臣、长幼之道”为内容的“世子法”不同于“大学之政”的任何特定科目，但这并不意味着“世子法”与“大学之政”的一般性内容彼此隔离或互不干涉，二者实际上在一种制度架构中形成统一的秩序形态。

从根本上讲，“大学之政”包含的所有科目，无论其缘何而被设立、命名，皆有特定的、具体的各级“官法”负责落实。如“乐德”科即通过大司乐、师氏、大司徒等官之“官法”而作为具有真实内容的知识(而非某种单纯的制度规定或关于制度的形式解说)，即作为朝野之大祭祀、飨食、养老、乡饮酒等典礼仪式中的具体仪节、规范而被传授、作用于受教者。又如《国语·楚语上》记载了楚国大夫申叔时关于“傅太子”，即教导楚国世子的论述，其中列举的“春秋”“世”“故志”“令”等科目[②]，即可通过大史、小史、外史等官之“官

---

① 有观点认为：“西周不论是国学或是乡学，不论是小学或是大学，都是以‘六艺’为基本学科，只是在要求上有层次的不同。”以及“西周的教育内容可以总称为六艺教育，它是西周教育的特征和标志”(孙培青主编：《中国教育史》，华东师范大学出版社 2000 年版，第 22、25 页)。就各级“学政”机构施行的“分科教育”而言，“六艺”的确是基础性的、普及性的科目。但根据“世子法”，我们可以说，“六艺”既不能总括周代“学政”的全部内容，更非“学政”的主旨所在。对“六艺”的传习，无论深度、广度，都是基于现实统治、治理制度的“实用”要求而成立；唯有“世子法”涉及“学政”乃至整个人伦—政治秩序形态的原则性内容。因此，就“受教者”而言，可以认为其所受的教育始终未脱离“六艺”范围；但就“学政”自身的等级形态而言，“六艺”只是“世子法”统摄下的分科内容。

② 详言之，即“教之《春秋》，而为之耸善而抑恶焉，以戒劝其心；教之《世》，而为之昭明德而废幽昏焉，以休惧其动；教之《诗》，而为之导广显德，以耀明其志；教之礼，使知上下之则；教之乐，以疏其秽而镇其浮；教之令，使访物官；教之《语》，使明其德，而知先王之务用明德于民也；教之《故志》，使知废兴者而戒惧焉；教之《训典》，使知族类，行比义焉”(《国语》，第 528 页)。此所谓“九教”可被大致分为三类：一类是传习先王、先君施政的“典范”，如“教之《训典》”“教之《春秋》”“教之令”；一类是传习先王、先君统治、治理的历史谱系，如“教之《世》”“教之《诗》”“教之《故志》”；一类是传习现实中具有权威性的制度、规范，如“教之礼”“教之乐”“教之语”。固然，申叔时对“傅太子”的了解，就深度及广度而言，未必超过王朝学官，更不可能及于三公；但他列举的“九教”科目，与《礼记》《周礼》表述中大司乐、大乐正等官掌教的科目并无太大出入。由此可知，王太子与诸侯世子传习的“学政”科目大体相同。

法”而被纳入统治、治理的具体政令、举措。[1]

然而，作为“父子、君臣、长幼之道”的“世子法”并非首先通过“大学”机构内的“学官”达于受教者，而必须由作为保、傅、师的“三公”亲自掌教。[2]“三公”并不直接参与王太子的分科教育，而是负责指引或纠正王太子的行为，实际上就是对各种分科教育内容在王太子身上所产生的影响及效用进行规范。[3] “世子法”与“大学之政”中一般性内容在“教法”上的不同，正对应并基于“设官分职”系统中“冢宰职”与“六官之职”的关系而成立。

郑玄《周礼目录》云：“冢，大也。宰者，官也。天者统理万物，天子立冢宰使掌邦治，亦所以总御众官，使不失职。不言司者，大宰总御众官，不使主一官之事也。”[4]详言之，《天官·冢宰》：“惟王建国……乃立天官冢宰，使帅其属而掌邦治。”[5]《天官·大宰》：“大宰之职，掌建邦之六典，以佐王治邦国：一曰治典……二曰教典……三曰礼典……四曰政典……五曰刑典……六曰事典。”郑玄注：“典，常也，经也，法也。王谓之礼经，常所秉以治天下也；邦国官府谓之礼法，常所守以为法式也。”孙诒让云：“六典分属六官，大宰掌治

---

① 《周礼·春官·大史》：“大史掌建邦之六典，以逆邦国之治，掌法以逆官府之治，掌则以逆都鄙之治。”《小史》：“小史掌邦国之志，奠系世，辨昭穆。”《外史》：“外史掌书外令，掌四方之志，掌三皇五帝之书，掌达书名于四方。”（孙诒让撰，王文锦、陈玉霞点校：《周礼正义》，第2079、2098、2136～2138页）

② 金鹗认为：“师氏、保氏言‘教国子’者，卿、大夫、士之子固各在其家塾，而其适子之俊秀者亦得入王宫小学，所谓‘国之贵游子弟学焉者’也。师氏、保氏为大子之师保，故其位为大夫；大师、大保为天子之师保，故其位为三公。大子事师于小学，天子事师于大学，尊卑判然。”（金鹗：《求古录礼说》，第255页）

③ 《大戴礼记·保傅》：“笃仁而好学，多闻而道慎，天子疑则问，应而不穷者，谓之道。道者，导天子以道者也。常立于前，是周公也。诚立而敢断，辅善而相义者，谓之充。充者，充天子之志也。常立于左，是太公也。洁廉而切直，匡过而谏邪者，谓之弼。弼者，拂天子之过者也。常立于右，是召公也。”（王聘珍撰，王文锦点校：《大戴礼记解诂》，第54页）贾谊云：“天子学业之不法，凡此其属，太师之任也。古者齐太公职之。天子……大行、大礼、大义、大道，不从太师之教，凡此其属，太傅之任也。古者鲁周公职之。天子处位不端，受业不敬，教诲讽诵《诗》《书》《礼》《乐》之不经不法不古，言语不序，音声不中律，将学趋让，进退即席不以礼，登降揖让无容，视瞻俯仰周旋无节，咳唾数顾，趋行不得，色不比顺，隐琴肆瑟，凡此其属，太保之任也。古者燕召公职之。”（贾谊撰，阎振益、钟夏校注：《新书校注》，第173页）

④ 孙诒让撰，王文锦、陈玉霞点校：《周礼正义》，第1页。

⑤ 孙诒让撰，王文锦、陈玉霞点校：《周礼正义》，第9、15页。郑玄注：“六官皆总属于冢宰……冢宰于百官无所不主。”（孙诒让撰，王文锦、陈玉霞点校：《周礼正义》，第15页）

而总建六典者。"[①]黄以周则认为,"冢宰为执政,大宰为庶职",为"冢宰"者必兼"大宰"职。[②] 可以认为,"冢宰"作为执政之职,其职务内容在制度层面与"大宰"职并无二致。

概言之,在"设官分职"系统中,王者立冢宰以总摄百官之职,大宰建"六典"以确立六官之职法,六官又各本其"官法"以施政。就制度设计而言,"冢宰"职并不介入其他"官法",而是通过六典、八法、八则、八柄、八统、九职等"礼经""礼法"以达成对百官和万民的治理。无论"大宰"职还是"冢宰"职,皆非六官之职的集合或"共职",而是从总体上规定着六官具体职事的法则与目的。故可以说:"冢宰虽专掌治职,而总摄六官,凡教、礼、政、刑、事五职,无所不统也。"[③]

在"世子法"的传习中,作为师、傅、保的"三公"承担的实际上是"坐而论道"之职。《周礼·考工记》云:"坐而论道,谓之王公。"郑玄注:"论道,谓谋虑治国之政令也。"[④]在"王公"即天子、诸侯之下,则有"作而行之"的士大夫。郑玄谓:"亲受其职,居其官也。"贾公彦云:"此即设官分职,治职、教职之等是也。"[⑤]显然,在"设官分职"系统中,有"坐而论道"之职的王公的分位高于

① 孙诒让撰,王文锦、陈玉霞点校:《周礼正义》,第 58、59 页。

② 黄以周认为:"周之天官曰大宰,卿一人,六命;其八命为公、总理百官者,谓之冢宰,冢宰一人。……窃谓周之三公,虚爵也;二伯,兼官也。其宰相号曰冢宰,必大宰之职兼二伯而位在诸公上者也。……大宰为冢宰之兼官,而非即冢宰。"又云:"冢宰为执政,大宰为庶职。""总百官曰冢宰,主天官曰大宰。"(黄以周:《礼书通故》,第 1428～1429、1430～1431、1432 页)按:《礼记·内则》:"后王命冢宰,降德于众兆民。"孔颖达疏:"若天子,则天官为冢宰,若诸侯,则司徒为冢宰。"(郑玄注,孔颖达疏:《礼记正义》,第 965 页)《表记》:"子曰:'迩臣守和,宰正百官,大臣虑四方。'"郑注:"宰,冢宰也。冢宰主治百官。"孔疏:"'大臣虑四方'者,谓二伯州牧之等,谋虑四方。此大臣亦兼冢宰,但冢宰居于中,故言'正百官'耳。"(郑玄注,孔颖达疏:《礼记正义》,第 1739 页)《春秋穀梁传·僖公九年》:"天子之宰,通于四海。"范宁注:"宰,天官冢宰,兼为三公者。……冢宰掌建邦之六典,以佐王治邦国,故曰通于四海。"(范宁集解,杨世勋疏:《春秋穀梁传注疏》,北京大学出版社 2000 年版,第 143 页)依《周礼》文及上引经传考之,黄氏之说信而可从。

③ 孙诒让撰,王文锦、陈玉霞点校:《周礼正义》,第 16 页。

④ 孙诒让撰,王文锦、陈玉霞点校:《周礼正义》,第 3110、3108 页。

⑤ 郑玄注,贾公彦疏:《周礼注疏》,第 1238 页。

"作而行之"的士大夫。[①] 而王公所论之"道",就其制度化呈现而言,最核心内容就是冢宰所执之"六典";与此相应,在"大学之政"中,作为最上层内容的"君臣、父子、长幼之道",亦必由"三公"而非作为卿、大夫、士的学官、教官掌教。故可以认为,"世子法"在"大学之政"乃至全体"学政"中的地位(无论是在制度设计还是在施政权限方面),相当于"冢宰"职在整个"设官分职"系统中的地位;或者说,"世子法"正是"设官分职"制度的内在秩序性要求在"学政"形态中的权威性呈现,并由此成为"学政"的最高"教令"。

三、"大学之道"在"大学之政"中的真实含义

现在,我们再次考察《大学》开篇的纲领性表述,即"大学之道,在明明德,在亲民,在止于至善",则不难发现,这并非一种单纯的形式表述,或如牟宗三先生所说,是一种"方向不清楚"的"实践的间架"[②];至少在"礼经"系统内部,特别是在《周礼》《礼记》记述所呈现的"设官分职"规模中,"大学之道"无疑具有明确的目的指向性,并且蕴含着与其目的相应的一整套实践内容,也就是所谓"学政"或"大学之政"。是以我们基于经典中对"设官分职"系统的记述,把握作为"学政"机构的"大学"所承担的任务以及运作方式,并据此理解其在整个"学政"系统乃至"设官分职"系统中的功能和价值,那么所谓"明明德""亲民""止于至善"等表述的真实含义(authentic connotation)即可得到澄清乃至规定。

---

① 方悫云:"夫位尊者其事约而总,位卑者其事详而分。故官职法,位愈卑而数愈倍焉。"(卫湜:《礼记集说》卷二七,《景印文渊阁四库全书》第117册,第543页)

② 牟宗三先生认为:"《大学》只是把实践的纲领给你列出来,但是要如何实践,实践的那个领导原则是那个方向,《大学》里面不清楚。"(牟宗三:《中国哲学十九讲》,《牟宗三先生全集》第29册,第83页)以及"是故《大学》之为实践之规模,摆列出一个实践之间架,只是现象学地平说"[牟宗三:《心体与性体(三)》,《牟宗三先生全集》第7册,第61页]。而牟先生虽然赞同《大学》"乃是就理想的太学制度而立言",却随即强调"实就虚拟的教育制度而客观地以言之,实亦即形式地以言之"[牟宗三:《心体与性体(三)》,《牟宗三先生全集》第7册,第55页]。

(一)释"明明德"

在"大学之政"中,"德"的真实含义必依据施教者之"官法"与受教者之"位"而成立。《大戴礼记·保傅》云:"傅,傅之德义。"又云:"帝入太学,承师问道,退习而端于太傅,太傅罚其不则而达其不及,则德智长而理道得矣。"① 此所谓"理道"就是作为"世子法"的"君臣、父子、长幼之道",即"治道"②,"帝入太学"所问的也是此道;而"德智长"乃太傅本于自身官法"罚其不则,达其不及"的结果或效用。所谓"不则不及"的具体表现,就是"不论先圣王之德,不知国君畜民之道,不见礼义之正,不察应事之礼,不博古之典传,不闲于威仪之数,诗书礼乐无经,学业不法"。故天子之"德智"以及"德义"的真实内容,不外乎知晓并遵行典礼制度③;对于在"学"之王太子而言,则是努力学习、养成天子应当具有的"德智""德义",正如郑玄所说:"人君内善其身,外修其德,居无几何,可以立功。"④

---

① 王聘珍撰,王文锦点校:《大戴礼记解诂》,第 50、52 页。

② 王聘珍云:"理道,谓治道。"(王聘珍撰,王文锦点校:《大戴礼记解诂》,第 52 页)"理道得",《汉书·贾谊传》作"治道得"。

③ 《左传·僖公二十七年》:"《诗》、《书》,义之府也。礼、乐,德之则也。"(左丘明传,杜预注,孔颖达正义:《春秋左传正义》,第 501 页)《成公二年》:"反先王则不义。"(左丘明传,杜预注,孔颖达正义:《春秋左传正义》,第 803 页)此乃"德义"本于先王典章之证。《宣公十五年》:"君能制命为义。"(左丘明传,杜预注,孔颖达正义:《春秋左传正义》,第 768 页)《庄公二十七年》:"天子非展义不巡守。"杜预注:"天子巡守,所以宣布德义。"(左丘明传,杜预注,孔颖达正义:《春秋左传正义》,第 326 页)《逸周书·柔武解》:"必以德为本,以义为术。"(黄怀信、张懋镕、田旭东撰:《逸周书汇校集注》,上海古籍出版社 1995 年版,第 269 页)可知"德义"乃君主统治之纲领。《荀子·正论》:"道德纯备,智惠甚明,南面而听天下,生民之属莫不振动从服以化顺之。"(王先谦撰,王啸寰、王星贤点校:《荀子集解》,第 331 页)《韩诗外传》卷一:"上亦知天能用其时,下知地能用其财,中知人能使人肆之,是智仁者也。宽而容众,百姓信之,道所以至,弗辱以时,是德仁者也。"(韩婴撰,许维遹校释:《韩诗外传集释》,中华书局 1980 年版,第 25 页)又如贾谊云:"凡居于上位者……敬士爱民者是谓智。"(贾谊撰,阎振益、钟夏校注:《新书校注》,第 341 页)《说苑·善说》:"智不知其士众,不智也。"(刘向撰,向宗鲁校证:《说苑校证》,中华书局 1987 年版,第 291 页)由此可知"德智"主于驭众治民之法。

④ 郑玄笺,孔颖达正义:《毛诗正义》,第 406 页。

进而言之，凡通过天子、君王所成就、所彰显之“德”即“明德”。[①]《国语·周语中》记载晋文公请隧于周襄王，襄王不许，曰：“叔父若能光裕大德，更姓改物，以创制天下，自显庸也。”又云：“叔父其懋昭明德，物将自至。”韦昭注：“懋，勉也。言有天下则隧自至也。”[②]《国语·周语下》亦云：“膺保明德，以佐王室，可谓广裕民人矣。”[③]此所谓“大德”“明德”显然指唯有“创制天下”之天子、王者才能够具有之“德”，实际上就是与“天子之位”相应的统治、治理能力。[④] 而“懋昭明德”即努力、彰显成就“明德”。

“明”“昭”作为动词，皆可表示成就、勉励之意。《尔雅·释诂》：“明，成也。”《尚书·尧典》：“百姓昭明。”伪孔传：“昭，亦明也。”[⑤]《尚书·君奭》：“乃惟时昭文王。”孙星衍云：“昭，同‘诏’。”[⑥]曹元弼云：“天亦惟大佑助文王。”[⑦]《周礼·天官·大宰》：“以八柄诏王驭群臣。”郑玄注：“诏，告也，助也。”[⑧]《诗·大雅·既醉》：“昭明有融。”郑笺：“天既助女以光明之道，又使之长有高明之誉。”[⑨]

---

① 以“明德”言王者、天子之德乃周人常语。《诗·大雅·皇矣》：“帝迁明德。”毛传：“徙就文王之德也。”（郑玄笺，孔颖达正义：《毛诗正义》，第 1199 页）《尚书·召诰》：“予小臣敢以王之仇民百君子越友民，保受王威命明德。”《康诰》：“惟乃丕显考文王，克明德慎罚。”此句《大学》引作“克明德”。《君奭》：“嗣前人，恭明德。”《逸周书·祭公解》：“王曰：‘朕皇祖文王、烈祖武王，度下国，作陈周，维皇皇上帝度其心，寘之明德。’”（黄怀信、张懋镕、田旭东撰：《逸周书汇校集注》，第 989 页）《左传·昭公元年》：“美哉禹功，明德远矣！”（左丘明传，杜预注，孔颖达正义：《春秋左传正义》，第 1322 页）《荀子·正论》亦云：“故主道明则下安……《书》曰：‘克明明德。’《诗》曰：‘明明在下。’故先王明之，岂特玄之耳哉！”（王先谦撰，王啸寰、王星贤点校：《荀子集解》，第 322 页）

② 徐元诰撰，王树民、沈长云点校：《国语集解》，中华书局 2002 年版，第 52、53 页。

③ 徐元诰撰，王树民、沈长云点校：《国语集解》，第 104～105 页。

④ 《逸周书·本典解》：“命朕不知明德所则，政教所行，字民之道，礼乐所生。……周公再拜稽首，曰：臣闻之文考，能督民过者德也，为民犯难者武也。智能亲智，仁能亲仁，义能亲义，德能亲德，武能亲武，五者昌于国曰明。”（黄怀信、张懋镕、田旭东撰：《逸周书汇校集注》，第 803～804 页）依此所述，则“明德”不仅指居“天子之位”者作为一个特定个体而“应当”具有的能力、资质，其真实内容亦必然通过“民”与“国”的客观秩序形态而呈现。

⑤ 王先谦撰，何晋点校：《尚书孔传参正》，中华书局 2011 年版，第 16 页。

⑥ 孙星衍撰，陈抗、盛冬铃点校：《尚书今古文注疏》，中华书局 2004 年版，第 453 页。

⑦ 曹元弼：《古文尚书郑氏注笺释》卷二九，《续修四库全书》第 54 册，第 251 页。

⑧ 孙诒让撰，王文锦、陈玉霞点校：《周礼正义》，第 71 页。

⑨ 郑玄笺，孔颖达正义：《毛诗正义》，第 1282 页。

就天子、君王而言，凡可成就其“明德”之真实内容的制度设置、行事举措皆可谓“明明德”或曰“昭德”①。《左传·桓公二年》：“君人者，将昭德塞违，以临照百官。”孔颖达云：“德是行之未发者也，而德在于心，不可闻见，故圣王设法以外物表之。俭与度、数、文、物、声、明，皆是昭德之事，故传每事皆言昭，是昭其德也。”②又如《左传·昭公三十一年》：“上之人能使昭明，善人劝焉，淫人惧焉，是以君子贵之。”杜预注：“上之人，谓在位者。在位者能行其法，非贱人所能。”③

因此，与“大学之道”相关的“明明德”，无非意味着令天子、君王通过“大学之政”而知晓、遵循典礼制度，并运用其自身“德义”“德智”充分践行其所居之“位”的制度要求与规范，以成为具有“明德”的合格统治者。此即《国语·楚语上》所谓：“教之世，而为之昭明德而废幽昏焉。”④“教之语，使明其德，而知先王之务用明德于民也。”

---

① 《尚书·皋陶谟》：“日宣三德，夙夜浚明有家。”孙星衍云：“或‘明’与‘孟’通……《释诂》云：‘孟，勉也。’言早夜旬宣三德，以敬勉有家之人。”其注“元首明哉”云：“《大戴礼·诰志篇》：‘明，孟也。’……明、孟声相近，明即勉也。”（孙星衍撰，陈抗、盛冬铃点校：《尚书今古文注疏》，第82、134页）曹元弼则认为：“浚训敬。《诗》云：‘敬明其德。’马训‘大’，亦谓大彰明之。……敬明于家，谓能胜大夫之任。”（曹元弼：《古文尚书郑氏注笺释》卷三，《续修四库全书》第53册，第615页）按：《说文·力部》：“劢，勉力也。《周书》曰：‘用劢相我邦家。’”观“浚明有家”语意，通于“劢相我邦家”，则“明”“劢”皆当解为“勉”。又如《左传·庄公八年》引《夏书》云：“皋陶迈种德。”杜预注：“称皋陶能勉种德。迈，勉也。”（左丘明传，杜预注，孔颖达正义：《春秋左传正义》，第266页）此为“浚明”解作“敬勉”之旁证。

② 左丘明传，杜预注，孔颖达正义：《春秋左传正义》，第159页。

③ 左丘明传，杜预注，孔颖达正义：《春秋左传正义》，第1751页。

④ 此所谓“幽昏”盖即荀子所谓之“幽险”，指在位者之统治不合礼法而擅权术。《荀子·强国》：“人君者……权谋、倾覆、幽险而亡。”（王先谦撰，王啸寰、王星贤点校：《荀子集解》，第291页）《正论》：“上幽险则下渐诈矣。”（王先谦撰，王啸寰、王星贤点校：《荀子集解》，第322页）特就与“明”相对之“幽”而言，《礼记·乐记》云：“述者之谓明。”（郑玄注，孔颖达疏：《礼记正义》，第1270页）依此，凡未被依照礼法而被纳入统治、治理秩序的对象或领域，包括现实中统治、治理者个人的品行，皆可谓“幽”。如《逸周书·常训解》云：“古者明王奉法以明幽，幽王奉幽以废法。”（黄怀信、张懋镕、田旭东撰：《逸周书汇校集注》，第56页）《荀子·王霸》：“主道治近不治远，治明不治幽，治一不治二。主能治近则远者理，主能治明则幽者化，主能当一则百事正。”（王先谦撰，王啸寰、王星贤点校：《荀子集解》，第223页）《礼记·礼运》：“祝嘏辞说，藏于宗祝巫史，非礼也，是谓幽国。”（郑玄注，孔颖达疏：《礼记正义》，第792页）

（二）释“止于至善”

在“大学之政”中，“至善”与“明德”一样皆本于“天子”所受“世子法”之教育而成立。《保傅》云：

> 天下之命，悬于天子，天子之善，在于早谕教与选左右，心未疑而先教谕，则化易成也。……夫教得而左右正，左右正则天子正矣，天子正而天下定矣。《书》曰：“一人有庆，兆民赖之。”此时务也。[①]

贾谊则谓：“天下之命，县于太子；太子之善，在于蚤谕教与选左右。……夫教得而左右正，则太子正矣，太子正而天下定矣。《书》曰：‘一人有庆，兆民赖之。’”[②]

显然，无论“天子之善”还是“太子之善”，皆通过“天子之位”而与“天下之命”密切相关。《尚书·吕刑》曰：“尔尚敬逆天命，以奉我一人……一人有庆，兆民赖之，其宁惟永。”伪孔传：“天子有善，则兆民赖之，其乃安宁长久之道。”[③]《左传·襄公十三年》：

> 一人刑善，百姓休和，可不务乎？《书》曰：“一人有庆，兆民赖之，其宁惟永。”其是之谓乎！周之兴也，其《诗》曰：“仪刑文王，万邦作孚。”言刑善也。[④]

董仲舒更明确指出：

> 传曰：唯天子受命于天，天下受命于天子，一国则受命于君。君命顺，则民有顺命；君命逆，则民有逆命。故曰：“一人有庆，兆民赖之。”此之谓也。[⑤]

故“天下之命”，其实就是上天授予居“天子之位”者以统治、治理天下，并建立、贞定相应人伦—政治秩序之“命”，而“善”即出自此“命”及“位”。

特就“大学之政”来看，“太子之善”首先通过“世子法”而被决定。《礼

① 王聘珍撰，王文锦点校：《大戴礼记解诂》，第56页。
② 贾谊撰，阎振益、钟夏校注：《新书校注》，第186页。
③ 王先谦撰，何晋点校：《尚书孔传参正》，第942页。
④ 左丘明传，杜预注，孔颖达正义：《春秋左传正义》，第1044页。
⑤ 苏舆撰，钟哲点校：《春秋繁露义证》，中华书局1992年版，第319页。

记·文王世子》云：

> 行一物而三善皆得者，唯世子而已，其齿于学之谓也。故世子齿于学……然而众知父子之道矣……然而众著于君臣之义也……然而众知长幼之节矣。故父在斯为子，君在斯谓之臣。居子与臣之节，所以尊君亲亲也。故学之为父子焉，学之为君臣焉，学之为长幼焉。父子、君臣、长幼之道得而国治。[①]

此所谓"三善"，即"太子之善"的真实内容，也就是"父子、君臣、长幼之道得"。而此"善"又以"天子之善"为最终形态，相应的呈现方式即"君命顺"[②]，也就是令"善"自上而下地从"君"达于"民"，即贾谊所谓"细民乡善，大臣致顺，上使然也"[③]。详言之：

> 故为人君者，其出令也，其如声；士民学之，其如响，曲折而从君，其如景矣。……君乡善于此则失然协，民皆乡善于彼矣，犹景之象形也。[④]

"善"的下达虽然通过作为"君"与"民"之个体的行事而实现，但这一过程，包括其中所有人的行事，总要被纳入具体的制度和分位秩序中方能得到保障乃至被允许。[⑤] 如《礼记·月令》云："命相布德和令，行庆施惠，下及兆民。庆赐遂行，毋有不当。"郑玄注："相，谓三公，相王之事也。德，谓善教也。令，谓时禁也。庆，谓休其善也。惠，谓恤其不足也。天子曰兆民。"[⑥]《祭义》

---

① 郑玄注，孔颖达疏：《礼记正义》，第744页

② 此义可参见《左传·隐公三年》："君义，臣行，父慈，子孝，兄爱，弟敬，所谓六顺也。"（左丘明传，杜预注，孔颖达正义：《春秋左传正义》，第93页）

③ 贾谊撰，阎振益、钟夏校注：《新书校注》，第67页。

④ 贾谊撰，阎振益、钟夏校注：《新书校注》，第341页。

⑤ 这种秩序首先是一种"名号"秩序。《春秋繁露·深察名号》："受命之君，天意之所予也。故号为天子者，宜视天如父，事天以孝道也。号为诸侯者，宜谨视所候奉之天子也。号为大夫者，宜厚其忠信，敦其礼义，使善大于匹夫之义，足以化也。士者，事也；民者，瞑也。士不及化，可使守事从上而已。"（苏舆撰，钟哲点校：《春秋繁露义证》，第286页）《逸周书·太子晋解》云："人生而重丈夫，谓之胄子。胄子成人能治上官谓之士。士率众时作谓之曰伯。伯能移善于众，与百姓同谓之公。公能树名生与物天道俱谓之侯，侯能成群谓之君。君有广德，分任诸侯而敦信，曰予一人。善至于四海曰天子，达于四荒曰天王。四荒至，莫有怨訾，乃登为帝。"（黄怀信、张懋镕、田旭东撰：《逸周书汇校集注》，第1090～1093页）

⑥ 郑玄注，孔颖达疏：《礼记正义》，第537～538页。

中更明确指出："天子有善，让德于天。诸侯有善，归诸天子。卿、大夫有善，荐于诸侯。士、庶人有善，本诸父母，存诸长老。"①

既然天下一切之善，就其制度化的呈现形态而言，皆可归源于"无敌于天下"的"天子之位"，那么"天子之善"就可谓天下"至尊之善"②，或者说是"善中之善"乃至"众善之善"③，统而言之即"至善"④。正如董仲舒所

---

① 郑玄注，孔颖达疏：《礼记正义》，第1567页。

② 《荀子·正论》："天子者，势位至尊，无敌于天下。"（王先谦撰，王啸寰、王星贤点校：《荀子集解》，第331页）

③ "天子"即受天命之"元子"。《尚书·召诰》："皇天上帝，改厥元子。"郑玄注："言首子者，凡人皆云天之子，天子为之首耳。"（孙星衍撰，陈抗、盛冬铃点校：《尚书今古文注疏》，第395页）《春秋繁露·顺命》："天子受命于天，诸侯受命于天子，子受命于父，臣妾受命于君，妻受命于夫，诸所受命者，其尊皆天也，虽谓受命于天亦可。"（苏舆撰，钟哲点校：《春秋繁露义证》，第413页）故一切本于、依照"天命"而成的人伦-政治秩序必以一种等次形态由"天子"统领。董仲舒云："君人者，国之元。"（苏舆撰，钟哲点校：《春秋繁露义证》，第166页）又云："元者，始也，言本正也。道，王道也。王者，人之始也。"（苏舆撰，钟哲点校：《春秋繁露义证》，第100～101页）同时，"元"本身即有"善"意。《易·乾卦·文言》："元者，善之长也。"《左传·文公十八年》："高辛氏有才子八人……忠、肃、共、懿、宣、慈、惠、和，天下之民谓之'八元'。"杜预注："元，善也。"（左丘明传，杜预注，孔颖达正义：《春秋左传正义》，第665页）是故，与"天子之位"在人伦—政治秩序中的至高地位相应，在通过人伦—政治实践而形成的一切"善"中，"天子之善"亦当居于首出、统摄地位。

④ 《诗·小雅·节南山》："不吊昊天。"毛传："吊，至。"郑玄注："至犹善也。"（郑玄笺，孔颖达正义：《毛诗正义》，第820页）《尚书·费誓》："善敹乃甲胄，敽乃干，无敢不吊。"郑玄注："吊，至；犹善也。"（孙星衍撰，陈抗、盛冬铃点校：《尚书今古文注疏》，第511页）则"至善"之构词法或如《尚书·康诰》之"庸庸""祗祗"。《左传·宣公十五年》："羊舌职曰：'《周书》所谓'庸庸祗祗'者，谓此物也夫！'"杜预注："庸，用也。祗，敬也。物，事也。言文王能用可用，敬可敬。"（左丘明传，杜预注，孔颖达正义：《春秋左传正义》，第773页）最迟到汉初，"善善"就已经成为一种相对固定的表述。如《公羊传·僖公十七年》："君子之恶恶也疾始，善善也乐终。"（何休解诂，徐彦疏：《春秋公羊传注疏》，第275～276页）《昭公二十年》："君子之善善也长，恶恶也短；恶恶止其身，善善及子孙。"（何休解诂，徐彦疏：《春秋公羊传注疏》，第587～588页）《大戴礼记·诰志》："举良良，举善善。"（王聘珍撰，王文锦点校：《大戴礼记解诂》，第186页）《韩诗外传》："传曰：诚恶恶，知刑之本。诚善善，知敬之本。"（韩婴撰，许维遹校释：《韩诗外传集释》卷四，第160页）又如汉武帝云："盖君子善善及后世，若兹行，常在朕躬。"（班固撰：《汉书·公孙弘传》，第2622页）《春秋繁露·玉杯》："人受命于天，有善善恶恶之性。"又："今善善恶恶，好荣憎辱，非人能自生，此天施之在人者也。"（苏舆撰，钟哲点校：《春秋繁露义证》，第34、63页）《盐铁论·后刑》："大夫曰：'古之君子，善善而恶恶。'"（王利器校注：《盐铁论校注》，中华书局1992年版，第419页）《新序·杂事第四》："桓公曰：'善善而恶恶，人之善行也。'"（刘向编著，石光英校释：《新序校释》，中华书局2017年版，第592页）

说："天所为，有所至而止。止之内谓之天，止之外谓之王教。……以性为善，此皆圣人所继天而进也。"①本于"天命"之"至善"，就人力所能涉及、造就的"所至而止"——不属于"天所为"而是"圣人所继天而进"者——而言，必归于"王教"，也就是王者之政教实践。故曰："夫政以教百姓，百姓齐以嘉善，故蛊佞不生，此之谓良民。"②

在"大学之政"范围内，"止于至善"的真实含义无疑与其他"学政"内容一样，要通过制度而被决定。此即所谓："礼者，法之大分，类之纲纪也。故学至乎《礼》而止矣。"③而"礼"作为"即事之治"，必然蕴含着一种对"学"的实践性要求，故也可以说"学至于行之而止矣"④。

特就"世子法"而言，"止于至善"意味着传习者必须充分履行、落实"天子之善"的具体要求，也就是令"君命"下达于万邦黎民，以成就真正的"天下之命"。同时，"大学之政"一般性内容也通过"天子"治下的官民，依照"设官分职"的制度规范而被纳入"止于至善"的实践，由此形成的秩序形态"职分而民不探，次定而序不乱，兼听齐明而百事不留。如是，则臣下百吏至于庶人莫不修己而后敢安正，诚能而后敢受职"⑤。

（三）释"亲民"

严格地讲，就"大学之道"的实践形态或真实内容来说，"亲民"并不在"明明德"与"止于至善"的领域之外具有其独特的适用范围，而恰恰是"天子之德"与"天子之善"共有的呈现方式。

《礼记·学记》："君子如欲化民成俗，其必由学乎！……是故古之王者建国君民，教学为先。《兑命》曰：'念终始典于学。'其此之谓乎！"又云："九年知类通达，强立而不反，谓之大成。夫然后足以化民易俗，近者说服，而远者怀之。此大学之道也。"⑥据此，"大学之道"与"民"的关系乃基于王者"建

① 苏舆撰，钟哲点校：《春秋繁露义证》，第311页。

② 王聘珍撰，王文锦点校：《大戴礼记解诂》，第155页。

③ 王先谦撰，王啸寰、王星贤点校：《荀子集解》，第12页。

④ 王先谦撰，王啸寰、王星贤点校：《荀子集解》，第142页。

⑤ 王先谦撰，王啸寰、王星贤点校：《荀子集解》，第239页。

⑥ 郑玄注，孔颖达疏：《礼记正义》，第1224～1225、1227页。

国君民”的统治、治理形态而确立，具体地讲就是通过“教学”以“化民成俗”。①

“化民成俗”的根本在于“君”或曰“君民者”。董仲舒云：

> 君者，民之心也；民者，君之体也。心之所好，体必安之；君之所好，民必从之。故君民者，贵孝弟而好礼义，重仁廉而轻财利，躬亲职此于上，而万民听，生善于下矣。故曰：“先王见教之可以化民也。”此之谓也。②

“君”或“先王”由以“化民”的实践必通过“设官分职”的制度而实现并获得客观保障，故曰：“古者修教训之官，务以德善化民。”③

在“设官分职”制度的规范下，王者并非亲自“感化”民众，而是通过布行教令，构建一种能够充分实现与“天子之位”相应之“德”与“善”的人伦-政治秩序形态，从而获得民众的服从与认同。《尚书·洪范》云：“曰皇极之敷言，是彝是训，于帝其训。凡厥庶民，极之敷言，是训是行，以近天子之光。曰天子作民父母，以为天下王。”④孔子曰：“夫政善则民说，民说则归之如流水，亲之如父母。”⑤

另外，孔子也指出：

---

① 《礼记·王制》：“凡居民，量地以制邑，度地以居民，地邑民居，必参相得也。无旷土，无游民，食节事时，民咸安其居，乐事劝功，尊君亲上，然后兴学。”孔疏：“民富而可教，谓民事既得如此，然后可得兴学也。”（郑玄注，孔颖达疏：《礼记正义》，第470页）我们未必认为“民富”与“可教”有必然的先后次序，但在上位者通过“学”而与“民”发生关系，无疑要以民众“乐事劝功、尊君亲上”的秩序形态作为某种效用场地，此即扬雄所谓：“君子为国，张其纲纪，谨其教化。导之以仁，则下不相贼；莅之以廉，则下不相盗；临之以正，则下不相诈；修之以礼义，则下多德让。此君子所当学也。如有犯法，则司狱在。”（汪荣宝：《法言义疏》，中华书局1987年版，第295～296页）

② 苏舆撰，钟哲点校：《春秋繁露义证》，第320页。

③ 班固撰：《汉书·董仲舒传》，第2515页。

④ 刘逢禄云：“王者常以极之敷言为教训，斯顺于帝，则庶民亦顺行是言，则可以近天子盛德之光辉也。”（刘逢禄：《尚书今古文集解》，《续修四库全书》第48册，第277页）曹元弼云：“言此皇建有极敷畅教令之言，是常道，是大训，于天道其顺矣。……皇极之敷言，庶民奉为常训，是即凡民于皇取极敷陈诵法之言，是顺承，是率行，以附近天子之德光。谓并受天子所锡之五福，所谓附日月之末光也。”（刘逢禄：《古文尚书郑氏注笺释》卷一九，《续修四库全书》第54册，第86页）

⑤ 王聘珍撰，王文锦点校：《大戴礼记解诂》，第207页。

> 小人溺于水,君子溺于口,大人溺于民,皆在其所亵也。夫水近于人而溺人,德易狎而难亲也,易以溺人。……夫民闭于人而有鄙心,可敬不可慢,易以溺人。故君子不可以不慎也。[①]

故“天子”要与“民”形成一种合理合法的“亲”之关系,亦必须在制度的保障、规范下,通过各级职官而实现。《左传·襄公十四年》:

> 有君而为之贰,使师保之,勿使过度。是故天子有公,诸侯有卿,卿置侧室,大夫有贰宗,士有朋友,庶人、工、商、皂、隶、牧、圉,皆有亲昵,以相辅佐也。[②]

孔子曰:

> 故君民者,章好以示民俗,慎恶以御民之淫,则民不惑矣。臣仪行,不重辞,不援其所不及,不烦其所不知,则君不劳矣。
>
> 大臣不亲,百姓不宁,则忠敬不足,而富贵已过也。大臣不治,而迩臣比矣。故大臣不可不敬也,是民之表也。迩臣不可不慎也,是民之道也。[③]

又如《诗·小雅·节南山》:“尹氏大师,维周之氐。秉国之均,四方是维。天子是毗,俾民不迷。”笺云:“言尹氏作大师之官,为周之桎辖,持国政之平,维制四方,上辅天子,下教化天下,使民无迷惑之忧。”[④]此所谓“使民无迷惑之忧”,实即防止、转变“民闭于人而有鄙心”的状态。

进而言之,“天子”与“民”之“亲爱”关系必先呈现于诸侯与王朝卿士。《诗·大雅·卷阿》:“蔼蔼王多吉士,维君子使,媚于天子。”笺云:“媚,爱也。王之朝多善士蔼蔼然,君子在上位者率化之,使之亲爱天子,奉职尽力。”[⑤]又如《诗·大雅·假乐》:“百辟卿士,媚于天子。不解于位,民之攸塈。”笺云:

---

① 郑玄注:“‘难亲’,亲之当肃敬,如临深渊。”孔疏:“大人,谓人君也。由君在上陵虐下民,则人众离叛,君无所尊,故‘溺于民’也。……(民)既闭塞人道,而有鄙诈,卒难告喻,故人君当敬以临之,庶其渐染。若又陵慢,则必怨畔,则国无民,君道便丧溺也。民处卑下,易可亵慢,终致怨畔,是‘溺人’也。”(郑玄注,孔颖达疏:《礼记正义》,第1763、1765页)

② 左丘明传,杜预注,孔颖达正义:《春秋左传正义》,第1063页。

③ 郑玄注,孔颖达疏:《礼记正义》,第1759、1760页。

④ 郑玄笺,孔颖达正义:《毛诗正义》,第819～820页。

⑤ 郑玄笺,孔颖达正义:《毛诗正义》,第1331、1332页。

"百辟，畿内诸侯也。卿士，卿之有事也。媚，爱也。成王以恩意及群臣，群臣故皆爱之，不解于其职位。民之所以休息由此也。"[①]相反，如果"天子"不能恰当地分职授政，则"民是以亲失，而教是以烦"[②]。

因此，参照前文对"明德"与"至善"的讨论，与其说"亲民"是对居"天子之位"者与"民"两个不同实践主体之关系的规定，不如说是在"礼"之制度决定下，对"天子"之"德""善"与其效用对象之关系的规定。具体到"大学之政"，"亲民"最直接的呈现方式即通过"世子齿于学，国人观之"而令"众知父子之道、众著于君臣之义、众知长幼之节"，这正是"世子法"内容的落实。

就"学政"涉及的更广泛内容，即在"礼"决定下的人伦-政治实践而言，"天子"的"亲民"举措皆在特定的典礼仪式中实现。《礼记·祭统》："故天子之祭也，与天下乐之。……凡馂之道，每变以众，所以别贵贱之等，而兴施惠之象也。……庙中者，竟内之象也。祭者，泽之大者也，是故上有大泽，则惠必及下，顾上先下后耳。"郑玄注："鬼神之惠遍庙中，如国君之惠遍竟内也。"[③]凡"亲民"必"惠民"[④]；"庙"于诸侯为境内之象，于天子则当如"天下之象"，天子祭庙有馂，正象亲惠天下之民。《大戴礼记·保傅》云："（天子）春

---

① 郑玄笺，孔颖达正义：《毛诗正义》，第1302页。

② 郑玄注，孔颖达疏：《礼记正义》，第1761页。《礼记大传》："亲亲故尊祖，尊祖故敬宗，敬宗故收族，收族故宗庙严，宗庙严故重社稷，重社稷故爱百姓，爱百姓故刑罚中，刑罚中故庶民安，庶民安故财用足，财用足故百志成，百志成故礼俗刑，礼俗刑然后乐。《诗》云：'不显不承，无斁于人斯。'此之谓也。"孔疏："百姓，百官也。既有社稷可重，故有百官可爱也。……礼俗既成，所以长为民庶所乐而不厌也。"（郑玄注，孔颖达疏：《礼记正义》，第1178～1179页）凡"亲民"必"安民"，而天子"严宗庙、重社稷、爱百姓"之实践，即"庶民安"之前提乃至根据。

③ 郑玄注，孔颖达疏：《礼记正义》，第1577、1578页。

④ 就"民"而言，"惠"有"安顿、爱护"之意。《说文·叀部》："惠，仁也。"《人部》："仁，亲也。"《尚书·皋陶谟》："安民则惠，黎民怀之。"曹元弼云："安民则仁无不施，天下众民皆安其政教而思其德。此极言知人安民功用之大。"（刘逢禄：《古文尚书郑氏注笺释》卷三，《续修四库全书》第53册，第610页）而"安民"亦可谓"惠恤民"。《左传·成公二年》："无德以及远方，莫如惠恤其民而善用之。"（左丘明传，杜预注，孔颖达正义：《春秋左传正义》，第812页）又如《诗·大雅·民劳》："民亦劳止，汔可小康。惠此中国，以绥四方。"传："汔，危也。中国，京师也。四方，诸夏也。"郑玄注："汔，几也。康、绥皆安也。惠，爱也。今周民罢劳矣，王几可以小安之乎？爱京师之人以安天下，京师者，诸夏之根本。"（郑玄笺，孔颖达正义：《毛诗正义》，第1338页）

秋入学，坐国老，执酱而亲馈之，所以明有孝也。”[①]《礼记·祭义》云：“食三老五更于大学，所以教诸侯之弟也。祀先贤于西学，所以教诸侯之德也。”[②]此表明天子通过“视学”“养老”之礼“亲民”。《周礼·大宗伯》云：“以嘉礼亲万民，以饮食之礼，亲宗族兄弟；以昏冠之礼，亲成男女；以宾射之礼，亲故旧朋友；以飨燕之礼，亲四方之宾客；以脤膰之礼，亲兄弟之国；以贺庆之礼，亲异姓之国。”[③]以上诸礼，皆可谓以“亲民”为用。[④]

不难发现，凡“亲民”之礼，就其目的或宗旨而言，皆归于“君臣、父子、长幼之道”，并由此与“明德”“至善”一并被纳入对居“天子之位”者的养成教育。

四、“大学之道”在于“学成治就”

（一）“大学之道”属于“天子之职”

单纯在“大学之政”内部，“大学之道”作为一种纲领、教令，与“世子法”并无根本区别。因为“明明德”“亲民”“止于至善”的真实形态无一不是“君臣、父子、长幼之道”的具体呈现，甚至可以说，“大学之道”是“世子法”在“学政”机构中的总体运作规范。

然而，无论“学政”中，还是整个“设官分职”系统中，并没有专门负责“大学之道”的职官；即便“坐而论道”的大臣，如“三公”，也只是以“世子法”教导王太子，而并无关于单独的“大学之道”的传授。因此，至少在“学政”中，要赋予“大学之道”以独立的地位，则必须明确某种对其运作及效果负责的客观“职位”，而这个“位”只能是“天子之位”。

《周礼·考工记》云：“国有六职……坐而论道，谓之王公。”郑玄注：“天

---

① 王聘珍撰，王文锦点校：《大戴礼记解诂》，第53页。

② 郑玄注，孔颖达疏：《礼记正义》，第1563～1564页。

③ 孙诒让撰，王文锦、陈玉霞点校：《周礼正义》，第1359～1365页。

④ 《礼记·大传》：“君有合族之道，族人不得以其戚戚君，位也。”郑玄注：“君恩可以下施，而族人皆臣也，不得以父兄子弟之亲自戚于君。位，谓齿列也。所以尊君别嫌也。”孔疏：“‘合族’者，言设族食燕饮，有合食族人之道。既管领族人，族人不得以其戚属上戚于君位，皆不得以父兄子弟之亲上亲君位也。”（郑玄注，孔颖达疏：《礼记正义》，第1174页）君之“亲民”，实亦“君恩下施”，但即便君之亲族，亦不可恃君之“亲”而逾越“礼”之等位。与其说天子、诸侯用“礼”以“亲民”，不如说“亲民”乃“礼”——如燕、饮之礼中“尊君别嫌”规范——的特定效用。

子、诸侯。”孙诒让云：“天子公孤六卿，多以畿内外诸侯为之，故释公为诸侯也。”[①]《地官·叙官》：“乡老，二乡则公一人。”郑玄注：“王置六乡，则公有三人也。三公者，内与王论道，中参六官职事，外与六乡之教，其要为民，是以属之乡焉。”[②]许慎《五经异义》云：“古《周礼》说：天子立三公，曰太师、太傅、太保，无官属，与王同职，故曰‘坐而论道，谓之三公’。”[③]结合“天子为爵称”之说，可知“天子”虽然并非“设官分职”系统中的特定官位[④]，却依然是人伦-政治秩序形态中承担特定职责的客观分位，其“职”与“三公”同为“论道”，也就是“谋虑治国之政令”——这种“职”可谓“天子职分”。

因此，唯有“天子之位”才是能够在总体上负责“大学之道”的制度化运作的“职位”；正本于“天子之职”对整个“设官分职”系统的统摄性，“大学之道”才真正获得超出“学政”机构之“官法”领域的效用场所，也就是作为一种由最高统治者颁布的“为政纲领”或“教令”，普遍地乃至必然地下达于“天子”统治、治理下的万邦黎民。具体言之，“天子”主要以三种方式负责“大学之道”的制度化运作：其一，任命“三公”对王太子进行“世子法”教育；其二，通过春、秋两季举行的视学、养老之礼促成“大学之政”[⑤]；其三，在保、傅、师、史等官的辅助、指导乃至纠正下，通过制定、颁布统治及治理之教令，亲自践行“君臣、父子、长幼之道”以落实“学成治就”的要求。

---

① 孙诒让撰，王文锦、陈玉霞点校：《周礼正义》，第3105～3110页。

② 孙诒让撰，王文锦、陈玉霞点校：《周礼正义》，第643页。

③ 陈寿祺：《五经异义疏证》卷下，第200页。

④ 《管子·君臣上》：“是以官人不官，事人不事，独立而无稽者，人主之位也。”（黎翔凤撰，梁运华整理：《管子校注》，中华书局2004年版，第565页）《礼记·学记》：“君子曰：大德不官。”郑玄注：“谓君也。”孔疏：“大德，谓圣人之德也。官，谓分职在位者。圣人在上，垂拱无为，不治一官，故云‘大德不官’也，不官而为诸官之本。”（郑玄注，孔颖达疏：《礼记正义》，第1248页）

⑤ 《礼记·文王世子》：“天子视学，大昕鼓徵，所以警众也。众至，然后天子至，乃命有司行事，兴秩节，祭先师、先圣焉。有司卒事反命。始之养也。适东序，释奠于先老。遂设三老、五更、群老之席位焉。……有司告以乐阕，王乃命公、侯、伯、子、男及群吏，曰：‘反，养老幼于东序。’终之以仁也。”（郑玄注，孔颖达疏：《礼记正义》，第758～759页）《学记》：“未卜禘，不视学，游其志也。”郑玄注：“禘，大祭也。天子诸侯既祭，乃视学考校，以游暇学者之志意。”孔疏：“此视学，谓考试学者经业，或君亲往，或使有司为之，非天子大礼视学也。若大礼视学，在仲春、仲秋及季春。”（郑玄注，孔颖达疏：《礼记正义》，第1230、1232页）黄以周认为：“古者天子祀先圣先师之礼已亡逸不可考，经传所言释奠礼，皆天子四时视学有司奉行之常事，非正祭礼也。正祭必天子亲莅其事，其视学之释奠，使有司行之。”（黄以周：《礼书通故》，第1354页）

本于“天子职分”在人伦-政治秩序形态中的制度性意义，我们也可参照“大学之道”的实践形态，更深入地理解《大学》中如“自天子至于庶人，壹是皆以修身为本”这类表述的含义。对于实居“天子之位”者而言，对“大学之道”的执行过程，实际上就是自幼不断养成自身人格的过程；“明明德”“止于至善”以及“亲民”，既是他作为真实的实践者相应于“天子职分”而承担的义务，也是他的自然人格得以合理化、客观化乃至制度化的重要条件。故《礼记·文王世子》云：“君子曰德，德成而教尊，教尊而官正，官正而国治，君之谓也。”而在“礼”之制度正常运作的人伦-政治秩序形态中，包括“天子”在内的所有人，都应当且必须通过各种具体的“即事之治”养成、保有乃至提升自然人格。①

特就“大学之政”而言，其包含的“分科教育”实际上就是一整套适用于各种典礼仪式场合的“即事之治”，受教者在“大学”中以及成人后，正是通过上述典礼仪式而获得并保有其社会化、制度化身份，他们正是通过这种身份以及相应的活动，而令其自然人格获得他人甚至是自身的具体的、实践性的认同。因此，所谓对所有人而言的“以修身为本”，不外乎表明所有人都应当成为“礼”的实践者或曰传习者，而这又意味着所有人必须承认在“天子职位”统摄下的人伦-政治秩序及“设官分职”系统，并基于此切实认同和践行“君臣、父子、长幼之道”。

（二）“天子”与“学成治就”

正如作为“学政”机构的“大学”对整个“设官分职”系统的有效运作及维系起着至关重要的作用，“大学之道”或“大学之政”既受“天子职分”的统辖与规范，也是后者获得真实内容乃至人格形态的重要条件；换言之，唯有通过“大学之政”特别是“世子法”教育，“天子职分”才能被恰当、充分地具现化为居“天子之位”者的人格及活动，一种普遍的人伦-政治秩序形态亦由此得以自上而下地成立和维续。

《大戴礼记·保傅》云：

> 《学礼》曰：“帝入东学，上亲而贵仁，则亲疏有序，如恩相及矣。帝

---

① 《礼记·乡饮酒义》：“德也者，得于身也。故曰：‘古之学术道者，将以得身也。是故圣人务焉。’”郑玄注：“得身者，谓成己令名，免于刑罚也。言‘学术道’，则此说宾贤能之礼。”（郑玄注，孔颖达疏：《礼记正义》，第 1902 页）“得于身”即“修身”之效，而“得于身”之事必依“礼”的具体制度、仪节与情境的要求而成。

入南学，上齿而贵信，则长幼有差，如民不诬矣。帝入西学，上贤而贵德，则圣智在位，而功不匮矣。帝入北学，上贵而尊爵，则贵贱有等，而下不逾矣。帝入太学，承师问道，退习而端于太傅，太傅罚其不则而达其不及，则德智长而理道得矣。”此五义者既成于上，则百姓黎民化辑于下矣。学成治就，此殷周之所以长有道也。①

此处所说的“学成”与“治就”皆有两层含义。基本层面的“学成”，指“东、南、西、北”四“学”之“学政”要求——具体言之，即“上亲贵仁”“上齿贵信”“上贤贵德”“上贵尊爵”——通过所有“在学者”的实践而落实；最终意义上的“学成”则指，通过“太学”教育，“承师问道”者得以成为合格的居“帝位”者。与“学成”对应，“治就”的基本含义指，在“学政”机构内部，通过各“学”的运作，令所有施教者与受教者在其中各本其位、各行其是，如“长幼有差”“圣智在位”②、“贵贱有等”。“治就”的最终形态，则是“百姓黎民化辑于下”，也就是一种普遍的人伦—政治秩序形态。

显然，“学成治就”的实现，需要现实的最高统治者，即居“帝位”或曰“天子之位”者，能够本其“位”行事，而身为“天子”者既非天生知晓相应的制度规范，亦未必能一贯地、恰当地遵守、运用制度以成就其“治”，而总是可能处于或造成“不合礼”乃至“非礼”的状态。故严格地讲，“学成治就”对任何现实的居“天子之位”者而言，都是一项需要通过毕生努力而实现的目标。因此，天子不仅在“大学”中，而且终身都是“世子法”的执行者乃至受教者，理

① 王聘珍撰，王文锦点校：《大戴礼记解诂》，第51～52页。

② 此所谓“圣智”指精通典礼故事之人。《礼记·乡饮酒义》：“仁义接，宾主有事，俎豆有数，曰圣。”郑玄注：“圣，通也，所以通宾主之意也。（郑玄注，孔颖达疏：《礼记正义》，第1902页）《周礼·地官·大司徒》：“以乡三物教万民而宾兴之。一曰六德，知、仁、圣、义、忠、和。”郑玄注：“知，明于事。……圣，通而先识。”孙诒让云：“依郑义，此圣德即明达之称，与知德略同。但知者事至不惑，圣则博通先识耳。”（孙诒让撰，王文锦、陈玉霞点校：《周礼正义》，第756、758页）如《春官·大司乐》：“凡有道有德者，使教焉。”郑玄注：“道，多才艺者。德，能躬行者。”（孙诒让撰，王文锦、陈玉霞点校：《周礼正义》，第1720页）可知“圣智在位”即令通晓典礼故事者教国子。

当始终接受作为师、傅、保的“三公”的监督、指导与规正。[①]《保傅》云：

> 天子不论先圣王之德，不知国君畜民之道，不见礼义之正，不察应事之理，不博古之典传，不闲于威仪之数，诗书礼乐无经，学业不法，凡是其属太师之任也。天子无恩于父母，不惠于庶民，无礼于大臣，不中于制狱，无经于百官，不哀于丧，不敬于祭，不信于诸侯，不诚于戎事，不诚于赏罚，不厚于德，不强于行，赐与侈于近臣，邻爱于疏远卑贱，不能惩忿窒欲，不从太师之言，凡是之属太傅之任也。天子处位不端，受业不敬，言语不序，声音不中律，进退节度无礼，升降揖让无容，周旋俯仰视瞻无仪，安顾咳唾趋行不得，色不比顺，隐琴瑟，凡此其属太保之任也。[②]

此处太师、太傅、太保职责所涉及的天子的知识修养、行为态度乃至声音面容等，实际上都被纳入“世子法”主导下的“大学之政”；而“三公”负责的直接对象虽然是居“天子之位”的个体，但此个体的一切存在，都被统摄于作为人伦-政治秩序形态中至高分位的“天子之位”所蕴含、所承载的对于统治、治理“百姓黎民”的秩序性要求以及制度规范。就此来看，作为“学政”的“世子法”可被视为对“天子之位”或“天子职分”之实践要求的一种制度保障（培养合格的“在位者”并规范其行为），而“学成治就”就是居“天子之位”之个体在上述保障下必然致力于实现的目标。

就《大学》经文中“明明德于天下”“国治而后天下平”等内容来看，其显然是关于“学成治就”的表述，而无论“国治”“天下平”还是“明明德”，都必然

---

① 《礼记·学记》：“君之所不臣于其臣者二：当其为尸，则弗臣也；当其为师，则弗臣也。大学之礼，虽诏于天子，无北面，所以尊师也。”郑玄注：“武王践阼，召师尚父而问焉……王齐三日……王下堂，南面而立。师尚父曰：‘先王之道不北面。’王行西，折而南，东面而立，师尚父西面道书之言。”孔疏：“皇氏云：‘王在宾位，师尚父主位，故西面。’王庭之位，若寻常师徒之教，则师东面，弟子西面，与此异也。”（郑玄注，孔颖达疏：《礼记正义》，第 1242、1243 页）丘濬认为：“周武王之于师尚父欲有问焉，则以师礼尊之而不敢处以臣位，而师尚父知道之在己也，亦不敢轻屈其道，必以师道为尊，忘其身之为臣而君之为君也。君忘其身之为君，以道在臣也；臣忘其身之为臣，以道在己也。古之圣君其尊师者如此，非尊其人也，尊其道也。以为不如是则不足以得其道，不得其道则无以为治。”（丘濬：《大学衍义补》，《景印文渊阁四库全书》第 712 册，第 903 页）实则天子尊师问道，未可忘其“身之为君”。所谓“当其为师，则弗臣也”，正如丘濬所谓“非尊其人也，尊其道也”，故“弗臣”乃就天子当践行的“尊道”之礼而言，非特就居君、臣之位者对自身职位的认同而言。

② 王聘珍撰，王文锦点校：《大戴礼记解诂》，第 56～57 页。

被纳入“天子职分”的统摄范围内方具有实践的与制度的双重合法性。若我们进一步探求上述内容的真实性乃至某种必然性，并由此而成就特定的、具体的实践形态，那么，至少沿“大学之道”这一进路或本于此立场，这种诉求的最终实现形态就是“学成治就”。因此，我们可以在一种目的论意义上说，“大学之道”在于“学成治就”

结　论

在基于“设官分职”制度而成立的统治、治理形态中，“大学之道”是对“学政”系统乃至整个“设官分职”系统的顺利运作与持久维系具有根本性意义的政教规范，其最终目的在于培养具有相应资质以统治、治理国家、天下的各等级“君子”，而此目的必然通过“天子”依照“父子、君臣、长幼之道”的政教实践方可充分实现。在此意义上，“大学之道”可谓“学成治就”之道。

我们已经表明，“大学之道”并非一种单纯的形式系统或概念“间架”。现在，我们即便将《大学》中关于“大学之道”的一系列表述，就其规范性意义而视为对现实政教实践必然有效的某种原则乃至法则，也应当承认，至少在此原则所出自的经典系统内部，已经充分包括了“大学之道”的实质性内容，此种内容就是各种制度典型与典范制度。因此，抽离或越过“大学之道”的实质性内容而考量“大学之道”及整部《大学》的“适宜性”乃至“普遍性”，就难免造成对经典系统的某种疏离。

例如，朱子云：“大学之书，古之大学所以教人之法也。”又说：“此篇者，则因小学之成功，以著大学之明法，外有以极其规模之大，而内有以尽其节目之详者也。”[①]然而，朱子对《大学》本经及“大学之明法”的解说，大多并非根据或相应于经典中关于“古之大学所以教人”的记述而发，而是重在阐明他所理解的“圣经贤传之指”。清儒胡渭即对此提出了含蓄的批评：

> 今之说《大学》者，皆忘却此书为古之大学所以教人之法，故其言多汗漫。夫古之大学所以教人者何也？其文则诗、书、礼、乐，其道则父子、君臣、夫妇、长幼、朋友，其法则博学、审问、慎思、明辨、笃行，其所守至约，而其所施至博也。[②]

① 朱熹撰：《四书章句集注》，中华书局1983年版，第1、2页。

② 胡渭：《大学翼真》，《景印文渊阁四库全书》第208册，第1052页。

我们或许可以认为，朱子对《大学》的理解，因其道德或德性指向而更具有普遍意义，而胡渭的理解则是一种基于典籍记述的“经验性”或“历史性”的理解，但这并不意味着前一种理解方式必定优先于或主导着后一种方式。例如，朱子注《大学》首句云：“大学者，大人之学也。”此所谓“大人”，至少在《大学章句》中是一种单纯的形式表述。然而，经传中所谓“大人”通常专指具有特定官爵的统治者。如《论语·季氏》：“子曰：‘君子……畏大人。’”郑玄注：“天子、诸侯为政教者。”①皇侃云：“今云畏大人，谓居位为君者也。”②又如《礼记·礼运》：“大人世及以为礼。”郑玄注：“大人，诸侯也。”③《左传·襄公三十年》：“大人之忠俭者，从而与之。”杜预注：“谓卿大夫。”④就此而言，我们甚至可以在认同朱子表述的基础上进一步主张：“大学者，有官爵者之学也。”特就“大人之学”与经典中关于“大学”表述的内容契合度而言，甚至可以说，“有官爵者之学”才是对“大学”乃至“大人之学”理解的落实处。

进而言之，作为“大学之道”的现代解读者或认同者，我们可以且需要为在当下理解与运用“大学之道”寻找一种普遍的乃至必然的根据及原则。但是，这种探求既不应回避“大学之道”在经典系统中的内在含义，其预设目标也不应取代经典本身而成为我们理解和践行“大学之道”的出发点。因为“大学之道”以及其所自出的整个经典系统，首先是一种由既成的、丰富的典籍记述所承载的“实质性传统”(substantive tradition)⑤，这个传统历经两千余年的真实传承而延续至今；其不仅为经典诠释的合理性提供了明确的效用领域，而且为我们今天理解“大学之道”及相关经典表述，以反省乃至确立自身意义与价值的实践，规划并指出了一种可能的前进方向。

---

① 郑玄注，贾公彦疏：《仪礼注疏》，第 138 页。

② 皇侃：《论语集解义疏》，《景印文渊阁四库全书》第 195 册，第 493 页。

③ 郑玄注，孔颖达疏：《礼记正义》，第 771 页。

④ 左丘明传，杜预注，孔颖达正义：《春秋左传正义》，第 1290 页。

⑤ 爱德华·希尔斯指出：“传统——代代相传的事物——包括物质实体，包括人们对各种事物的信仰，关于人和事件的形象，也包括惯例和制度。它可以是建筑物、纪念碑、景物、雕塑、绘画、书籍、工具和机器。”以及“几乎任何实质性内容都能够成为传统。人类所成就的所有精神范型，所有的信仰或思维范型，所有已形成的社会关系范型，所有的技术惯例，以及所有的物质制品或自然物质，在延传过程中，都可以成为延传对象，成为传统”。而所谓“实质性传统”即“意味着赞赏过去的成就和智慧以及深深渗透着传统的制度，并且希望把世传的范型看作是有效指导。”(〔美〕爱德华·希尔斯：《论传统》，傅铿、吕乐译，上海人民出版社 1991 年版，第 16、21、27 页)

“中庸”在当下何以可能？
——基于“天命—性”的分析视角

林孝斌

摘要：《中庸》开篇指出“致中和，天地位焉，万物育焉”，即认为“中和”的状态乃是天地万物形成秩序的根本，而天地万物的秩序自然是天命作用的结果。然而，对于天命如何作用于秩序，即如何才能“致中和”，《中庸》作者借用孔子的话认为，“天下国家可均也，爵禄可辞也，白刃可蹈也，中庸不可能也”。很明显，其意强调“中庸”是难以达到的，而恰恰难的事情才会引起人们的重视，这也是“中庸”问题至今仍备受关注的原因。本文试从“天命—性”的视角出发，对“中庸”何以可能作一可行性分析。由于“天命”乃是在人对它的“敬”中呈现其实在性，它对人而言乃是外在的指向；而“性”即天命所赋予的人之本性，是一种内在性指向，这种指向只有在人对自己“诚”中得以把握。因此，“敬”和“诚”可视为理解“天命—性”的思想起点。现代社会道德问题的主要原因便是人们缺乏或者不重视这种情感的力量，以至于出现没有出发点的道德指向，其问题必然重重。由此，社会主义核心价值观中“敬业”“诚信”的提出，便是力图在社会层面培育这种“敬”和“诚”的情感。只有从这个起点出发，“中庸”才得以可能，社会秩序也才能够因“中庸”而和谐有序。

关键词：中庸　天命　性　敬与诚

林孝斌，山东大学哲学与社会发展学院博士研究生，主要从事晚明理学、宗教哲学、中西哲学比较研究。

《中庸》在儒家思想史上的重要性是众所周知的，其中提出的“中庸”命题也成为历代思想家思考的重点。[①] “中庸”不仅涉及对君子和小人的界定，更影响到天地万物秩序的形成，因此对重视此问题的人的生存具有重大意义。这样一来，如何理解“中庸”问题，以及“中庸”在人们的追求中是如何得以可能，便成为研究者们迫切需要处理的关键问题。

一、“中庸”一词的两种释义：完满状态与权宜状态

“中庸”通常解释为“适中、不偏不倚、恰到好处”。而在《中庸》中这一词的含义如果作为名词，可以解释为近似“完满的状态”；而作为动词，那么可以解释为“权宜”。这二者虽有一定区别，但并非绝对分立。这种区别隐含着两种不同的生存方式：如果按前者解释为“完满的状态”，那么意味着“中庸”乃被视为一种真理，一种追求的目标，从人当下的生存状态出发到达这个目标，需要一个过程。但这个目标甚至连圣人也难以达到，因而对普通人来说更是困难。这条追求“中庸”之路所遇见的困境可称为“真理困境”。如果按后者解释为“权宜”，那么这显然是一种动态的正处于当下的状态，与人的生存关系极为紧密，但容易的是偶尔做到权宜，难的是一直在权宜中。在这一种解释中，能否持续不断地“权宜”便成为君子、小人的分界。由此看来，这种解释涉及君子和小人两种不同的生存状态。

---

① 自2000年来，学界对《中庸》的探讨和关注从未中断，比如：金景芳：《论〈中庸〉的“中”与“和”及〈大学〉的“格物”与“致知”》，《学术月刊》2000年第6期；马育良：《〈中庸〉首章“中”“和”“中节”解读》，《皖西学院学报》2003年第6期；〔美〕倪培民：《从功夫论的角度解读〈中庸〉——评安乐哲与郝大维的〈中庸〉英译》，《求是学刊》2005年第2期；〔韩〕金东敏：《王船山〈中庸〉哲学之实践性质——以〈中庸〉首章首三句的诠释为中心》，《衡阳师范学院学报》2010年第2期；谢文郁：《康德的“善人”与儒家的“君子”》，《云南大学学报》（社会科学版）2011年第3期；谢文郁：《君子困境和罪人意识》，《哲学门》（总第二十六辑），北京大学出版社2012年版，第285～307页；肖永明、戴书宏：《由“诚”而“中”，由“中”而“和”——理学视域中的〈中庸〉中和论》，《求索》2013年第8期；任蜜林：《〈大学〉〈中庸〉不同论》，《哲学研究》2015年第3期。值得注意的是，谢文郁作为具有西方哲学背景的学者，近几年在阅读儒家经典中提出了一种情感分析的思路来切入儒家的经典文本，从而形成了一种有别于儒学传统阐释路径的思路。这种思路侧重对儒家中的重要情感，如敬、诚作一种分析性研究，这种研究思路也引起当前的儒学研究界的某些关注。在他看来，如果不对这些情感作一种分析，则很难深刻把握儒家经典文本所呈现的思想世界。本文对敬和诚的分析多受其分析思路影响，且认同他的这种分析能够呈现出《中庸》文本的生存力量。

在《中庸》的著者看来，无论是谁都必须在“天命之谓性，率性之谓道，修道之谓教”的框架内理解和应用“中庸”。简单来说，离开“天命”[①]，无法“中庸”。由此，“天命—性”这一视域可视为理解和解释“中庸”问题以及其如何可能的关键。[②] 我们知道，自夏商以来，人们一直对“天”或“天命”心存敬畏，即使在孔子之时，仍然强调君子要“三畏”，首要的就是“畏天命”。“畏”只有在“敬”中才能够产生。因此，“天命”是人们敬的对象，对敬的人而言具有实在性，从而“敬”[③]便是人们认识“天命”的思想起点。人生来就具有“天命”所赋予的“性”，不同个体之“性”都源自同一个“天命”赋予，因而可以“并行不悖”。需要指出的是，这个所赋予的“性”不在人身外，乃在人的内在中。因而，只有个人自身才可以把握自己的本性，这种把握的途径在《中庸》看来就是“诚”[④]，就是诚实、不自欺地面对自己的内在深处，从而把握本性。在《中庸》中，天命即本性，因此认识到自己的本性，就等于认识了天命，从而落实到具体生存中就是“率性”，就是遵循天命，也就是所谓的“道”。由此可见，“诚”这种从内心发出的内在情感乃是回到“本性”的思想起点。因此，以“敬-诚”为思想起点的“天命—性”这一视角颇有益于理解“中庸”如何可能这一问题。

---

① 从文本上看，《中庸》的天命观主要有三个来源：《诗经》《论语》和郭店楚墓竹简中的《五行》《性自命出》等篇。尤其在《性自命出》和《五行》中有这样一些表达：“有天有命，有物有名，有生有知，而后好恶。有天有命，有地有形，知天所为，然后知道，知道然后知命。”（彭浩：《郭店楚墓竹简》，文物出版社 1998 年版，第 193～194 页）

② 邹晓东在其论著中指出，“天命之谓性”命题实际上将“天命之性”赋予了一切人乃至事物。其言外之意也是同意“天”作为一种绝对力量而存在，任何个体都有自己的规定性。参见邹晓东：《意志与真知——学庸之异》，齐鲁书社 2018 年版，第 98～99 页。

③ “敬”首先乃是一种情感，其指向的对象是外在的天。朱熹指出，“只收敛身心，整齐纯一，不恁地放纵，便是敬”。“‘敬’字工夫，乃圣门第一义，彻头彻尾，不可顷刻间断。”“无事时敬在里面，有事时敬在事上。有事无事，吾之敬未尝间断也。”“问敬。曰：‘一念不存，也是间断；一事有差，也是间断。’”（黎靖德编，王星贤点校：《朱子语类》，中华书局 1986 年版，第 208、210、213、211 页）在这里，朱熹认为，“敬”指向“事”和“里面”，这是“性即天理”思想的另一种表述，还认为，“敬”无时无刻都应该是生存中的样态。

④ 安乐哲先生在解读这个“诚”时，引入怀特海机体哲学的终极指向“创造性”一词，并特别强调其中的“更新”观念。本文认为，“诚”的状态是人向所有生存可能性敞开的状态，这种状态打破了人固执于某种生存可能性的可能，从而为人当下的生存注入一种解构性力量。从这个意义上看，的确有对当下的观念进行更新的含义。参见安乐哲、郝大维：《〈中庸〉新论：哲学与宗教性的诠释》，《中国哲学史》2002 年第 3 期。

二、“中庸”=“完满状态”下的生存样态

我们知道，在西方思想史上，柏拉图首先提出希腊哲学中的“真理问题”，并作出“没有真理就没有生存”的论证。由于真理就是生存，没有真理就没法生存，当时的哲学家们都试图找到这个真理。[①] 受“柏拉图—亚里士多德”在真理之争这个问题上的影响，亚里士多德之后出现的三大流派试图给出自己的解答。与此相似，在中国的儒家传统中，思孟学派对儒家思想史的影响是至深的，《中庸》尤其如此。“中庸”既然作为追求的目标，必然也属于一种真正的善，只有这样才能够得到众人的追求。由此，没有“中庸”便没有人的生存在儒家君子看来也是实实在在的。既然以达到“中庸”这个完满的状态作为人追求的目标，那么势必需要清楚了解这个状态的本质和所是，否则如何判断是否追求到了呢？正如在跑道上赛跑，终点的标记必然是大家都知道的，所以大家才会朝着这个方向跑去，否则会出现偏离跑道而往错误方向追求的问题。要达到对“中庸”的认识，只有那些处于这种状态中的人才能够告诉你什么叫作“中庸”。因此，对于“中庸”的追求者来说，要想往此目标走，就必须接受那些认识“中庸”之人的说法。那么，这些认识“中庸”的都是些什么人呢？要弄清楚这个问题，就必须回答，什么样的人能够认识“中庸”？

我们知道，《中庸》是在“天命之谓性”的整体思路中展开讨论的。[②] “天”自夏商开始就被人们视为一种敬畏对象，由于它的力量远超于人，根本不受人力的左右、影响，人必须活在“天”的力量影响之下，并且不管是好的还是坏的。面对如此强于自己的力量，人的敬畏之情自然切身。但是人毕竟要时时刻刻活在具体的生存之中，如果能够知道天的意思或者命令，那么自然可以按照它的意愿行事，即势必顺天而行，自然得到其庇护；反之，则会得到

① 参见谢文郁：《中西哲学真理观比较：孰是孰非？》，《原道》第 16 辑，首都师范大学出版社 2010 年版，第 231 页。

② 《中庸》开篇表面看起来是一些基本预设，其中作者对“天命”“性”的解释并没有太多，但实际上，“天命”“性”乃是涉及人的生存。天是作为人性之源的一种最高存在。因此，这些看似属于预设，实际上直接触及人的生存的。人在生存中是带着人性的，而人性自身又与天命密切相关。从这个角度看，“天命—性”的视角就是一种分析人生存的视角。

逆天而亡的结果。在生存的需要和压力面前，人们自然试图找到知天命的方法或者路径。这条路径在夏商时代主要表现为龟裂、卜筮等手段，后来经过周公转换为"以德配天"，也就是敬德①。这一思路被孔子继承，一直存在于儒家思想之中。② 此后，对"德"和"善"的重视便成为儒家思考的中心问题。

除了这些方式之外，还有其他方式可以知天命吗？《中庸》给出的路径是通过人的本性，即"天命之谓性"，意思是人有天所命定的本性。天命和本性乃是同一的，在天称为"天命"，在人内在叫作"本性"。因此，人还可以通过自己的本性来认识天命。如此一来，天命不再那么难以捉摸和把握，因为人的本性内在于人，而人对自己的认识和把握总是可以加深的。因此，只要他是个人，就有可能通过认识自我的本性而知天命，从而达到中庸。由此观之，在敬畏中所呈现的天命现实中内在于人的本性，那么认识到自己的本性就可以知天命，这个思路应该是《中庸》的核心观点。顺着这个思路往前，我们进一步追问，如何才能够认识自己的本性呢？本性既然在人的内在深处，那么势必是一种向内的过程。人的本性周围由于可能被许多非本性的东西包围，又内在于人的深处，因而无法通过人的经验得以获知，也无法借助思想论证或分析而取得，毕竟人的本性早于人后来所形塑起来的认知体系。《中庸》给出的思路是在"诚"中。③ "诚"就是诚实无妄、无自欺的一种状态，人在这样一种状态中去面对自己的内在本性时，就会体会到本性之所在和所是。在这种状态中，人不受任何后天固有观念的约束和控制，可以自由地面向本性，这样本性的任何可能性都可以在这种状态中呈现出来。但毕竟人无法一下子获取全部的可能性，只有部分的可能性为人在"诚"中所获得，所获得的这部分本性展现出来的可能性就是天命的一部分，正如《中庸》中

---

① 《五行》中提道："仁形于内谓之德之行，不形于内谓之行。……善，人道也。德，天道也。"（刘钊：《郭店楚简校释》，福建人民出版社 2005 年版，第 69 页）可见，"德"源自天，并与天合一，因此，"敬天"转化为"敬德"的内在路径就显得容易理解。

② 相关的文本请参见顾颉刚、刘起釪：《尚书校释译论》（中华书局 2005 年版，第 1441～1442 页），其中就重点提到"祈天永命"和"德之"之间的内在关系。另有陈梦家《殷墟卜辞综述》（中华书局 1988 年版，第 636 页），其中，作者也指出卜问在"知天命"上的重要作用。因此，从"卜问"到"德之"的发展是从"敬天"到"敬德"内在的转化。

③ 关于"诚"，学界的解释一直争论不休，本文则结合"无妄"和"勿自欺"两种意思来释之。

孔子称赞颜回的例子一样。[①] 这种可能性就是善的某个方面通过“诚”进入人的具体生存中，《中庸》称之为“率性之谓道”。故而，“率性”就是将天命落实到生存中的具体实践，这种生存就是“道”，是天命之下的生存之道。而这种“道”就是《中庸》所称呼的“中和”，也就是“中庸”。这样看来，认识“中庸”之道的人乃是“率性”之人，而“率性”之人必然是在“诚”中呈现本性而获得本性的部分可能性之人，而这样的人也就是“敬”天命之人。归结起来，只有“敬”天命和“诚”本性之人才是认识“中庸”之人。[②]

对于那些以“中庸”为目标的追求者来说，只有通过这类“敬天诚性”之人才能够获得真正的“中庸”之道。但现在的问题是，具备这种条件的人在哪里？也就是亚里士多德所问的“真理在哪里”。由于“我”不认识“中庸之道”，自然无法分辨谁是这种人，而且无法辨识，那么这样的接受根本无法谈起。按照《中庸》所提供的孔子的判断，他认为“天下国家可均也，爵禄可辞也，白刃可蹈也，中庸不可能也”，且“及其至也，虽圣人亦有所不知焉……虽圣人亦有所不能焉”。从孔子的判断可知，这样的人微乎其微，难以寻觅。大部分的人都是无法一直持续回到“敬”和“诚”这个生存原始点的。即使出现这样的人，那么还会出现谁能证明他就是这样的人的问题。因此，无论有还是没有，以“中庸”为真理而追求的人最后必然会落入这一生存无法逃避的“真理困境”中，这也就成为他的生存困境的根本所在。如果沿着将“中庸”解释为“完美状态”这条思路走下去，我们会发现这一困境也无法避免，这就有必要在另一种思路中理解这一问题。

三、“中庸”释为“权宜”下的两种生存状态

我们先来看《中庸》开头的这段话：

> 仲尼曰：“君子中庸，小人反中庸。君子之中庸也，君子而时中。小人之中庸也，小人而无忌惮也。”子曰：“中庸其至矣乎！民鲜能久矣。”

---

① “子曰：回之为人也，择乎中庸，得一善，则拳拳服膺而弗失之矣。”（《中庸》）这里说的“一善”，其实就是所有可能性中的一种。

② 谢文郁在解释《中庸》时指出：“《中庸》在讨论‘诚’这种情感倾向时涉及了两种‘善’：‘本性之善’和‘善观念’。”（谢文郁：《〈中庸〉君子论：困境和出路》，《文史哲》2011 年第 4 期）这里他引入两种“善”来谈论内在性问题。

子曰："人皆曰予知，择乎中庸，而不能期月守也。"

子曰："回之为人也，择乎中庸，得一善，则拳拳服膺而弗失之矣。"

子曰："天下国家可均也，爵禄可辞也，白刃可蹈也，中庸不可能也。"①

这段话从"中庸"的角度界定了君子和小人的差别。在这里的"反"当译作"违背"，这从下文"小人之中庸"可以看出。因为如果小人根本不想中庸的话，那么又何必提"小人之中庸"呢？可见，小人也想要中庸，但结果却是"反中庸"，就是违背了"中庸"。这样一来，以"中庸"界定君子和小人便成为"中庸"中的两种生存状态，一种是符合中庸，一种是违背中庸。前面我们指出，无天命则无中庸，因而君子和小人这两种生存状态也必然要在"天命一性"的视域来理解。那么，是否会出现小人和君子的中庸不一致的情况呢？从这段引文的两处"择乎中庸"，我们可以看到小人和君子（颜回肯定是君子）都在"择乎中庸"，这必然不是两种不同的中庸，应该是同一种。二者的真正差别在于小人自以为知，却"不能期月守"，而君子"得一善，则拳拳服膺弗失之矣"。

由此可见，在君子看来，择乎中庸而所"得之善"是有可能失去的，为了不失去这种善，君子的态度是"拳拳服膺"，实质上就是持续不断地活在这种状态中。根据之前的分析，我们知道，"择乎中庸"，就是在"诚"中向自我本性敞开，从而接受从自我本性而来的任何可能性，这些可能性都是天命之所是，也就是本性之善。我们由于不可能在"诚"中获得所有从本性出来的可能性，即善的全部，而只能够获得善的某一种，因而得到一善便是得到本性的一部分，也就是获知天命的一部分，从而在生存中做到"率性"。这就是君子的生存之道。但是，这种可能性并非全部，无法代表天命的全部，所以君子即使获得了这种从本性出来的某种可能性，仍然要意识到这并非全部，并不意味着就可以一劳永逸了，还必须坚定持续地活在这种"诚"中，永远不断地向本性之善敞开，以此得到天命的不断充实修正，使君子的生存能够一直持续下去。这种一直在"诚"中面向自我本性中的本性之善的生存便被称为"君子之道"。所以说，"君子之中庸也，君子而时中"，"时"的意思就是"时时刻刻"，即不间断。

---

① 郑玄注，孔颖达疏：《礼记正义》，北京大学出版社 1999 年版，第 1426、1426～1427 页。

那么，“小人”的生存又是怎样一种状态呢？我们同样看到，小人与君子面对的本性是同样的，都是天命所赋予的，是天命的一部分。小人也可以在“诚”中面对自己的本性，向它敞开，随时准备接受任何从它而来的本性的一种可能性，然后“率性”而进到生存里。在这件事上，小人与君子的机会是同等的，但区别在于，是否认识到所获得的本性的某种可能性并非天命的全部，不能就此一劳永逸而中断这种“诚”的生存状态。小人恰恰就是在偶然状态中获得本性之某种可能性时，误以为这就是天命本身之全部，然后中断了这种“诚”的状态，将所获得的这种可能性当作全部生存的指导。在刚开始的时候，这种由本性而来的东西确实在指导“小人”过一种君子的生活，但是当他中断了这种“诚”之后，其内在本性的可能性释放就被自身终止了。由此，除了已经获得的那种可能性之外，再也没有新的从本性而来的其他可能性进入他的生存中，也就是无法继续“率性”，无法继续在“天命”中而“中庸”，从而离开了君子之道，进入了小人的生存。《中庸》开头便把偏离了这种道的生存叫作“修道之谓教”。就是离开了率性之道的人，离开了天命而中庸的人，都需要在“修道”中生存，就是需要过“教”的生活。

这种“教”有自教和他教两种。君子由于与小人只在转瞬之间，故而更多的是能够在“自教”中时刻保持或者转向君子之道，就是不断回到“诚”中的生存状态。《中庸》称之为“诚者，天之道也；诚之者，人之道也”[①]。反之，小人的生存就是无法一直在“诚”中，容易将某一所获得之善当作全部并带入生存，从而不再接受新的可能性。不久之后，之前所获得的那种可能性，因为没有得到天命新的补充和修正而固化成某种观念，内在于小人的思想中。这样一来，小人的生存便会受到某种观念的指导，这种观念开始可能是善的，但由于不是天命全部，在失去了天命的不断补充和修正下，容易成为非善的观念，从而走向不善的生存。这也可以解释为什么有些人从前很君子，现在却成小人，其根本原因乃在此。

这种君子和小人的生存之别是在“中庸”中界定的，而“中庸”又在“天命”中才能存在，且“天命”并非某一固定的内容或者观念体系，而是自行其是，内涵丰富。人根本无法完全把握天命的一切，故而在生存中要一直去体

① 郑玄注，孔颖达疏：《礼记正义》，第 1446 页。

会、考量，我们称之为“权宜”。① 即你将“诚”中获得的从本性而来的天命的一部分带进具体的生存中时，必须一直“权宜”它，而不能把它当作某种固化的观念来指导生存。因此，《中庸》引用孔子的话说：“道之不行也，我知之矣。知者过之，愚者不及也。道之不明也，我知之矣。贤者过之，不肖者不及也。人莫不饮食也，鲜能知味也。”②这句话的实质就是，“率性”这种本该“道”的生存之所以无法实现，原因在于“过之”和“不及”，其实就是没有实现真正的“权宜”。由此观之，将“中庸”解释为“权宜”，更符合《中庸》所提倡的“中庸”式生存。

四、“中庸”视角下的“敬业”和“诚信”

根据前文的分析，我们可以看到这样一种情况：将“中庸”当作一种“完满状态”，作为生存的目标即真理来追求的话，最终不可避免会进入类似“真理困境”的窘境。这种困境正如古希腊哲学史上哲学家们对“真理”苦苦追求的结果一样，最终只能够“悬置”真理而生存，但没有真理的生存不是生存。当然，这是西方思想史中对知识特别钟情的某种结果。而在崇尚日常生活实践和应用的儒家思想世界中，无意也不关心纯粹地把“中庸”当作某种概念进行解析和分析，真正在乎的是让“中庸”如何在人们的生存中得以可能。《中庸》之后，几乎所有的思想家都致力于解释这个问题。如朱熹的《中庸章句》、王阳明的“知行合一”论等，都试图为人们的具体生存给出一条新而活的“道路”。因此，“中庸”在《中庸》中不该被视为一种“完满状态”，而该作“权宜”解。对于这种解释的依据，前文已经有详细的分析，这里不再赘

---

① 关于“权宜”，我们需要多说几句。《中庸》指出，“义者，宜也”。就人的生存状态而言，如果是独处状态就无所谓合适不合适的问题；但是只要涉及与第二个人的关系时，这个问题就不得不面对。因此，“权”的力量就开始得以凸显。在社会生活中，会涉及自我的判断、他人的判断、共同体的判断等诸多判断交织，哪一种才是终极性的呢？实际上哪一种都不是。那么，在缺失终极性标准的前提下，人又该如何做出合适的判断呢？本文这里用“权宜”一词，意在指出，不能用一套现有的信念或模式套用人的生存判断，而应该回到自身本性，结合当下处境不断琢磨、调整，从而达到当下的合宜。故此，此状态乃是一个进行时状态，离开这种进行时，就会滑入一种封闭式的生存判断。在西学语境中，“正义”一词也是这种合宜状态的表述。参见谢文郁：《解构性的正义概念》，《北京大学学报》（哲学社会科学版）2018 年第 4期。

② 郑玄注，孔颖达疏：《礼记正义》，第 1424 页。

言。需要指出的是，这两种解释均无法离开“天命”谈“中庸”，而谈“天命”则无法离开“敬”，谈“性”不能少了“诚”。

可见，“敬天诚性”是“中庸”得以可能的起点和出发点，这种起点在中国文化传统中具有深厚的历史传统。早在夏商时期，人们面对变换无穷的自然天象，根本无法明白究竟“天意”如何。由于那时的农事是人们的生存之根本，而农事又受制于天象，因此，如果能够得到天象的知识，与其同步或者顺天而行，将促进人们的生存。在这种需求面前，原始的占星者或者测算天象的这类人开始受到重视和重用，由此出现了通过占筮等方式来获知天命何为之行为。在经过日常实践的证明之后，这种方式便被确认为是比较可靠的获知天命的途径。然而，商朝的灭亡却提出这样一个难题：为什么作为受命于天的天子商王却遭到为天所灭的命运？这成为周朝王权必须解决的关键问题，而作出这一合理解释的人便是周公。他提出“以德配天”的思想，以此解释商周转换的根由，也就是“德善”成为知天命的另一路径。这一思想经孔子而得到传承和发扬，在思孟学派中同样得到重视和承认，而后者更进一步提出“天命之谓性”这一思想主张。因为所谓的“德”必然是人之“德”，而不管是德性还是德行，都离不开人自身。德行是外显的，出于人自身内在的德性；而德性又是人的内在本性，由这种本性出来的德能够与天命相配，那么这个本性必然就是天命。因此，在这个思路中，回归“本性”便成为知天命的又一个实在的路径，且这条路径是更为基础性和普遍性的。因为人人都有天命所赋予的本性，都可能过一种在“天命”里“中庸”的生存。对“天命”的敬畏从夏商开始便不断为后世所继承、所共享，如“无天命不中庸”类似“不敬畏无天命”。所以，敬畏乃是认识天命的出发点，对生存来说乃是具有原始性的动力。“本性”作为认识天命的另一途径，无法通过人的感觉经验而呈现，也不是靠思想论证可以明白，只有通过人对自身内心的“诚”，才能够不受观念的左右，让自我“本性”释放其所有的可能性，人在“诚”中面向这些所有的可能性，也就是面向天命，从而“率性”而生存。

因此，“敬天诚性”是实现“中庸”的思想起点，也就是生存出发点和原始性动力，离开这个出发点，“中庸”将是不可能的。从这个意义上来看，现代社会中的“中庸”问题，关键在于“敬天诚性”。而在现代，从国家层面所提倡的社会主义核心价值观 24 字中的“敬业”和“诚信”，便是要培养人的“敬”和“诚”这一比较原始性的情感。我们知道，每一种“业”都在某种体系中，都处在各种社会关系中，只要人在某种“业”中，就必然会处在与各种人的关系中，而所有人的生存状态可分为君子和小人两种。因此，处在任何一种“业”中的人都必须与这两种人打交道，这就出现了四种情形：(1)你是君子，与君子打交道；(2)你是小人，与君子打交道；(3)你是小人，与小人打交道；(4)你是君子，与小人打交道。

第一种情况是最为理想的。在这种情况下，君子由于会不断在“敬”和“诚”中实践“中庸”的生活，因此在这种氛围中，“敬”和“诚”的情感会不断加深，会推动你的生存往前，也成为社会的正能量所在。如果是第二种情况，由于面对的是君子，你虽然处于小人的生存状态中，以某种善念左右自己的生存，但是面对君子的生存之道，你会受某种“他教”的力量所作用，长此以往，你也能够逐渐向“君子”的生存状态靠近，这同样有助于培养你的“敬”和“诚”。而第三种情况，则是最不理想的生存状态。小人跟小人的生存状态将导致各种各样的问题和矛盾，就是今天讲的许多社会道德问题。小人是依靠自己的某种固化的观念而生存的，因而都自以为是自知之人，其实都是“反中庸”且“无忌惮”的。其原因就在于以为现有的善观念乃是天命全部，有种真理在我手中的感觉，以自己为标准去评断他人，自然影响到外在的行为。这种状态正是最需要施行社会教化的，即施行“他教”，从而帮助这些人“修道”。这个工作面对的是社会群体，因此其实质性工作需要依靠国家层面的辅助、社会整体的努力才能够使之完善。这也正是法律、行政条例，以及社会道德规范真正起作用的地方。第四种情况中，你作为君子自然不会向往小人的生存，面对小人的生存状态，你能起到的作用就是“教化”小人，就是“以身作则”，成为“榜样”来影响小人的价值取向。这也正是今天社会提倡“模范”“榜样”的真正根由所在。

因此，无论这四者的哪种情况，都可以在“敬”和“诚”这两种情感上起到一定的培育作用。一个人在“业”的生存中，逐渐培育起“敬”的态度，那么在最小的事上如此，自然会影响到他生存的各方面。一个人只有对自身“诚”了，别人才能够“信”他。这种前后逻辑正是《中庸》“哀公问政篇”中提到的：“在下位不获乎上，民不可得而治矣。获乎上有道：不信乎朋友，不获乎上矣。信乎朋友有道：不顺乎亲，不信乎朋友矣。顺乎亲有道：反诸身不诚，不顺乎亲矣。诚身有道：不明乎善，不诚乎身矣。”这句话呈现的是这样一种儒家主张的人在社会中的关系逻辑：上者—友者—亲者—自己—诚身—明善。在这种关系逻辑中，作为个体的“我”是通过“诚”的方式来实现自己的天性，而“亲者”是通过“我”对自己的“诚”，从而信任“我”；“友者”又是通过“亲者”

对“我”的信任而信任“我”；最后的“上者”则是在看见“友者”对“我”的信任才信任“我”。这样“我”与自身之外的所有关系的信任程度都决定于“我”是否“诚身”。可见，“诚”乃立身之本，是个人自我生存的根本出发点。如果仅有“诚”无“敬”，那么势必容易趋向一种“个人中心主义”的生存。因此，“诚”必须以“敬”为基础才能有助于个人和社会，这也正是“敬业”在“诚信”之先的缘由。可以说，在当下社会中，只有“业”是与每个人息息相关的，不论身份、背景、地位还是信仰，每个人都要生存，都需要有属于自己的“业”，而想最大化地培养这种“敬”的情感，当下“业”似乎是最合适的选择。

《中庸》《孟子》对《诗》义的阐发与传播

闫春新　杨瑞冬　王鹏涛

摘要：思孟学派在其代表性著作《中庸》《孟子》中将《诗》这一儒家经典广为援引，以达成传播儒家六艺之教、增强自己言论说服力的目的。在此过程中，其又在有意或无意中完成了对经义的阐发。通过这种阐发，思孟学派既通过自身特有的对诗义的理解，传播了《诗》，又传播了自己学派的个人理想、政治理想和社会理想，形成了极具诠释特性的先秦思孟学派之《诗》学。

关键词：思孟学派　《诗》　《中庸》　《孟子》

"思孟学派"是先秦儒家中子思学派与孟子学派的合称，两者皆为儒家正宗，创始人在学统上也具有前后的渊源关系。子思乃孔子嫡孙，孟子则是"受业子思之门人"[①]。后人颇有不认同史迁此说者，大概觉得孟子受业于门人不足以体现其嫡派正统之圣，因而直认孟子乃子思亲传。汉赵岐《孟子题辞》即主这一说法，称孟子"幼被慈母三迁之教，长师孔子之孙子思"[②]。清焦循为之正义，曾作详细考辨曰：

本文系2016年国家社科基金项目"经学观念视野下的汉唐《春秋》学研究"（16BZX055）阶段性成果。

闫春新，曲阜师范大学孔子文化研究院教授，主要从事魏晋南北朝思想文化史与汉晋经学史研究；杨瑞冬，曲阜师范大学历史文化学院孔子文化研究院硕士研究生；王鹏涛，山东省济宁市经济开发区疃里第三中学教师。

① 司马迁撰：《史记·孟子荀卿列传》，中华书局1999年版，第2343页。

② 焦循撰，沈文倬点校：《孟子正义·孟子题辞》，中华书局1987年版，第7页。

《列女传》云："孟子旦夕勤学不息，师事子思，遂成天下之名儒。"《汉书·艺文志》："儒家《孟子》十一篇，名轲，邹人，子思弟子，有列传。"《风俗通·穷通篇》云："孟子受业于子思，既通。"与赵氏同。《史记·列传》云："受业子思之门人"，索隐云："王邵以'人'为衍字。"则以轲亲受业孔伋之门也。今言门人者，乃受业于子思之弟子也。毛氏奇龄《四书剩言》云："王草堂谓《史记·世家》子思年六十二。孔子卒在周敬王四十一年，伯鱼先孔子卒已三年；向使子思生于伯鱼所卒之年，亦止当在威烈王三四年之间。乃孟子实生于烈王四年，其距子思卒时，已相去五十年之久。又谓鲁缪公曾尊礼子思。然缪公即位，在威烈王十九年，则《史记》所云'子思年六十二者'，或是'八十二'之误。若孟子则断不能亲受业也。……"

按《史记·鲁世家》：哀公十六年，孔子卒。二十七年卒于有山氏，悼公立。三十七年卒，子元公立。二十一年卒，子显立，是为穆公。穆公立三十三年卒。自穆公元年，上溯至孔子卒之年，当有六十八年。孔子未卒，子思已生，而孟子明言子思当穆公时，则子思之年，不止六十二明矣。穆公子共公立，二十二年卒；子康公立，九年卒；子景公立，二十九年卒；子叔立，是为平公。平公元年，上溯穆公卒之年，当有六十年；再溯穆公初年，则九十年矣。则孟子不能亲受业于子思又明矣。草堂之说是也。乃《六国表》鲁穆公元年，即周威烈王十九年；魏惠王元年，当周烈王六年；相距三十八年。惠王三十五年，孟子来大梁，上溯鲁穆公时，已有七十余年，如以亲受业子思言之，则子思年必大耋，而孟子则童子时也。刘向、司马迁皆西汉人，一以为受业子思，一以为受业子思之门人。而《史记》纪年，多不可据，大抵异同不过此两端，识者察之。[①]

本文以为，焦循等人以计年法推测出孟子和子思在生前产生交集的可能性很低，故孟子不能亲受业于子思也是非常明显的。倘若非要把孟子说成是子思亲授，即侈谈一个耄耋老人肯亲自传道于一个黄口小儿，显系不合。其实，史迁所言明白无误，"受业子思之门人"，何曾有衍字？若史迁本意真如王邵所说，是要写作"受业子思之门"，则直书"受业子思"即可，何必画蛇添足，羼入"之门"二字？《史记》中有很多某某之受业的例子，但都没有

① 焦循撰，沈文倬点校：《孟子正义·孟子题辞》，第7～9页。

这种写法，如：

> 赵绾亦尝受《诗》申公。[①]
>
> 兒宽既通《尚书》，以文学应郡举，诣博士受业，受业孔安国。[②]
>
> 鲁商瞿受《易》孔子。[③]
>
> （司马谈）受《易》于杨何。[④]

堪称"孟子受业子思"说始作俑者的刘向，尤擅长趁口乱道古事，如其《新序·刺奢》就为美化颜回而编造出一则明显不顾时间概念的故事：

> 鲁孟献子聘于晋，宣子觞之。三徙，钟石之县，不移而具。献子曰："富哉家！"宣子曰："子之家孰与我家富？"献子曰："吾家甚贫，惟有二士，曰颜回、兹无灵者，使吾邦家安平，百姓和协，惟此二者耳，吾尽于此矣。"客出，宣子曰："彼君子也，以畜贤为富；我鄙人也，以钟石金玉为富。"孔子曰："孟献子之富，可著于《春秋》。"[⑤]

此条文献乍看起来辞意凛然，实则暗藏严重的时间漏洞。孟献子卒后三年孔子生，颜回则"少孔子三十岁"[⑥]，颜回之名如何能从献子口中说出？当然，少数人认为此颜回非孔门之颜回，又另当别论。但刘向主观臆造史实的例子还很多，这里就不一一列举了。

这两件事既与刘向脱不开关系，又在时间上存在否决自身真实性的致命因素，因而不得不引起人们的思考和怀疑了。当然，不管孟子到底有没有亲受业于子思，都不能否认其在道统上是与孔子、子思一脉相承的。

早在战国后期，子思、孟子各自开创的学派已经被一些学者公开承认，并认可其在儒学界所据之地位。据《韩非子·显学》记载，"自孔子之死也，有子张之儒，有子思之儒，有颜氏之儒，有孟氏之儒，有漆雕氏之儒，有仲良氏之儒，有孙氏之儒，有乐正氏之儒"[⑦]。关于这儒家八派的开创者，由于韩非并未在文中明确指明，后人遂聚讼纷纭，如对颜氏、仲良氏、乐正氏所指究

---

① 司马迁撰：《史记·儒林列传》，第 2373 页。

② 司马迁撰：《史记·儒林列传》，第 2375 页。

③ 司马迁撰：《史记·儒林列传》，第 2376 页。

④ 司马迁撰：《史记·太史公自序》，第 2485 页。

⑤ 刘向原著，李华年译：《新序全译》，贵州人民出版社 1994 年版，第 206 页。

⑥ 司马迁撰：《史记·仲尼弟子列传》，第 1736 页。

⑦ 王先慎撰，钟哲点校：《韩非子集解》，中华书局 1998 年版，第 456 页。

竟为谁，至今无法达成统一意见。我们如果粗略看一下这八派，其中的子张、颜氏、漆雕氏三派，可以归为孔门弟子；乐正氏被认为是某一再传弟子；孙氏一派，与孔派嫡传更为疏远；仲良氏则不明所指，唯有子思和孟氏一派向来被认为出于孔子本家所传，最得道统，称得上孔门正宗。再加上两者在思想主张上具有相当的一致性，因此我们可以作一定程度上的相提并论，将之视为一个整体——“思孟学派”来论述。

作为孔子的嫡派传人，这一学派在其代表性著作《中庸》《孟子》中将儒家经典广为援引，以达成传播儒家六艺之教、增强自己言论说服力的目的。在此过程中，其又在有意或无意中完成了对经义的阐发。下面，本文选取二者引用最多的儒家经典——《诗》，来就此问题详细论述一下。

一、《中庸》对《诗》义的阐发与传播

《中庸》原为《小戴礼记》中之一篇，《史记·孔子世家》载：“子思作《中庸》。”[①]郑玄亦谓：“以其记中和之为用也。庸，用也。孔子之孙子思作之，以昭明圣祖之德。”[②]一向对是篇极为重视且将之特别提出作为“四书”之一的朱熹，也秉持史迁的这一说法，并进一步作解道：“中庸何为而作也？子思子忧道学之失其传而作也。”[③]子思在《中庸》中援引了较多《诗》句，以为己说作证，并且在二者的相互阐释中完成了对所引《诗》句的义理提升，具体如以下几例：

> 君子之道费而隐。夫妇之愚，可以与知焉，及其至也，虽圣人亦有所不知焉。夫妇之不肖，可以能行焉，及其至也，虽圣人亦有所不能焉。天地之大也，人犹有所憾。故君子语大，天下莫能载焉；语小，天下莫能破焉。《诗》云：“鸢飞戾天，鱼跃于渊。”言其上下察也。君子之道，造端乎夫妇；及其至也，察乎天地。[④]

本章中的引《诗》“鸢飞戾天，鱼跃于渊”取自《大雅·文王之什·旱麓》。此

① 司马迁撰：《史记·孔子世家》，第1566页。

② 郑玄注，孔颖达疏：《礼记正义》，北京大学出版社1999年版，第1422页。

③ 朱熹撰：《四书章句集注》，中华书局1983年版，第14页。

④ 朱熹撰：《四书章句集注》，第22～23页。

句虽是状物之语，但在原诗中，其后紧跟“岂弟君子，遐不作人”[①]一句，可见是“先言他物以引起所咏之辞也”[②]，属于诗六义中之起兴。这一章，子思已经明言是论“君子之道”，于此处引这一句诗，是为了佐证“君子之道，造端乎夫妇，及其至也，察乎天地”，但也为之作了训解，即“言其上下察也”。这一训解，既点明了原诗的字面义：天渊有别，上下分明；又通过这一隐喻阐发出一种君子之道达到“至”的程度便可以上下得所、天地有序的内在意蕴。《毛诗故训传》在为这一句作注时，即曰“言上下察”[③]，明显是直接将子思的训解搬过来用。所以，唐孔颖达为之正义时曰：“《中庸》引此二句，乃云‘言上下察’，故传依用之，言能化及飞潜，令上下得所，使之明察也。”[④]可见子思于此处并非刻意解《诗》以便在后世产生“立言”的影响。

> 故至诚无息。不息则久，久则征，征则悠远，悠远则博厚，博厚则高明。博厚，所以载物也；高明，所以覆物也；悠久，所以成物也。博厚配地，高明配天，悠久无疆。如此者，不见而章，不动而变，无为而成。天地之道，可一言而尽也：其为物不贰，则其生物不测。天地之道：博也，厚也，高也，明也，悠也，久也。今夫天，斯昭昭之多，及其无穷也，日月星辰系焉，万物覆焉。今夫地，一撮土之多。及其广厚，载华岳而不重，振河海而不泄，万物载焉。今夫山，一卷石之多，及其广大，草木生之，禽兽居之，宝藏兴焉。今夫水，一勺之多，及其不测，鼋鼍、蛟龙、鱼鳖生焉，货财殖焉。《诗》云：“维天之命，於穆不已！”盖曰天之所以为天也。“於乎不显！文王之德之纯！”盖曰文王之所以为文也，纯亦不已。[⑤]

“维天之命，於穆不已。於乎不显，文王之德之纯”引自《周颂·清庙之什·维天之命》。对于此处两句解《诗》之语，孔颖达认为都是孔子所言。本文认为，自孔子逝后，儒家后人多半托孔子的权威之名以立言，子思亦不能免俗，因此这里姑且以子思之言对待，下文亦同。

这一章主要是论述天地之道，可以分为两部分。前面一部分主要讲的是至诚之德，后面一部分则一如朱熹《中庸章句》注云：“以天地明至诚无息

① 毛亨传，郑玄笺，孔颖达疏：《毛诗正义》，北京大学出版社 1999 年版，第 1006 页。
② 朱熹撰，赵长征点校：《诗集传》，中华书局 1958 年版，第 1 页。
③ 毛亨传，郑玄笺，孔颖达疏：《毛诗正义》，第 1006 页。
④ 毛亨传，郑玄笺，孔颖达疏：《毛诗正义》，第 1006 页。
⑤ 朱熹撰：《四书章句集注》，第 34～35 页。

之功用。天地之道,可一言而尽,不过曰诚而已。"[1]此处子思在引《诗》解《诗》时又密切结合了章节的文意。

前一句"维天之命,於穆不已",子思阐释为明"天之所以为天"。天命之庄严粹美,即在于"不已",也就是没有止息。"天之所以为天",所言便是"博也,厚也,高也,明也,悠也,久也"的天道。而在本章之首论述至诚之德时,子思即已明确提出"久则征;征则悠远,悠远则博厚,博厚则高明",归根到底都是因为"不息"。所以子思对这一句的阐发乃"六经注我",以《诗》中那"於穆不已"的天命来释自己所崇拜的"至诚无息"的天道。孔颖达正义曰:"此一经以上文至诚不已,已能从小至大,故此经引《诗》明不已之事。"[2]子思的这一训解在其徒弟孟仲子论《诗》的著作中有所体现,并亦为《毛传》所袭引:"孟仲子曰:'大哉!天命之无极,而美周之礼也。'"[3]郑《谱》曰:"孟仲子者,子思弟子,盖与孟轲共事子思,后学于孟轲,著书论《诗》,毛氏取以为说。"[4]《郑笺》在释《毛传》所引孟仲子的注解时,几乎与子思同出一辙:"命犹道也。天之道於乎美哉!动而不止,行而不已。"[5]

后一句"於乎不显,文王之德之纯",子思将之训为解"文王之所以为文也"。这句从字面上看,文王所以为文,既在于其德之"於乎不显",更在于其德之"纯"。何谓"纯"?子思训曰"纯亦不已",这才是其于此处所作的最重要的注解。朱子曰:"不显,犹言岂不显也。纯,纯一不杂也。引此以明至诚无息之意。"程子曰:"天道不已,文王纯于天道,亦不已。纯则无二无杂,不已则无间断先后。"[6]诚哉斯训!总的来看,这一条既是"六经注我",以"文王之德""文王所以为文"释"至诚无息"之德;又是"我注六经",以一句"纯亦不已"对文王德之"纯"为何解作了阐发。在两者的互证中,子思又完成了《诗》义的传播,其"纯亦不已"的训解对后世学者注《诗》产生了深远影响。郑玄在《毛诗》中为此处作笺时,直接拾取子思之牙慧,曰:"纯亦不已也。溢,盈溢之言也。於乎不光明与,文王之施德教之无倦已,美其与天同功也。"[7]孔

---

① 朱熹撰:《四书章句集注》,第 34 页。

② 郑玄注,孔颖达疏:《礼记正义》,第 1454 页。

③ 毛亨传,郑玄笺,孔颖达疏:《毛诗正义》,第 1284 页。

④ 毛亨传,郑玄笺,孔颖达疏:《毛诗正义》,第 1284 页。

⑤ 毛亨传,郑玄笺,孔颖达疏:《毛诗正义》,第 1284 页。

⑥ 朱熹撰:《四书章句集注》,第 35 页。

⑦ 毛亨传,郑玄笺,孔颖达疏:《毛诗正义》,第 1285 页。

颖达为《郑笺》作正义，即指出："《中庸》引此云：'於乎不显，文王之德之纯。盖曰文王之所以为文也，纯亦不已。'指说此文，故笺依用之。笺意言纯亦不已，则不训为大，当谓德之纯美无玷缺，而行之不止息也。"①同样，孔颖达在《礼记》中为此处作正义时，依然袭引先贤的注解，谓："'於乎不显，文王之德之纯'，此亦《周颂·文王》之诗。纯，谓不已。显，谓光明。诗人叹之云，於乎不光明乎，言光明矣。'文王之德之纯'，谓不已也，言文王德教不有休已，与天同功。"②

> 大哉圣人之道！洋洋乎！发育万物，峻极于天。优优大哉！礼仪三百，威仪三千。待其人而后行。故曰苟不至德，至道不凝焉。故君子尊德性而道问学，致广大而尽精微，极高明而道中庸。温故而知新，敦厚以崇礼。是故居上不骄，为下不倍，国有道其言足以兴，国无道其默足以容。《诗》曰："既明且哲，以保其身。"其此之谓与！③

此处引《诗》"既明且哲，以保其身"源自《大雅·荡之什·烝民》。这一句简显易懂，不需要作太多的训诂，《毛传》《郑笺》以及后来的孔疏皆对此未作任何字词上的解释。孔疏只是稍作义理上的训解而已，云："既能明晓善恶，且又是非辨知，以此明哲，择安去危，而保全其身，不有祸败。"④子思对这一句的阐释亦是将之与文意融会贯通，属于典型的"六经注我"。同时，在此"注我"过程中，其无意又无形中完成了"注六经"，对诗句进行了义理上的阐发。

关于这一章的义旨，朱子云是"言人道也"⑤。其实这个"人道"，往大处说，就是本章前半部分所言的"圣人之道"；往小处说，便是后半部分子思重点论述的"君子之道"。对平常人而言，圣人之道是难以企及的，君子之道却犹似可追，所以孔子从不敢承认自己是圣人，却口口不离君子云云，以之砥砺徒弟和自己。子思深受祖父孔子影响，所以引《诗》以证自己所持之君子之道。其并未明言《诗》义当如何解，只以一句"其此之谓与"作结，但其实已经在论述君子之道的行文中将《诗》之义理阐明了：所谓"明"，即是"尊德性而道问学。致广大而尽精微"，"温故而知新，敦厚以崇礼"；所谓"哲"，便是

① 毛亨传，郑玄笺，孔颖达疏：《毛诗正义》，第1285页。
② 郑玄注，孔颖达疏：《礼记正义》，第1454页。
③ 朱熹撰：《四书章句集注》，第35～36页。
④ 毛亨传，郑玄笺，孔颖达疏：《毛诗正义》，第1221页。
⑤ 朱熹撰：《四书章句集注》，第36页。

“居上不骄，为下不倍；国有道，其言足以兴；国无道，其默足以容”。“既明且哲”之诗义，一言以蔽之，便是“中庸”二字。“明”，君子固然要做到；但仅有“明”，还不能称了悟君子之道，还必须做到“明且哲”，也就是晓彻什么事该“明”、什么事不该“明”，什么时候该“明”、什么时候不该“明”。所以，孔颖达为此处作正义时曰：

> 此一节明贤人学至诚之道，中庸之行，若国有道之时，尽竭知谋，其言足以兴成其国。兴，谓发谋出虑。“国无道，其默足以容”，若无道之时，则韬光潜默，足以自容其身，免于祸害。“《诗》云：“既明且哲，以保其身”，此《大雅·烝民》之篇，美宣王之诗，言宣王任用仲山甫，能显明其事任，且又哲知保安全其己身，言中庸之人亦能如此，故云“其此之谓与”。①

二、《孟子》对《诗》义的阐发与传播

关于孟子及其书，《史记·孟子荀卿列传》曰：“天下方务于合从连衡，以攻伐为贤，而孟轲乃述唐、虞、三代之德，是以所如者不合。退而与万章之徒序《诗》《书》，述仲尼之意，作《孟子》七篇。”②这里提供给我们两个重要的信息，一个是《孟子》所作之背景。孟子所处之战国，以纵横为能，以攻伐为贤，孟子所论与世不合，难以仕进，所以退作《孟子》，在书中寄托自己所倡行的王道、仁政思想。但后世对此亦颇有异。赵岐《题辞》曰：“此书，孟子之所作也，故总谓之《孟子》。”③宋孙奭正义曰：“此叙孟子所作此书，故总名号为《孟子》也。唐林慎思《续孟子书》二卷，以谓《孟子》七篇，非轲自著，乃弟子共记其言。韩愈亦云：孟轲之书，非轲自著，轲既没，其徒万章、公孙丑相与记轲所言焉。今赵氏为孟子之所作，故总谓之《孟子》者，盖亦有由尔。”④但这些都无妨《孟子》是体现孟子或其学派思想的一部书。另一个是孟子治《诗》

---

① 郑玄注，孔颖达疏：《礼记正义》，第1456～1457页。

② 司马迁撰：《史记·孟子荀卿列传》，第1839页。

③ 赵岐注，孙奭疏：《孟子注疏·孟子注疏题辞解》，北京大学出版社1999年版，第4页。

④ 赵岐注，孙奭疏：《孟子注疏·孟子注疏题辞解》，第4页。

《书》的问题。赵岐曰:孟子"治儒述之道,通五经,尤长于《诗》、《书》"①。孙奭认为此说亦是由《史记》中"与万章之徒序《诗》《书》"化来。今日我们审视《孟子》,里面引《诗》确实非常多,并且不只是强行性地断章取义,更有许多将自己的思想主张与引的《诗》相结合,从而完成对经义的阐发与传播的目的。列证如下:

> 老吾老,以及人之老;幼吾幼,以及人之幼。天下可运于掌。《诗》云:"刑于寡妻,至于兄弟,以御于家邦。"言举斯心加诸彼而已。故推恩足以保四海,不推恩无以保妻子。古之人所以大过人者无他焉,善推其所为而已矣。今恩足以及禽兽,而功不至于百姓者,独何与?②

本节引《诗》取自《大雅·文王之什·思齐》。这一句字面义亦很简明,注者对其中个别字词的理解互异,也不影响我们对其整体思想的把握,即其指明了文王高超的治国之道是一个"由妻室及宗室,由宗族及国家"的过程。孟子对此诗义的阐发则将之提高到近似于《礼记·大学》中所言的"修身、齐家、治国、平天下"这么一种儒家的淑世情怀。从妻室、兄弟到天下黎民,是一个与自身关系逐渐疏远的过程,对亲近的人固然要以心相交,对疏远的人也要待以恩惠。这是一个推己及人、由近化远的过程,也就是孟子所训释的"言举斯心加诸彼而已"。孟子在论述中进一步阐发此义,也就是人要学会分享自己的"小爱",将这份仁爱之心推及四方、兼济天下,以成其"大爱"。这就是孟子所倡导的"老吾老,以及人之老;幼吾幼,以及人之幼"③,亦即"善推其所为"的"推恩"。孟子大力歌颂"推恩"这种仁义博爱之举,认为小可以"保妻子",大足以"保四海"。

孟子对此《诗》义的另一重解读,还包括"推恩"应遵守一定的顺序,也就是由近以及远,自易以及难,不能舍本求末、本末倒置。本节末句言:"恩足以及禽兽,而功不至于百姓",朱子曰:"盖骨肉之亲,本同一气,又非但若人之同类而已。故古人必由亲亲推之,然后及于仁民;又推其余,然后及于爱物,皆由近以及远,自易以及难。今王反之,则必有故矣。故复推本而再问之。"④孟子之所以这样讲,主要是针对齐宣王不忍衅钟时牛之觳觫而以羊相

① 赵岐注,孙奭疏:《孟子注疏·孟子注疏题辞解》,第5～6页。

② 朱熹撰:《四书章句集注》,第209页。

③ 朱熹撰:《四书章句集注》,第209页。

④ 朱熹撰:《四书章句集注》,第209～210页。

易而言的。孟子先是鼓励宣王说“是心足以王矣”[①]，朱子注解曰：“王见牛之觳觫而不忍杀，即所谓恻隐之心，仁之端也。扩而充之，则可以保四海矣。故孟子指而言之，欲王察识于此而扩充之也。”[②]然后进一步引导宣王，称大王对牛之不忍并不为百姓所认同，因为这只是吝惜牛的肥大而已，因为“王若隐其无罪而就死地，则牛羊何择焉”[③]。宣王对此表示无可奈何，朱子曰：“盖杀牛既所不忍，衅钟又不可废。于此无以处之，则此心虽发而终不得施矣。”[④]孟子又劝解说“无伤也，是乃仁术也，见牛未见羊也”[⑤]。孟子循循善诱，一直讲到本节的引《诗》及对其诗义的阐发。现在，我们再回到“恩足以及禽兽，而功不至于百姓”一句，孟子说宣王是“见牛未见羊”，其实结合此处，还应该是“见禽兽未见百姓”。宣王偶发善心，释牛不杀，百姓不但不称颂他仁爱，反而讥讽他吝啬。可见宣王平时对百姓应该没有太多恩惠，所以百姓从不将他的行为往出于仁爱之本心上去做联想。人与人是同类，与动物是异类，自然与人类关系亲近而与动物关系疏远。相应地，“推恩”应该是将仁爱之心由亲近向疏远而推行之，宣王却本末倒置，重物轻人，这就是不懂得诗义中所隐含的“推恩”的奥义了！

> 孟子曰：“以力假仁者霸，霸必有大国，以德行仁者王，王不待大。汤以七十里，文王以百里。以力服人者，非心服也，力不赡也；以德服人者，中心悦而诚服也，如七十子之服孔子也。《诗》云：‘自西自东，自南自北，无思不服。’此之谓也。”[⑥]

本节引《诗》取自《大雅·文王之什·文王有声》。原诗中，四方无不心悦诚服于周，主要原因是武王“镐京辟雍”[⑦]。这当然是字面义，其内涵后人一般以“德”解之。如《郑笺》云：“武王于镐京行辟雍之礼，自四方来观者，皆感化其德，心无不归服者。”[⑧]孔颖达为《郑笺》正义，则训释得极深入，谓：“既言辟

---

① 朱熹撰：《四书章句集注》，第 207～208 页。

② 朱熹撰：《四书章句集注》，第 208 页。

③ 朱熹撰：《四书章句集注》，第 208 页。

④ 朱熹撰：《四书章句集注》，第 208 页。

⑤ 朱熹撰：《四书章句集注》，第 208 页。

⑥ 朱熹撰：《四书章句集注》，第 235 页。

⑦ 毛亨传，郑玄笺，孔颖达疏：《毛诗正义》，第 1053 页。

⑧ 毛亨传，郑玄笺，孔颖达疏：《毛诗正义》，第 1053 页。

雍,即云四方皆服,明由在辟雍行礼,见其行礼,感其德化,故无不归服也。辟雍之礼,谓养老以教孝悌也。”[①]所以,原诗虽蕴含“以德服人”之义,但在字面上并未体现出来。孟子在阐发诗义时,则直接将这层内涵揭出,指明四方所服即是周之“德”,而且是心甘情愿地臣服。故此,孟子在此处所阐发的“以德服人”之诗义,应涵括两种意蕴。

一是以德服人与以力服人不同,其最终目的是使人“中心悦而诚服”。赵岐曰:“以己力不足而往服从于人,非心服者也。以己德不如彼而往服从之,诚心服者也。”[②]朱子引邹氏曰:“以力服人者,有意于服人,而人不敢不服;以德服人者,无意于服人,而人不能不服。”[③]

二是此处“以德服人”之“德”,孟子虽未明言所指为何,但肯定与孔颖达所云之“见其行礼,感其德化”并不完全相同,而应该有“仁政”“王道”的意蕴在其中。因为孟子此处之引《诗》是在论述王霸之道时展开的,讲的是行王道之功效。两者前后相连,是一个密不可分的整体。孟子曰:“以力假仁者霸,霸必有大国,以德行仁者王,王不待大。汤以七十里,文王以百里。”赵岐注曰:“言霸者以大国之力,假仁义之道,然后能霸,若齐桓、晋文等是也。以己之德,行仁政于民,小国则可以致王,若汤、文王是也。”[④]孙奭正义曰:“孟子言以大国之力,而假以仁义之道行之者,乃能为霸,以把握诸侯之权也,故必有其大国。以德泽而行仁政者,乃能为之王,使天下皆归往者也,故不待有大国而为之也。汤但以七十里起而为商之汤王,文王但以百里而天下归,是其以德泽行仁政于天下,故不待有大国而为之王,此汤、文二者是也。”[⑤]文王以德行仁而王,故以百里而天下归,这就是行“仁政”“王道”之“德”而使四方心悦诚服来归的明证。

> 孝子之至,莫大乎尊亲;尊亲之至,莫大乎以天下养。为天子父,尊之至也;以天下养,养之至也。《诗》曰:“永言孝思,孝思维则。”此之谓也。[⑥]

---

① 毛亨传,郑玄笺,孔颖达疏:《毛诗正义》,第 1053 页。
② 赵岐注,孙奭疏:《孟子注疏》,第 87 页。
③ 朱熹撰:《四书章句集注》,第 235 页。
④ 赵岐注,孙奭疏:《孟子注疏》,第 87 页。
⑤ 赵岐注,孙奭疏:《孟子注疏》,第 87 页。
⑥ 朱熹撰:《四书章句集注》,第 307 页。

本节引《诗》取自《大雅·文王之什·下武》。这句诗本义是较易理解的，但后世解诗者对末一句“孝思维则”仍存在明显的分歧。一种训为“则法先人”。《毛传》云：“则其先人也。”[①]《郑笺》素宗毛，故解曰：“长我孝心之所思。所思者，其维则三后之所行。子孙以顺祖考为孝。”[②]孙奭亦曰：“武王长言孝心之所思，所思者，维则法大王、王季、文王三后之所行耳。此亦舜之谓也。”[③]另一种解作“为天下则”。赵岐曰：“周武王所以长言孝道，欲以为天下法则。此舜之谓也。”[④]朱子亦持此观点，曰：“言人能长言孝思而不忘，则可以为天下法则也。”[⑤]今观孟子于此诗义之阐发，明显属于后者。孟子引此诗是用来论证舜之孝的。舜为天子，瞽瞍即为天子父，这是尊之极点；舜掌国家，瞽瞍得以受天下之奉养，这是养之极点，所以舜之孝也达到了极点。结合此背景，孟子对引《诗》之阐发应有两重含义：

一重即是字面义，也就是舜为天子，以天子的身份去行。这是孝之极，任何人的孝行都不能与天子相比，这就是天下效仿的榜样。所以，这个“孝思维则”，孟子明显将之训释为“为天下则”。倘若解作“则法先人”，舜父瞽瞍正是不慈不爱的典型，舜对其有何效法可言？焦循正义即曰：“大王、王季、文王皆明哲可法，故毛以则为则其先人。舜之父顽，未可法则，故赵氏不从毛义，而云为天下则法也。”[⑥]

另一重则是孟子于此间暗含着“行孝不但是为人之本，且有大功用，舜便是典型，所以更应该尽力行孝”的劝世意义。因为舜微时即以孝闻，其父母兄弟常欲害之，而舜每以德报怨，故此孝声著于天下。据《史记·五帝本纪》：

> 舜父瞽叟盲，而舜母死，瞽叟更娶妻而生象，象傲。瞽叟爱后妻子，常欲杀舜，舜避逃；及有小过，则受罪。顺事父及后母与弟，日以笃谨，匪有解。
>
> 舜父瞽叟顽，母嚚，弟象傲，皆欲杀舜。舜顺适不失子道，兄弟孝

---

① 毛亨传，郑玄笺，孔颖达疏：《毛诗正义》，第1047页。
② 毛亨传，郑玄笺，孔颖达疏：《毛诗正义》，第1047页。
③ 赵岐注，孙奭疏：《孟子注疏》，第255页。
④ 赵岐注，孙奭疏：《孟子注疏》，第254页。
⑤ 朱熹撰：《四书章句集注》，第307页。
⑥ 焦循撰，沈文倬点校：《孟子正义》，第641页。

慈。欲杀,不可得;即求,尝在侧。[1]

因为突出的孝行,舜在20岁时即以孝闻;30岁时帝尧问天下可用者,四岳咸荐舜,尧曰:“然,朕闻之。其何如?”[2]四岳答曰:“盲者子。父顽,母嚚,弟傲,能和以孝,烝烝治,不至奸。”[3]帝尧闻之,遂有意招纳为婿,因以二女妻之,顺便观舜之德行。从此,舜堪称平步青云,最终得受禅为天子。可见,舜之发迹,即因自身谨修孝行。孟子是舜“孝的代言人”形象在战国时期突然崛起的过程中起到重要作用的一个人物,因而此处对“孝思维则”诗义的阐发,还应当蕴含着“一个人行孝达到登峰造极的地步,就能像舜那样,得到天命的眷顾”这么一重引申义。行善之福报,往小了说可以被举贤,往大了说即可以像舜那样“为天下则”。孟子提倡仁孝,所以有意借此劝世。后世如汉多有“举孝廉”之法,大约亦是此意。

结　语

综合上文,我们从《中庸》《孟子》中可以窥见思孟学派在《诗》的征引中对诗义所进行的阐发。这种阐发,是与文意紧密结合的,引《诗》是为了证明自己的观点合于经典,同时在这个过程中,又有意而看似无形地将自己的思想主张灌入经义,完成对所引诗句义理上的内在阐发。

通过这种阐发,思孟学派既使得原《诗》之义的内涵,分别在《中庸》《孟子》视域中向我们敞开,更使《诗》之意义在思孟学派得以接受与意蕴发挥。思孟学派的这一接受与意蕴发挥,就是在原《诗》意的基础上实现其内涵的丰富和外延的扩大。如此一来,不仅在新的战国时空中传播了部分《诗》之文本,又信实地印证、引申了自己学派的个人理想、政治理想和社会理想。

① 司马迁撰:《史记·五帝本纪》,第25页。

② 司马迁撰:《史记·五帝本纪》,第17页。

③ 司马迁撰:《史记·五帝本纪》,第17页。

孟子"四辨之学"的文化意义与价值支撑

颜炳罡

摘要：四辨是指人禽之辨、义利之辨、王霸之辨、华夷之辨。孟子的"四辨之学"是一个完整的理论系统：人禽之辨是孟子思想的哲学根基，义利之辨是孟子的人生态度和施政之由，王霸之辨代表了孟子的治国理政及一统天下的方式、方法和政治理想，而华夷之辨是孟子的文化诉求。由人禽之辨到义利之辨，再到王霸之辨，归于华夷之辨，是一层层外推、步步展示的逻辑过程，这一过程概括起来就是由心性到人生，由国家到天下，简单地说，就是由道德实践到文化传承。仁义是贯穿四辨之学之核心，也是四辨之学的价值支撑。四辨既是孟子思想的逻辑始点，也是孟子思想的逻辑归宿；既是孟子对时代问题的回应，也是孟子对历史文化作出的富有建设性的交代。在人与禽、义与利、王与霸、华与夷的对比中，孟子认为每一个人尤其是统治者对这四大问题选择不同，从而导致不同的命运。由这四大辨题，孟子开启了中国价值趋向的主流，成就了中华文化的独特意义。

关键词：人禽　义利　王霸　华夷　性善

一、人禽之辨：性善论贞定之由

人禽之辨是孟子思想的哲学基础、根基。学术界习惯称孟子学为"心性

颜炳罡，山东大学儒学高等研究院教授，主要从事儒学研究。

之学”。诚然，“子思唱之，孟轲和之”的思孟学派，内彻心性，外透天道、天命，建立了精致的儒家哲学系统，弥补了先秦儒家思辨系统之不足，但探讨心性、天道并不是孟子思想的目的，也不是孟子的主旨。孟子学的本质是人学，其心性、天道是为人服务的，或者说是从属于人的。孟子的“仁政”主张与“王道”理想是通过人的德性提升尤其是统治者的德性提升实现的。由是，什么是人或人何以为人，人如何成为人就成为孟子思考、关注的重要话题。人何以为人的问题，说到底是人异于禽兽或人高于禽兽在哪里的问题。孟子深刻地意识到人与禽兽的差别很小，他说：

> 人之所以异于禽兽者几希，庶民去之，君子存之。①

人，固动物之类也，因而与禽兽的区别非常小。然而，就是那非常小或者“几希”之点，构成了人不同于禽兽或高于禽兽的根据，是人之所以为人的理由所在，是人的真正意义。这个“几希”之点就是仁、义、礼、智“四端”，有这“四端”，人就是人，没有了这“四端”，人就不成其为人。孟子说：

> 所以谓人皆有不忍人之心者：今人乍见孺子将入于井，皆有怵惕恻隐之心；非所以内交于孺子之父母也，非所以要誉于乡党朋友也，非恶其声而然也。由是观之，无恻隐之心，非人也；无羞恶之心，非人也；无辞让之心，非人也；无是非之心，非人也。恻隐之心，仁之端也；羞恶之心，义之端也；辞让之心，礼之端也；是非之心，智之端也。人之有是四端也，犹其有四体也。有是四端而自谓不能者，自贼者也；谓其君不能者，贼其君者也。凡有四端于我者，知皆扩而充之矣。若火之始然，泉之始达。苟能充之，足以保四海；苟不充之，不足以事父母。②

在孟子看来，仁、义、礼、智“四端”就像人的“四体”即四肢一样，是人与生俱来的，是人独具而禽兽所没有的，就是人与禽兽相区别的几希之点。孟子告诉人们，“四端”所构成的人与禽兽的区别是本源的、先天的、普遍的、必然的，不是次生的、后发的、特殊的、或然的。也就是说，这“四端”是人与生俱来的类本质，凡人皆有之。从“四端”的意义说，人与禽兽的区别是本质的、内在的，不是形构的、外在的。

---

① 赵岐注，孙奭疏：《孟子注疏》，北京大学出版社 2000 年版，第 264 页。

② 赵岐注，孙奭疏：《孟子注疏》，第 112～113 页。

人与禽兽有许许多多的共同点，孟子并没有否认这些共同点，如告子的“生之谓性”“食色，性也”等。孟子认为，“生之谓性”“食色，性也”是人与禽兽共有的本质，不是人所特有的属性。“生之谓性”一定含着“犬之性犹牛之性，牛之性犹人之性”[①]这一逻辑推断。因为从生的意义界定性，凡动物皆为天地之生灵，都富有生的意义，所以不能将人与禽兽区别开来，反而会造成人与禽兽的混同。“食色，性也”与“生之谓性”是同等意义的命题。食，朱熹注为“甘食”，不确，食就是饮食。饮食是维系一切生物存在的基本方式，代表着一切生物只有与外界环境交换能量才能存活下去，否则就无法生存。色，朱熹注为“悦色”，说到底就是男欢女爱的另一种表达而已。色是一切生物尤其是动物族群繁衍的基本形式，天下无色，天下无人矣。不过，色，这种属性，禽兽也有，同样不是人所独有的内在的类本质。总之，孟子的人禽之辨不是指向人与禽兽共有什么，而是指向人不同于禽兽、高于禽兽的独特之处。禽兽所没有而人所独有的属性就是人之所以为人的本质，即人性。从这个意义上说，孟子认为人性本善，而不是向善或善的潜能。

“四端”是先天的、与生俱来的本质。人伦之道与“四端”一样是人独有的，是禽兽所没有的属性，但它不是天造地设的，不是先天的，而是后天的，所以人需要教化。如果“四端”构成了人与禽兽内在的本质区别的话，那么人伦构成了人与禽兽外在的区别。他说：

> 人之有道也，饱食、暖衣、逸居而无教，则近于禽兽。圣人有忧之，使契为司徒，教以人伦：父子有亲，君臣有义，夫妇有别，长幼有叙，朋友有信。[②]

人，吃饱了，穿暖了，居住环境安逸了，而没有教化，就接近于禽兽。通过圣人的教化，接受“父子有亲，君臣有义，夫妇有别，长幼有叙，朋友有信”五伦之教，人便与禽兽区别开来。从人类社会演进的角度，道德人伦是人类社会的物质生活发展到一定高度而产生的，是人告别动物世界走向人类社会的标志。这是孟子人禽之辨的第二层含义。

显然，第一层含义的人禽之辨与第二层含义的人禽之辨在孟子那里并不协调。如果说在“四端”意义上辨人禽是本质主义的辨析的话，那么在人

---

① 赵岐注，孙奭疏：《孟子注疏》，第 348 页。

② 赵岐注，孙奭疏：《孟子注疏》，第 174 页。

伦意义上辨人禽则是历史主义的辨析。本质主义的辨析与历史主义的辨析在孟子那里怎样实现高度融合,则是我们需要思考的重心。从本质上说,人人都是一样的,然而,从历史主义的向度,他又说“契为司徒,教以人伦”。契何以可以“教以人伦”,孟子只能回答契是“先知先觉”,这样,他就又不能不承认圣人与人有差异。我们认为,孟子在人禽之辨两层区分上的张力,可能是因分疏问题的角度不同而造成的。圣人与众人在本质上没有差异,差异是后天的、气质的,不是义理的。

孟子人禽之辨的两层区分,第一层是本质的,第二层是历史的,第二层从属于第一层,而不是相反。从本质上说,人之所以异于禽兽者在于仁、义、礼、智“四端”,而“四端”并非等量齐观,可以浓缩为仁、义“两端”。故而告子概括孟子“以人性为仁义”①时,孟子并不持异议。从“仁,人心也”“仁,人之安宅也”“义,人路也”的意义上说,仁比义更具有本原性、原发性和内在性。总之,仁义是人之所以为人的本质,是不同于禽兽、高于禽兽的根本标志。

二、义利之辨:先后问题,不是轻重问题

谈到孟子或儒家的义利观,学术界常常给孟子冠以“重义轻利”“贵义贱利”甚至“唯义主义”的标签。但是,大凡读过孟子书的人都会发现,孟子常常告诉统治者“何必曰利”,亦有仁义而已,其背后是“王天下”之大利。遍阅先秦诸子之书,没有几个思想家像孟子那样一再强调百姓的物质利益,这种矛盾背后究竟隐藏怎样的秘密呢?

学术界认为孟子“重义轻利”或“唯义主义”,都以如下两条作为主要证据:

> 孟子见梁惠王。王曰:“叟!不远千里而来,亦将有以利吾国乎?”孟子对曰:“王何必曰利?亦有仁义而已矣。王曰:‘何以利吾国?’大夫曰:‘何以利吾家?’士庶人曰:‘何以利吾身?’上下交征利而国危矣。万乘之国,弑其君者,必千乘之家;千乘之国,弑其君者,必百乘之家。万取千焉,千取百焉,不为不多矣。苟为后义而先利,不夺不餍。未有仁

---

① 赵岐注,孙奭疏:《孟子注疏》,第346页。

而遗其亲者也，未有义而后其君者也。王亦曰仁义而已矣，何必曰利？”①

宋牼将之楚，孟子遇于石丘，曰：“先生将何之？”曰：“吾闻秦楚构兵，我将见楚王说而罢之。楚王不悦，我将见秦王说而罢之。二王我将有所遇焉。”曰：“轲也请无问其详，愿闻其指。说之将何如？”曰：“我将言其不利也。”曰：“先生之志则大矣，先生之号则不可。先生以利说秦楚之王，秦楚之王悦于利，以罢三军之师，是三军之士乐罢而悦于利也。为人臣者怀利以事其君，为人子者怀利以事其父，为人弟者怀利以事其兄，是君臣、父子、兄弟终去仁义，怀利以相接，然而不亡者，未之有也。先生以仁义说秦楚之王，秦楚之王悦于仁义，而罢三军之师，是三军之士乐罢而悦于仁义也。为人臣者怀仁义以事其君，为人子者怀仁义以事其父，为人弟者怀仁义以事其兄，是君臣、父子，兄弟去利，怀仁义以相接也，然而不王者，未之有也。何必曰利？”②

所有注意到孟子义利之辨的学者，无不留意到孟子的“王何必曰利？亦有仁义而已矣”这一掷地有声的千古之名句，并将此作为孟子重义轻利或者说孟子否定利的重要证据。我们如果认真读一下原文，体会一下孟子语言的真意，显然，没有否定利，而是说仁义背后隐藏着最大的利。孟子告诉梁惠王“上下交征利而国危矣”，而国家陷入危险的境地，对国君是害还是利？这当然是一目了然的。相反，如果国君行仁义，举国崇尚仁义，那么“未有仁而遗其亲者也，未有义而后其君者也”，这是国君最大的利。第一段文献告诉我们，义与利不是轻重问题，而是先后问题，即统治者以仁义为出发点，还是以利害作为出发点的问题。“后义而先利”，即将利作为出发点，举国上下将会“不夺不餍”，国危矣，何利之有？

如果说，义利之辨在上引第一段文献是先后问题的话，那么它在第二段文献则是内外问题，即是将义置定于内，还是将利置定于内的问题。用《大学》的话来说，就是内本外末，还是外本内末的问题。“为人臣者怀利以事其君，为人子者怀利以事其父，为人弟者怀利以事其兄，是君臣、父子、兄弟终去仁义，怀利以相接，然而不亡者，未之有也”。“怀利”，就是将利益置定于

① 赵岐注，孙奭疏：《孟子注疏》，第2～4页。

② 赵岐注，孙奭疏：《孟子注疏》，第382～383页。

内，视利益为自己内在的，一切以利益为出发点、为考量，去处理各种复杂的人际关系。这样一来，整个社会的人都会视对方为手段、为工具，道德操守即仁义没有了，这样，国家没有不灭亡的。相反，"为人臣者怀仁义以事其君，为人子者怀仁义以事其父，为人弟者怀仁义以事其兄，是君臣、父子、兄弟去利，怀仁义以相接也，然而不王者，未之有也"。"怀仁义"，就是将仁义置定于内，以仁义作为内在于自己生命的价值标准，一切以仁义为出发点、为考量，去处理各种各样的人际关系。这样，整个社会的道德操守、信用关系就建立起来了，人人成为君子，真正实现了这一点就可以一统天下。整个社会，人与人之间"怀利"相接，则亡；而"怀仁义"以相接，则王。一亡一王，结局何止霄壤！

在孟子，以仁义为出发点，可以获得天下之大利，而以利益或利害为出发点，"天下交征利"或天下人怀利以相接，则会导致天下之大害。从这个意义上看，孟子没有轻利，更没有贱利，而是更注重天下之大利或者天下根本利益。

如果说孟子上面所说的利是利害之利，而不是利益尤其是物质利益的话，那么下面的引文，孟子则直接论及百姓的物质利益。他说：

> 不违农时，谷不可胜食也；数罟不入洿池，鱼鳖不可胜食也；斧斤以时入山林，材木不可胜用也。谷与鱼鳖不可胜食，材木不可胜用，是使民养生丧死无憾也。养生丧死无憾，王道之始也。①
>
> 五亩之宅，树之以桑，五十者可以衣帛矣。鸡豚狗彘之畜，无失其时，七十者可以食肉矣。百亩之田，勿夺其时，数口之家可以无饥矣。谨庠序之教，申之以孝悌之养，颁白者不负戴于道路矣。七十者衣帛食肉，黎民不饥不寒，然而不王者，未之有也。②
>
> 无恒产而有恒心者，惟士为能。若民，则无恒产，因无恒心。苟无恒心，放辟邪侈，无不为已。及陷于罪，然后从而刑之，是罔民也。焉有仁人在位罔民而可为也？是故明君制民之产，必使仰足以事父母，俯足以畜妻子，乐岁终身饱，凶年免于死亡。然后驱而之善，故民之从之也轻。③

---

① 赵岐注，孙奭疏：《孟子注疏》，第11～12页。

② 赵岐注，孙奭疏：《孟子注疏》，第12页。

③ 赵岐注，孙奭疏：《孟子注疏》，第28～29页。

百姓“养生丧死无憾，王道之始也”，“七十者衣帛食肉，黎民不饥不寒，然而不王者，未之有也”。民生，是永恒的话题，而关注民生是孟子思想的一大特色。民生就是人民最大的利益诉求，也是统治集团经国安邦、长治久安的物质基础。英明的国君一定会“制民之产”，“必使仰足以事父母，俯足以畜妻子，乐岁终身饱，凶年免于死亡。然后驱而之善，故民之从之也轻”。这一思想恰恰是对孔子“富而后教”的继承与发挥。

由“何必曰利”到开口闭口离不开“利”，这一看似矛盾的现象其实在孟子那里存有内在的一致性。统治者不能“以利为利”，而只能“以义为利”；“以利为利”或举国上下“怀利以相接”，结果只能“上下交征利而国危矣”。关心百姓生活，对于统治者而言，就是怀仁义以接百姓。这就是统治者最大的利益，因而百姓也会怀仁义以接国君，上仁下义，国家安定。

孟子并非重义轻利，也非贵义贱利，义利问题在孟子那里不是轻重问题、贵贱问题，而是主观动机问题、先后次第问题。义是主观世界的问题，利是客观效验的问题，义是道德理性之事，利是事实世界之事，二者并非同类，异类非比。故而义与利不能被放在同一个天平上称轻重，也不可能在同一尺度论短长。仁义是根本，利是末节，仁义存则利存焉，仁义亡则大害致，这就是孟子的义利之辨。劳思光先生谓：“义即理，有普遍性；利则只有特殊性。特殊性不能作为价值规范之基础。”①

其实，孟子的义利之辨是人禽之辨的运用与延伸，义和利在孟子那里不是孰轻孰重的问题，而是道德理性与工具理性何者更具有优先性的问题。由仁义行，即对统治者而言，将道德理性放在优先地位，不言利而获天下之大利；而将百姓的利益、人民生活保障放在首要地位，对执政者而言，也是由仁义行或怀仁义以接百姓，忧乐与民同之，即将人民的利益放在心上，就是执行的大利。只有将孟子的义与利之辨放在辩证原则下才能理解其义利之辨的真义。

如果说人禽之辨是孟子学的基础，那么义利之辨就是孟子学的核心。由义利之辨，孟子开启了君子与小人之辨、大体与小体之辨、天爵与人爵之辨等。虽说义利之辨是人类永恒的话题，但在“上无道揆也，下无法守也，朝不信道，工不信度，君子犯义，小人犯刑”的人欲横流的战国时代，其无疑成

---

① 劳思光：《新编中国哲学史》，广西师范大学出版社2005年版，第125页。

为最迫切的道德问题、理论问题，这一问题可能是《孟子》一书开篇即言“何必曰利，亦有仁义而已”的原因。

三、王霸之辨：两种不同的治理方式

孟子义利之辨之旨在于确立仁义的优先性、绝对性与至上性——仁义是人之良贵，是人心人路，是人之安宅，代表着人的尊严与价值——而王霸之辨是义利之辨的运用。行仁义，则是王道；假仁义，则是霸道。

> 孟子曰：“以力假仁者霸，霸必有大国；以德行仁者王，王不待大。汤以七十里，文王以百里。以力服人者，非心服也，力不赡也；以德服人者，中心悦而诚服也，如七十子之服孔子也。《诗》云：‘自西自东，自南自北，无思不服。’此之谓也。”①

王霸之辨表面上看是德力之辨，崇尚武力为霸，崇尚德行为王，但这不是问题的本质。王道与霸道的不同，说到底是对待仁义的态度、方式之不同。以仁义为口号或打着仁义的旗帜，诉诸武力征服他国就是霸道。大国才能称霸，小国无力推行霸道。以高尚的道德操守，真心推行仁政，即本着仁义的原则去推行仁政就是王道。实行王道的不一定是大国。王道的意义是建立型范，天下归心，故而它不必待大。当然，汤以七十里最终得灭夏桀，没有超越夏桀之力是无法完成的；而文王以百里，并没有实现灭商纣、“王天下”之大业，而“王天下”依然是靠其子武王之力实现的；周公东征，克殷践奄，同样要诉诸武力。故而，王霸之辨不在于尚力与不尚力，而在于武力背后的价值支撑。

后世学者谈起孟子的王霸之辨，往往将孟子冠之以“贵王贱霸”的典型。其实，王道在孟子那里并不是天下治理的最高境界，而是在天下大乱、诸侯争地夺城的战国时代，对普遍流行的霸道主义的一种超越和反省，高于三王的尧舜之治才是孟子的理想之境域。治理天下之道的境界有高下，而决定境界高下者在于治者之一心，即取决于统治者对仁义的态度及处理方式。所谓“尧舜，性之也；汤武，身之也；五霸，假之也。久假而不归，恶知其非有

① 赵岐注，孙奭疏：《孟子注疏》，第 105 页。

也”[①]。王道相当于“汤武，身之也”。在《孟子·尽心下》里，孟子又说：“尧舜，性之也，汤武，反之也。”“身之”，是从行上说，对仁义身体力行，努力践行；“反之”，是从性上说，通过修养工夫达之返回本性原初状态。霸道即五霸，假之也。假之，即借仁义之名，以行讨伐之实。在尧舜，是由仁义行；在汤武，是行仁义；在五霸，是假仁义。在尧舜，仁义是内在于自己的本性，率性而行，不思而得，不勉而中，天理自然，圆满无缺；在汤武，伸张大义于天下，解民于倒悬之中，即行仁义，一天下；在五霸，假借仁义之名，以讨伐诸侯，横行天下。尧舜之治，以性行仁，由仁义行；汤武，以德行仁，是为王道；五霸，以力假仁，是为霸道。诚如陈大齐先生所言：“‘由仁义行’、可谓施仁的最高级，”“‘以德行仁’、是施仁的次高级，‘以力假仁’、则为施仁的最低级。”[②]陈先生的说法是有道理的。

王道并非孟子追求的治理天下国家的最高境界，同样，霸道也不是孟子心目中最坏的社会状态或最低劣的治理方式。他说：“五霸者，三王之罪人也；今之诸侯，五霸之罪人也；今之大夫，今之诸侯之罪人也。……是故天子讨而不伐，诸侯伐而不讨。五霸者，搂诸侯以伐诸侯者也，故曰：五霸者，三王之罪人也。五霸，桓公为盛。葵丘之会，诸侯束牲载书而不歃血。初命曰：诛不孝，无易树子，无以妾为妻。再命曰：尊贤育才，以彰有德。三命曰：敬老慈幼，无忘宾旅。四命曰：士无世官，官事无摄，取士必得，无专杀大夫。五命曰：无曲防，无遏籴，无有封而不告。曰：凡我同盟之人，既盟之后，言归于好。今之诸侯皆犯此五禁，故曰，今之诸侯，五霸之罪人也。长君之恶其罪小，逢君之恶其罪大。今之大夫皆逢君之恶，故曰，今之大夫，今之诸侯之罪人也。”[③]霸道盛行的时代，虽然不及三王，然而霸主会盟诸侯，仍然维持着社会基本秩序、规范与道德原则；而今之诸侯，连这些基本的秩序、规范和道德原则都全抛弃了，故而是五霸之罪人也。

可见，孟子贵王贱霸是有条件的，不是无条件的。诚然，在王霸对峙情况下，孟子推崇王道，贬斥霸道；但放在人类历史的长河中，分析王道与霸道，王道并非孟子的最高理想，霸道也不是孟子所认为的最坏的选择。当然，由仁义行的尧舜之世已经一去不复返了，而人类也不会在人欲横流、仁

① 赵岐注，孙奭疏：《孟子注疏》，第 433 页。

② 陈大齐：《孟子待解录》，华东师范大学出版社 2012 年版，第 290 页。

③ 赵岐注，孙奭疏：《孟子注疏》，第 392～393 页。

义充塞、率兽而食人的时代继续下去了，人类社会在相当长的历史时期只有在王、霸之间做出选择。当举国崇拜霸道的时候，孟子高举王道主义的旗帜，对整个社会无疑具有清醒镇静之功。

四、华夷之辨：文与野的抗争

如果人禽之辨是哲学问题，义利之辨是伦理学问题，王霸之辨是政治问题的话，那么华夷之辨是孟子思想系统的文化问题。孟子华夷之辨的实质是要求人类文明向上提升，而不是向下沉沦。在儒家文化系统中，文化、文明是有高低之分的，而华夏文明是高于周边地区的文明形态，主张以华变夷，反对以夷变华。

华夷之辨在孟子以前就已成为重要话题。《春秋左传正义·定公十年》："中国有礼仪之大，故称夏；有服章之美，谓之华。"《春秋左传·闵公元年》狄人伐邢，管仲说："戎狄豺狼，不可厌也；诸夏亲昵，不可弃也。"齐人救邢。管仲备受孔子称赞，主要原因在于他打出了"尊王攘夷"的口号，以实际行动捍卫华夏文化免受夷化的侵扰，捍卫了华夏文明。在"南夷与北狄交，中国不绝若线"[①]的春秋时代，五霸挺身而出，为防止华夏"被发左衽"作出了贡献。"裔不谋夏，夷不乱华"，成为春秋之际华夷之辨的主色调。

孟子处于战国时代，华夷问题没有春秋时代那样迫切、尖锐。然而，华夷问题是永恒的问题，是普遍问题，不是某一时代的特殊问题，时至今日，仍然存在，将来亦存在。这一问题不能说与人类共终始，但会与民族共终始。他说：

> 吾闻用夏变夷者，未闻变于夷者也。陈良，楚产也，悦周公、仲尼之道，北学于中国，北方之学者，未能或之先也，彼所谓豪杰之士也。子之兄弟事之数十年，师死而遂倍之。昔者，孔子没，三年之外，门人治任将归，入揖于子贡，相向而哭，皆失声，然后归。子贡反，筑室于场，独居三年，然后归。他日，子夏、子张、子游以有若似圣人，欲以所事孔子事之，强曾子。曾子曰："不可。江、汉以濯之，秋阳以暴之，皓皓乎不可尚已！"今也，南蛮鴃舌之人，非先王之道，子倍子之师而学之，亦异于曾子

① 公羊寿传，徐彦疏：《春秋公羊传注疏》，北京大学出版社2000年版，第249页。

> 矣！吾闻“出于幽谷，迁于乔木”者，未闻下乔木而入于幽谷者。《鲁颂》曰：“戎狄是膺，荆舒是惩。”周公方且膺之，子是之学，亦为不善变矣。①

劳思光先生认为，“孟子又以北方文化之立场批评南方之许行为蛮夷之道。此节理论意义不多，从略”②。学术界一般认为，孟子在这里的真正贡献是社会分工理论，而其华夷之辨没有意义，故略而不谈，劳先生以上所说不过是这一学术倾向的典型表达罢了。我们认为，孟子与许行辩论的理论利器是社会分工，但社会分工理论不是孟子理论的实质，而是其副产品，以夏变夷还是以夷变夏才是孟子社会分工理论的落脚点。如果仅仅纠缠于孟子关于社会分工的论述，可谓是见末而不知本、见用而不知体、见术而不见道的皮相之论。

夷夏之辨就是华夷之辨。孟子的华夷观已经不是春秋时代的族群观念、地域观念，而是一文化观念、文明观念，是承认社会进步还是社会后退的观念。社会分工甚至劳力与劳心的分工是社会发展的必然，是社会野蛮进入文明状态的必然。如果从许子之道，“贤者与民并耕而食，饔飧而治”③，而国家有“仓廪府库”就是“厉民而自养”，那么只有取消国家，取消政府，取消行政管理。这是倒退到前文明的状态，这种状态就是农家的代表人物许行本身也做不到。“以粟易械器者，不为厉陶冶；陶冶亦以其械器易粟者，岂为厉农夫哉？且许子何不为陶冶，舍皆取诸其宫中而用之？何为纷纷然与百工交易？何许子之不惮烦？”④进入文明状态的战国时代，社会分工已成为必然，许子也只有不惮烦而纷纷然与百工交易，不可能完全自给自足。

孟子的夷夏之辨不是北方文化与南方文化的问题，而是文明与野蛮的问题，是进步的历史文化观与倒退的历史文化观的问题。由荆楚文化向华夏文化转化就是进步，而由华夏文化向荆楚文化转化就是倒退。华夏指向华夏的正统文化，尤其是周公、孔子所传承的尧舜之道，而夷则代表了非正统文化，无论是农家、墨家乃至道家之言，只要是主张倒退，偏离周公孔子之道，就是夷。陈良，是楚国人，对华夏文化有着极高热情，从南方的楚国到北方学习周公、仲尼之道，成为南方儒学的重要传人与代表，陈相及其弟陈辛

---

① 赵岐注，孙奭疏：《孟子注疏》，第 175～177 页。

② 劳思光：《新编中国哲学史》，第 139 页。

③ 赵岐注，孙奭疏：《孟子注疏》，第 170 页。

④ 赵岐注，孙奭疏：《孟子注疏》，第 171～172 页。

追随陈良数十年，成为周公、仲尼之道信奉者。不过，陈良死后，陈相、陈辛兄弟遂背叛其师而改信许行农家之学，由周公、仲尼之道改信倒退到前文明状态的许子之言，是典型的由夏变夷，是由文明高地走向文化的低谷，所谓“下乔木而入幽谷者”。

儒学与农家之争，表面上是承认不承认社会分工之争，实质上是进步的文化观与倒退的文化观之争，是文与野的较量，故而孟子透过尧、舜、禹的文明发展过程说明圣王不耕的合理性。“后稷教民稼穑，树艺五谷；五谷熟而民人育。人之有道也，饱食、暖衣、逸居而无教，则近于禽兽。圣人有忧之，使契为司徒，教以人伦，父子有亲，君臣有义，夫妇有别，长幼有叙，朋友有信。放勋曰：‘劳之来之，匡之直之，辅之翼之，使自得之，又从而振德之。’圣人之忧民如此，而暇耕乎？”[①]问题是，人们只是“饱食、暖衣、逸居而无教，则近于禽兽”，必须教以人伦。人伦，尤其是五伦能将人与禽兽区别开来。如果从许子之言，人类最理想的状态不过饱食、暖衣、逸居而已。在孟子看来，饱食、暖衣、逸居固然重要，但不是人与禽兽的本质问题。由此看来，孟子的华夷之辨是建立在人禽之辨之上、以人禽之辨为理论支撑的文明观，也可以视为人禽之辨合乎逻辑的延伸。

许子之言不是对周公、仲尼之道的提升，而是对人类文明的反动。孟子从人禽之辨的角度对其予以否定，论证以夏变夷的合理性，对以夷变夏给予坚决排斥。夷夏之辨在孟子那里不仅仅适应于农家，也适应于墨家、道家。他直斥墨家无父、杨朱无君，皆非人道的理论，而是禽兽之道。

> 公都子曰：“外人皆称夫子好辩，敢问何也？”孟子曰：“予岂好辩哉？予不得已也。天下之生久矣，一治一乱。当尧之时，水逆行，泛滥于中国，蛇龙居之，民无所定。下者为巢，上者为营窟。《书》曰：‘洚水警余。’洚水者，洪水也。使禹治之。禹掘地而注之海，驱蛇龙而放之菹；水由地中行，江、淮、河、汉是也。险阻既远，鸟兽之害人者消，然后人得平土而居之。尧舜既没，圣人之道衰，暴君代作，坏宫室以为污池，民无所安息；弃田以为园囿，使民不得衣食。邪说暴行又作，园囿、污池、沛泽多而禽兽至。及纣之身，天下又大乱。周公相武王，诛纣伐奄，三年讨其君，驱飞廉于海隅而戮之，灭国者五十，驱虎、豹、犀、象而远之，天

① 赵岐注，孙奭疏：《孟子注疏》，第174～175页。

> 下大悦。书曰：'丕显哉，文王谟！丕承者，武王烈！佑启我后人，咸以正无缺。'世衰道微，邪说暴行有作，臣弑其君者有之，子弑其父者有之。孔子惧，作《春秋》。《春秋》，天子之事也；是故孔子曰：'知我者其惟《春秋》乎！罪我者其惟《春秋》乎！'圣王不作，诸侯放恣，处士横议，杨朱、墨翟之言盈天下。天下之言不归杨，则归墨。杨氏为我，是无君也；墨氏兼爱，是无父也。无父无君，是禽兽也。公明仪曰：'庖有肥肉，厩有肥马；民有饥色，野有饿莩，此率兽而食人也。'杨墨之道不息，孔子之道不著，是邪说诬民，充塞仁义也。仁义充塞，则率兽食人，人将相食。吾为此惧，闲先圣之道，距杨墨，放淫辞，邪说者不得作。作于其心，害于其事；作于其事，害于其政。圣人复起，不易吾言矣。昔者禹抑洪水而天下平，周公兼夷狄、驱猛兽而百姓宁，孔子成《春秋》而乱臣贼子惧。《诗》云：'戎狄是膺，荆舒是惩，则莫我敢承。'无父无君，是周公所膺也。我亦欲正人心，息邪说，距跛行，放淫辞，以承三圣者；岂好辩哉？予不得已也。能言距杨墨者，圣人之徒也。"[①]

孟子对农家学者许行的批判与对墨子学派、道家杨朱学派的批判是完全一致的：第一，他的批判的立足点是文明进步史观；第二，其批判墨家、道家、农家的价值支撑是人禽之辨。他认为，人类文明的发展不是一帆风顺的，其中充满曲折，可谓一治一乱。而治乱循环并不是简单的重复，每一次循环都是在更高意义上的提升。然而，每当人类文明出现危机之时，也是转机的开始，禹、周公、孔子等挺身而出，力挽狂澜，再造文明。禹、周公、孔子"三圣"，代表着三个时代。

在"圣王不作，诸侯放恣，处士横议"的时代，孟子不得不好辩，不得不挺身而出，以"正人心，息邪说，距跛行，放淫辞"，以绍尧舜、周公、孔子先圣的志业。他强烈地批判杨朱学派和墨家学说，认为前者是"无君"，后者是"无父"，皆为禽兽之教，非人伦之教。孟子对杨朱学派和墨家学派"无君""无父"的指责最受学术界诟病，即使同情地理解孟子的学者，也不敢为他对杨朱与墨子的批判进行辩护。孟祥才教授认为，孟子对杨朱、墨家批判"更多反映的是他作为当时儒家学派代表人物的思想和学术偏见"[②]。而台湾学者

① 赵岐注，孙奭疏：《孟子注疏》，第 208～211 页。

② 孟祥才：《孟子传》，齐鲁书社 2013 年版，第 96 页。

认为，孟子对杨朱学派和墨家学派的批判对杨朱和墨子“缺乏同情”，“是与真相有隔之见”。[①] 那么，真相究竟如何？杨朱学派思想可能非常复杂，而孟子对其整个思想体系置之度外，而直接抓要害“为我”二字。何为“为我”？“杨子取为我，拔一毛而利天下，不为也。”[②]拔一毛对己无损，然而可利天下，杨子不为，在“为我”的意义上说，这种人生态度不仅是自私自利、极端利己主义的，而且是冷血的，故颜之推称之为“冷肠”。如果说“人人不损一毫，人人不利天下，天下治矣”，那么这样的天下治，自出现国家以来，是不会有的。除非人类倒退到茹毛饮血的时代，倒退到没有政府、没有国家的状态。杨朱“为我”放弃了社会责任和公民担当，可以说正是子路批判的那种隐者“欲洁其身，而乱大伦”，这种大伦就是“君臣之义”。[③] 杨朱的“为我”，说到底就是废除“君臣之义”。孟子直斥其“无君”，不过是戳穿了皇帝的新装而已。近世以来，许多论者一定要将杨朱与自由、人权联系起来，岂不可笑？

墨家“兼爱”是否是“无父”呢？朱熹注：“墨子爱无差等，而视其至亲无异众人，故无父。”在“兼爱”的口号下，墨子主张“视人之父若己父”，所谓人己不分，人之父与己之父不分，天下之大，人民之众，人之父多矣，皆视为己父，而己父也成人之父，故而“无父”。

站在儒家伦理的立场上，孟子批判杨朱“无君”和墨子“无父”并没有错。然而，“无君”“无父”是否就是禽兽呢？当然，我们有权追问。站在儒家的立场上，“君臣有义”“父子有亲”，一是指向政治伦理，一是指向血缘伦理。亲亲为仁，尊贤为义，仁义是人的内在本质。“杨墨之道不息，孔子之道不著，是邪说诬民，充塞仁义也。仁义充塞，则率兽食人，人将相食。”杨朱与墨家的流行，仁义充塞，使人丧失了作为人的本质。由此看，“无父无君，是禽兽也”的逻辑推论并没有问题。但是，无论是杨朱还是墨子，都不是一个简单的“为我”“兼爱”所能穷尽其全部理论学说的，孟子抓住“为我”“兼爱”进行猛烈批判与讨伐，显然有以偏概全之病。

华夷之辨是文化之争，人禽之辨是孟子华夷之辨的价值支撑和哲学基础。孟子将华夷问题由族类问题转化为文化问题，由中外文化问题转化为

---

① 王邦雄、曾昭旭、杨祖汉：《孟子义理疏解》，(台北)鹅湖出版社 1995 年版，第 342～343 页。

② 赵岐注，孙奭疏：《孟子注疏》，第 431 页。

③ 何晏注，邢昺疏：《论语注疏》，北京大学出版社 1999 年版，第 251 页。

自身的文化问题。在孟子看来，“华”代表着“三圣”先王相传之道，是中华文化的主流、正统与根本；而“夷”代表着对这一正统的偏离。捍卫先王之道，“距杨墨，放淫辞”，使“邪说者不得作”成为其历史使命。

人禽之辨是孟子四辨之学的哲学基础，是其全部理论学说的价值支撑，由人禽之辨上通天人之辨，内御性命之辨，由此贞定性善论的真正意义。义利之辨是孟子四辨的中心，由义利之辨散出去，可有天爵人爵之辨、大体小体之辨、君子小人之辨，由此确立道德理性的绝对性、普遍性与至上性。义利之辨上贯人禽之辨，下通王霸之辨。王霸之辨是义利之辨的引申，也是义利之辨的具体化。放到整个人类的历史过程中，王道并非孟子最好的治理方式，霸道也不是最坏的治理方式，但王霸之争是战国时代结束长期战祸让天下“定乎一”的有效方式。王道表现在具体施政纲领上就是仁政，仁政是孟子政治学说的核心观念。孟子将华夷之辨由族类之区别转化为正统文化与非正统文化之争，辟杨墨，斥许行，以捍卫尧、舜、禹、汤、文、武、周公、孔子之道。透过四辨之学，我们可以从另一个层面发现孟子思想体系的义理结构，更好地理解孟子思想的本质意义。

孟子心气关系论

彭战果

摘要:孟子引入气的概念,在其思想体系中形成了心气并论的格局。气概念的引入,不仅有助于解决内在道德心外化的问题,还在一定意义上使道德心的内涵具有气的性质。心如气一般,具有量的规定性,养心的过程是一个从端点扩充到四海之内的生发过程,这与宋明儒家对心以及养心工夫的理解有着很大的不同。孟子在心气关系上强调心的主导性,未将气视为与心同等的存在,这与儒家不设彼岸只重现世的观念相关。孟子重心轻气的心气关系理论,对宋明儒学产生了重大影响,甚至导致了学派间的重大分歧。

关键词:心气关系　道德心　浩然之气

学者们普遍承认,儒学不是一套关于外在对象的知识体系,甚至不仅仅是一门安排人间秩序的学说,而是一种成人成己的生活方式。这种生活方式表现于日用伦常间,其方法与修身养性相应,其历程与身心转化相关,其极致则在于通达天道。孔子将“仁”作为礼乐的精神基础,指出身心修养的根据以及与天沟通的机能正蕴藏在人心中。孟子不仅将人心中的“善端”视为人性最真实的部分,还认为是天把这些“善端”植入人心的。因此,“尽其心”便可以实现主体与自身、他人、万物以及天道的合一。更为重要的是,孟子还在对道德心的培育中引入“气”的概念,此概念与心灵之外的肉体密切相关,由此更加突出了他思想中关注身心修炼和转化的成分。学者们对孟子心气思想的探讨,主要依托“浩然之气章”展开。在“孟学”史上,关于此章

彭战果,兰州大学哲学社会学院教授,主要从事中国古代身心修炼与转化思想研究。

的注解非常多,但争议也非常大。不过,就目前的研究看,学界对于孟子心气相应、以心为主的心气关系说,基本上达成了共识。① 虽然目前学界对孟子心气关系的研究取得了很多成果,但尚有不少问题需要进一步澄清。比如,孟子在心性论中引入气思想的内在原因,气思想对心概念内涵的影响,以及对孟子心气关系的评价等问题,尚存深入探讨的余地。

一、心气并论形成的内在原因

孔子提出"仁"的观念,作为礼乐的精神基础,儒家从此超越了礼乐传统而开辟了新的精神世界。孟子除了对孔子"仁"的思想有所继承外,还在其心性修养论中融入了"气"的概念,这是他思想的一个极大特色。气的引入,使得修养不仅与心相关,还与气有着密切的联系,心气关系遂成了孟子思想中的一个非常重要的主题。《孟子·公孙丑上》载:"夫志,气之帅也;气,体之充也。"又载:"志壹则动气,气壹则动志也。"志为心之所向,表现为一种具有意向的识别能力;气是充实身体的要素,大概相当于比肉体更精微的生理机能。从本体的角度讲,心气相应而不二,有何种性质之心即会相应地跟随何种性质之气,有何种性质之气同样也会伴随着何种性质之心。不过,从工夫的角度讲,志为气之帅,心因其明觉相对于气而占有主动地位。学界对于孟子心气相应、以心为主的心气关系,以及心与气的内涵,已经作了较为详尽的研究,此不赘述。我们在此首先要追问的是,孟子为什么要在其心性修养体系内引入气概念,从而形成心气并论的模式呢?

对这一问题的探讨,需要从周代礼乐传统开始。以孔子为创始人的儒家的出现,与礼乐传统相关,这是学术界的共识。根据《论语》的记载,夏、

---

① 冯友兰先生作《孟子浩然之气章解》,首先区分告子和孟子之言,其分法迥异前人。他还提出"浩然之气"是"关于人与宇宙底关系者",养"浩然之气"的方法在于"集义","集义既久,则浩然之气,自然而然生出"。参见冯友兰:《中国哲学史》(下),华东师范大学出版社2000年版,第423～431页。王兴国先生综合前人关于此章的各种研究成果,并用"即名求义"与"反即名求义"的方法,提出无论是告子还是孟子,都认为心气之间存在某种相应关系,不同之处在于前者之心是自然生命意义下的"习心",相应地气也是自然生命之气;后者之心是超越的"本心",气则是超越的价值论的生命哲学上的浩然之气。(王兴国:《〈孟子·知言养气〉章义解》,《深圳大学学报》2012年第5期)这些说法,是目前学界对孟子心气关系解读的典型代表。

商、周三代皆有礼乐，唯有周代的礼乐为孔子所激赏，以至于有“吾从周”之叹。礼乐具有政治意义，这是毋庸讳言的。《礼记·曲礼上》曰：“夫礼者，所以定亲疏、决嫌疑、别同异、明是非也。”[①]礼乐对不同人的生活方式进行了不同的规定，按照礼乐设计者的理想，如果每个人都安于自己所被安排的生活方式，那么整个社会便会在揖让周旋中保持和谐。然而，礼乐的政治规定何以能够被认可呢？礼乐行为是否蕴含着其他价值呢？许慎《说文解字》载：“礼，履也，所以事神致福也。”徐灏《说文解字注笺》曰：“礼之名起于事神，引申为凡礼仪之称。”[②]从字源上看，礼（包含乐）充当了人神交通的媒介。自周代始，人与天分属两个分离领域的观念便深入人心。人是经验世界的有限者，天则是超越领域的无限者，人如何通达天道便成了一个根本性的问题。周人说：“天不可信，我道惟宁王德延。”[③]又说：“今天其命哲，命吉凶，命历年。知今我初服，宅新邑，肆惟王其疾敬德。王其德之用，祈天永命。”[④]“德”是人们祈天永命的根据，不仅表现在心理上，还需要通过外在的形式展现出来。展现德的形式不是随意什么都可以的，而是具有严格规定性的礼乐。周人通过礼乐，使其行为以及与此行为相关的心理与天道相应，从而实现沟通天地的庄严职能。《左传·昭公二十五年》载子产论礼之言：“夫礼，天之经也，地之义也，民之行也。天地之经，而民实则之。”学者多以摩尔“自然主义的谬误”解读此言，即假定自然界中存在某种本有秩序，作为文化中价值秩序之基础。实际上，我们如果明白礼乐在沟通天道方面的价值，就会知道此言在于强调人可以通过礼乐使自身符合或嵌入天道运行的韵律和格式。除此之外，由于礼乐与人的身心密切相关，礼乐行为的展开还需要人的肢体、感官、心灵等因素的参与，所以礼乐具有修身的价值；礼乐还作为一种生活方式发生在人与人以及人与物的关系中，故礼乐又具社会、政治功用。由此可知，礼乐是一个兼具修身、政治、宗教功用的伟大体系。

但是，最迟在春秋末年，礼乐的宗教价值已经丧失，本身不再具有沟通天道的功用，故有子产强调礼的天地意义之论。随着礼乐天地意义的丧失，

---

① 郑玄注，孔颖达疏：《礼记正义》，北京大学出版社 1999 年版，第 13 页。

② 徐灏：《说文解字注笺》，《续修四库全书》第 225 册，上海古籍出版社 2002 年版，第 132 页。

③ 孔安国传，孔颖达疏：《尚书正义》，北京大学出版社 1999 年版，第 441 页。

④ 孔安国传，孔颖达疏：《尚书正义》，第 400 页。

其政治以及修身功用也渐渐不见，于是春秋士人有“礼仪之分”的讨论。儒家思想的提出，正是建立在对礼乐传统的超越上。孔子把“仁”这一道德情感作为礼乐的基础，视为与天道沟通的媒介。不过，孔子虽然重仁，但是不废礼乐，一有闲暇，经常与弟子习礼不辍。《论语·颜渊》载：“颜渊问仁。子曰：克己复礼为仁。一日克己复礼，天下归仁焉。为仁由己，而由人乎哉？颜渊曰：请问其目？子曰：非礼勿视，非礼勿听，非礼勿言，非礼勿动。”仁作为道德主体的本质规定，一旦被主体体证，就等于在其生命之中又开辟了一个内在世界，天下皆涵容于其仁德之内。对仁的体验，需要通过礼的外在形式来展开。可以这样说，仁作为个人的道德体验，通过礼乐转化为体现在人与人之间的社会伦理依据。在孔子这里，礼乐依然是成己、成人、成物的媒介和工具。

与孔子不同，孟子对于礼乐采取了弱化的态度。《孟子·梁惠王下》载齐宣王与孟子论“好乐”之事，齐王为自己“非能好先王之乐也，直好世俗之乐”而惭愧，然而孟子指出“今之乐，犹古之乐也”，只要齐王能将好乐之心推及于众人，好世俗之乐的行为不仅不违道德原则，甚至可使其具有“王天下”的资格。齐宣王又言己好货、好色，孟子同样认为，只要齐王能将这些行为推己及人，就符合圣王之道。齐王的这些行为显然不合周礼，但孟子强调只要道德本心觉醒，外在的形式并不重要，这一点与孔子相比有着极大的不同。由于儒家的根本目的不在于独善其身，在礼乐作为传统的社会中，道德心可以通过礼乐形式而被大家认可，并转化为社会伦理规则。孟子弱化礼乐，那么他所谓的道德心如何在人与人、人与物的关系中展现出来呢？孟子有“仁政”之说，从理论上讲，仁心转化为仁政便具有了社会意义。问题在于，仁心怎样才能有效地转化为仁政呢？孟子曰：“仁言，不如仁声之入人深也。”程子曰：“仁言，谓以仁厚之言加于民。仁声，谓仁闻，谓有仁之实而为众所称道者也。此尤见仁德之昭著，故其感人尤深也。”[①]这是说，仁心一定要转化为大家所认可的外在表现形式，才更具教化人心的效果。换句话说，仁者如果能够通过外在的形式使大家认识到仁心的意蕴，就能使仁政在实施的过程中更加有效。孟子通过“气”这一媒介完成此过程，这也是他引入气概念的内在原因。

① 朱熹撰：《四书章句集注》，中华书局1983年版，第353页。

儒家对人的理解，主要从其道德生命着眼，自然生命尚在其次。孔子有"朝闻道，夕死可矣"的言论，孟子有"舍生取义"之说，此皆重视道德生命的体现。但是，儒家依然重视自然生命。孔子言："仁者寿。""寿"，显然指自然生命的长度，仁心有助于自然生命的延长，这是孔子肯定自然生命的例证。然而，自然生命与人的生理相关，必然不同于道德生命。道德生命可以与天道相合，那么自然生命能否也如此呢？如果自然生命不能与天道相合，那么人的道德心又何以能够体现出来呢？心为气之帅，气为体之充。在修养工夫中，气随心而变，那么身体也应当因这种变化而产生相应的变化。孟子认为，人有心之官，又有耳目之官，前者属于心理机能，后者属于生理机能。从人的生理、心理机能关系的角度看，人体各种系统，如消化系统、呼吸系统、循环系统、神经系统等，显然都是心灵活动的工具。心灵为了发挥遨游天地、穷极幽微的作用，必须有赖于大脑及神经系统；为了见色、闻声、嗅香、尝味和接触，则需要依靠五官和四肢。心的改变，必将引起气的改变，而气的改变又有可能引起形体的变化。《孟子·尽心上》载："君子所性，仁义礼智根于心。其生色也，睟然见于面，盎于背，施于四体，四体不言而喻。"朱子注曰："盖气禀清明，无物欲之累，则性之四德根本于心，其积之盛，则发而著见于外者，不待言而无不顺也。"①朱子特别指出"气禀清明"，然后仁、义、礼、智四德展现于形体之外。这说明，人的自然生命在气的作用下可以完全顺适于道德生命。

《孟子·尽心上》又有践形之说："形色，天性也；惟圣人，然后可以践形。"形体、容貌乃天生所成，圣人受天地之正气，身体如同琉璃，内外如一，玲珑透体，无有杂气掺入其中，心一思念纯是天理，身一动作皆是天道，故能不勉而中，不思而得，从容中道。常人之身气质驳杂，必须有赖于养气工夫，使气禀转纯，从而如圣人一般，一言一行暗合天则，一举一动俱是天理。这颇有道成肉身的意味，人们在对外在形体的直观中，体验到道德本心的存在，从而心悦诚服地接受教化。孟子言："夫君子所过者化，所存者神，上下与天地同流，岂曰小补之哉？"②孟子所养之气，不仅可以充周一身，还可塞于天地之间，成为浩然之气。一旦养出浩然之气，便意味着天地之间的所有事物皆被其包蕴，万物因气而与主体联系了起来。在这种情况下，主体和他

① 朱熹撰：《四书章句集注》，第355页。

② 朱熹撰：《四书章句集注》，第352页。

人、万物之间一气贯穿、隔碍潜通，君子所经之处，人无不化；心所存主处，神妙不测。朱子称“其德业之盛，乃与天地之化同运并行，举一世而甄陶之”①。

由此可知，在周人那里，礼乐是一个成人、成己、成物乃至沟通天道的综合体；孔子虽重在谈“仁”，但是“仁”依然要通过礼乐形式外化为社会伦理规则，由此才能发挥成人、成物的功用；孟子弱化礼乐，对仁心的强调虽与孔子不异，但其仁心的外化缺少了礼乐这一工具。在这种背景下，孟子将气引入其心性修养体系，气在一定程度上代替了礼乐的功能，充当了仁心外化的媒介。总之，礼乐形式的弱化以及对其功能的需要，是孟子将气引入、使心气并列的内在原因。

二、气对心概念内涵的影响

在孟子心性修养体系中，气不仅具有重大的价值和功用，还对心概念有着直接的影响，在一定意义上使其内涵发生了变化。按照我们的理解，心是具有明觉作用的本体，理应无增无减，当下圆成；气是生理的机能，存在量的差别。但细察孟子言论，我们可以发现，他所谓的心是有量的变化的，此心如天地之气一般，有消长盈虚，养心也是一个使其增长的生发过程。孟子所言心的这种特征，与气性的渗透不无关系。

《孟子·告子上》一章中举了一个例子，以喻人的心性修养。他说：“牛山之木尝美矣，以其郊于大国也，斧斤伐之，可以为美乎？是其日夜之所息，雨露之所润，非无萌蘖之生焉，牛羊又从而牧之，是以若彼濯濯也。”牛山之上本来百草丰茂、林木成荫，但由于人们过度砍伐，草木日渐稀少；虽然如此，但由于草木本身生机尚在，加上雨露的滋润，于是萌芽生出；但在恢复的过程中，牛羊又啃食践踏，遂使草木断绝，此山也成为濯濯童山。孟子又说：“虽存乎人者，岂无仁义之心哉？其所以放其良心者，亦犹斧斤之于木也，旦旦而伐之，可以为美乎？其日夜之所息，平旦之气，其好恶与人相近也者几希，则其旦昼之所为，有梏亡之矣。梏之反复，则其夜气不足以存；夜气不足以存，则其违禽兽不远矣。”②人之心性修养亦是如此，人皆有仁义之心，但因惯于放其良心，便犹如斧斤伐木而不休，从而此心不长。不过，此心生机尚

① 朱熹撰：《四书章句集注》，第352～353页。

② 朱熹撰：《四句章句集注》，第330、331页。

在，日夜之间又有生发。但由于白天又见消损，心之生机的增长跟不上破坏的程度，其心遂离禽兽不远。

这个比喻中出现了“平旦之气”和“夜气”两个名词，这两者之于人的道德本心，犹如雨露之于草木。孟子言：“苟得其养，无物不长；苟失其养，无物不消。”[①]草木和雨露分属两类不同性质的存在，草木为所养之物，雨露为能养之具，两者的差异截然分明。道德心和“平旦之气”“夜气”原本也应是“所养”与“能养”的关系，但是从孟子的描述来看，它们之间的界限并不是那么清晰。孟子言“其日夜之所息”，联系上下文，此句话的主语当指仁义之心；然而，下文又云“平旦之气”。那么，仁义之心与平旦之气是什么关系呢？朱子云：“平旦之气，谓未与物接之时，清明之气也。”[②]又云：“人之良心虽已放失，然其日夜之间，亦必有所生长。故平旦未与物接，其气清明之际，良心犹必有发见者。”[③]按照朱子的解释，当是仁义之心借平旦之气展现其夜中所息的一点根苗，心与气的分界在此是清晰的。下文言“旦昼之所为”梏亡仁义之心，又言“梏之反复，则其夜气不足以存”。[④] 从文义分析，这似乎是说夜气保证仁义之心逐日生出，但由于梏亡太甚，夜气之所生不胜白日之所为，仁义之心遂不复存在。如果说夜气保障仁义之心生出，说明前者更为根本，这显然是孟子心气关系一个潜藏的倾向。孟子在这段论述中，时而强调心比气（平旦之气）更根本，时而言气（夜气）保障心的生出，心气关系表现得如此苛察缴绕，说明气概念在一定意义上渗透进了心概念。

这段话所言的心，并非本来就是圆满的，而是具有生成的特征，故孟子以草木生长做比喻，又有“日夜之所息”之言。心的生成性特征，在其“四端说”中表现得非常鲜明。《孟子·公孙丑上》曰：

> 人皆有不忍人之心……所以谓人皆有不忍人之心者，今人乍见孺子将入于井，皆有怵惕恻隐之心。非所以内交于孺子之父母也，非所以要誉于乡党朋友也，非恶其声而然也。由是观之，无恻隐之心，非人也；无羞恶之心，非人也；无辞让之心，非人也；无是非之心，非人也。恻隐之心，仁之端也；羞恶之心，义之端也；辞让之心，礼之端也；是非之心，

---

① 朱熹撰：《四句章句集注》，第331页。

② 朱熹撰：《四书章句集注》，第331页。

③ 朱熹撰：《四书章句集注》，第331页。

④ 朱熹撰：《四书章句集注》，第331页。

智之端也……凡有四端于我者，知皆扩而充之矣，若火之始然，泉之始达。苟能充之，足以保四海；苟不充之，不足以事父母。

在这段话中，孟子首先对“不忍人之心”也就是恻隐之心进行说明。恻隐之心是人本具的仁心，此心之发不依靠任何经验条件。恻隐之心如是，羞恶之心、辞让之心、是非之心皆亦如是，这说明了儒家道德本心的纯粹性。按照一般的理解，本心既然是纯粹的、超越经验的，那么理应超越量的规定。但是，孟子指出，恻隐、羞恶、辞让、是非四者仅是心之四端。这说明，仁、义、礼、智之心是有量的增减的。①

《论语·为政》载孔子自述其工夫次第之言：“吾十有五而志于学，三十而立，四十而不惑，五十而知天命，六十而耳顺，七十而从心所欲不逾矩。”这显然是一个与年俱进、日臻高明的个人心性修养进程，诸次第之间的前后差异主要表现在心灵体悟的境界高低上。孟子亦论述过工夫的次第，其重点与孔子已经有所差异。《孟子·尽心下》曰：“可欲之谓善，有诸己之谓信，充实之谓美，充实而有光辉之谓大，大而化之之谓圣，圣而不可知之之谓神。”在这六个次第中，最关键的当数“有诸己”。程子曰：“士之所难者，在有诸己而已。能有诸己，则居之安，资之深，而美且大可以驯致矣。徒知可欲之善，而若存若亡而已，则能不受变于俗者鲜矣。”②“有诸己”当指道德心的觉醒，主体内心对此有所觉受。“有诸己”之后的其他过程，不过是对道德之心的扩充，而不是心灵境界的提升。由此可知，孟子所谓的工夫次第间的差异，主要体现在道德心量的增加上。因此，孟子思想中实际上并不存在一个圆具的本体意义上的心。孟子对道德心的这种理解，显然有气的影响因素。

对于心的这种规定性，宋明儒家较少继承。他们多认为心是现成的，且常以“去蔽”解养心，心的生成性特征被减弱。宋明儒学中有“心即理”之说，程颢曾言：“心是理，理是心。”③开“心即理”之先河，谢良佐、张九成继其后，陆九渊集其大成。陆九渊说：“盖心，一心也，理，一理也，至当归一，精义无

---

① 有人可能会提出，仁、义、礼、智之心的扩充是就其用言，并不是就心之本体言，心之用有增有减，心之本体却无增无减。这种说法的成立需以体用论为前提，心分体用的观念在孟子思想中实际上是找不到的。

② 朱熹撰：《四书章句集注》，第 370 页。

③ 程颢、程颐著，王孝鱼点校：《二程集》，中华书局 1981 年版，第 139 页。

二。此心此理，实不容有二。”[①]故陆九渊强调，为学只要“发明本心”。“心即理”这一命题强调人心与天理不二，这实际上将人心提升到本体的高度，心是不增不减的本体。与“心即理”相对，宋明儒学尚有一派提倡“性即理”。程颐言：“性即理也，所谓理，性是也。”[②]又言：“自理言之谓之天，自禀受言之谓之性。”[③]朱子继承程颐之论：“性者，人物之所以禀受乎天也。……自其理而言之，则天以是理命乎人物谓之命，而人物受是理于天谓之性。”[④]“性即理”是说，人性与天道无二无别。由于性是本体意义上的存有，故尚需具有活动义的心将其彰显。原本心彰显性的过程可视为本心逐渐增长的过程，这样就与孟子对心的理解相合。但是，倡“性即理”者常常将以心体性的过程视为心本身的遮蔽被去除的过程，心还是被视为现成之物。朱子释《大学》“明德”言：“明德者，人之所得乎天，而虚灵不昧，以具众理而应万事者也。但为气禀所拘，人欲所蔽，则有时而昏；然其本体之明，则有未尝息者。故学者当因其所发而遂明之，以复其初也。”[⑤]朱子曾言：“心者，人之神明，所以具众理而应万事者也。”[⑥]故知《大学》之“明德”即孟子之本心。在朱子看来，本心不是一个由部分积累而成的综合体，而是一件全体皆现的本体之物。尽心也不是使心之端逐渐增长，而是去除气禀、人欲对心之光明的遮蔽。朱子还指出，贤愚之间的差别不在善端的有无、大小，而在禀气的清浊。他说：“但禀气之清者，为圣为贤，如宝珠在清冷水中；禀气之浊者，为愚为不肖，如珠在浊水中。”[⑦]观朱子之意，无论贤愚，其本心为一，差别只在气禀上。这与孟子对心的理解是不同的。张载有“大其心”之说，此论与孟子最为接近。然而张载言：“大其心则能体天下之物，物有未体，则心为有外。世人之心，止于闻见之狭。圣人尽性，不以见闻梏其心，其视天下无一物非我，孟子谓尽心则知性知天以此。”[⑧]据这段话可知，张载所谓“大其心”的重点在于扩

① 陆九渊著，钟哲点校：《陆九渊集》卷一，中华书局1980年版，第4～5页。

② 程颢、程颐著，王孝鱼点校：《二程集》，第292页。

③ 程颢、程颐著，王孝鱼点校：《二程集》，第296页。

④ 朱熹：《晦庵先生朱文公文集·答郑子上》，朱杰人、严佐之、刘永翔主编：《朱子全书》第23册，上海古籍出版社、安徽教育出版社2002年版，第2688页。

⑤ 朱熹撰：《四书章句集注》，第3页。

⑥ 朱熹撰：《四书章句集注》，第349页。

⑦ 黎靖德编，王星贤点校：《朱子语类》，第73页。

⑧ 张载著，章锡琛点校：《张载集》，中华书局1978年版，第24页。

大心所体之物的范围，而非心本身的增长。“大其心”的根本在于将心从“见闻之狭”中解放出来，显然将心视为了犹如为污泥所染的明珠，而不是有待增长的善端。虽然张载引孟子“尽心”之言，但在对心的理解上，他们之间还是有差异的。

宋明儒家对心之内涵的理解，与孟子相比还存在一定的差异，孟子引气入心的思路并未为其所继承。不过，孟子关于心的这种思想，与道教内丹学有着若明若暗的呼应关系。道教内丹学常以十二辟卦表征一日一夜天地之气的循环过程。半夜子时，一阳从重阴凝闭中生出，与此相应，人身新的生机亦于此时出现。孟子所提及的“夜气”和“平旦之气”都是具有生发力量的清明之气，就时间而论，这两种气一个发生在中夜，一个发生在清晨。孟子思想与道教内丹学之间未必有直接的继承关系，但二者义理间的相似性还是非常明显的。道教修炼，在于积累天地所具有的先天真一之气。《黄庭经》言：“仙人道士非有神，积精累气以为真。”《金丹四百字》言内丹修炼，也是“一粒复一粒，从微而至著”。先天真一之气不从肉身获得，不从有形之物中获得，乃是超越一切形质的先天之物。此气虽不生于肉身，但在人身之中日日生出，内丹修炼的关键在于从先天一气的发端处使其增长，最终超出肉体的桎梏而获得大自在。先天一气名之为气，是就其具有融通血脉的能量而言的。若从虚灵活动的明觉论，此气又可称为神，是为人之元神。道教通过修炼先天之气而成仙，与孟子扩充心之善端使其达于四海之内、塞于天地之间，不仅在形式上甚至在内容上，都有着千丝万缕的相似性。这种相似性反过来恰恰可以说明，孟子所言的心受气概念的影响，其内涵已经具有了气的性质。

三、孟子心气关系论评议

中国古代文化尤其是儒、释、道三家的学说，其目的往往不在建构理论体系，而是对生命修炼与转化的指导。修炼的对象不外身心，因此对心气关系的探讨成为诸家绕不过去的主题。佛教特别是藏传佛教的密宗，非常重视对心气关系的探讨，心气关系论基本上成为他们修习禅定的理论根据。佛教密宗在心气关系上持心气无二论，这基本上是学者的共识。张澄基先生指出，“心气无二亦就是说，一切世、出世法皆由明觉之心和其无限之动能所投射变现而成"[①]。明觉之心和无限动能即心和气，万法皆由心气构成，这是从存在论的角度对心气无二作出的说明。心气无二原理衍生出一项基本原则："即心和气必定为同类相应者。这就是说有何种性质之心即会产生何种性质之气，反之亦如是。"[②]"凡俗之心必有凡俗之气随之，智慧之心、超越之心，亦必有智慧之气和超越之气随之，反之亦如是。"[③]佛教成佛，有法身佛和报身佛、化身佛的区别。心圆满彻悟，则证法身佛；气圆满转化，则证报身佛、化身佛。佛教修行，"用禅定之力先使心气调柔，再使心气相依、互应，终使心气达成完全一味不二。这个由分歧粗犷的心气进到心气调柔，再进展到心气之相依、互应，终而返源成为不二，即代表着佛家修道之整个次第"[④]。道教尤其是内丹一派，亦重心气关系。内丹家称其修炼为"性命双修"，吕洞宾言："只修性，不修命，此是修行第一病。只修祖性不修丹，万劫阴灵难入圣。"[⑤]性谓"一灵廓彻，圆同太虚"之本体，命即"一炁絪缊，主持万化"之大用。[⑥] 在先天为性命，在后天则为神气，神气即心气。内丹修炼，不外"凝神调息，调息凝神"[⑦]，神气合一而入于先天；再将先天性命合而为一，复还太虚本体。故知在心气关系上，道教亦持不二说。

孟子在心气关系上，虽有"志壹则动气，气壹则动志"的心气相应之论，但在更多时候还是强调以心为主、气由心生的心主导论。更重要的是，在天人关系上孟子认为只有心方具备通达天道的功能，气则没有这一能力。孟子有"尽其心者，知其性也；知其性，则知天矣"之言，刘殿爵言："如此一来，孟子已打破了天人之隔以及天命与人性之间的藩篱。由人心深处有一秘道可以上通于天，而所属于天者已非外在于人，反而变成是属于人的最真实的

---

① 张澄基：《佛学今诠》，(台北)财团法人台北市慧炬出版社 1973 年版，第 296 页。

② 张澄基：《佛学今诠》，第 296 页。

③ 张澄基：《佛学今诠》，第 296～297 页。

④ 张澄基：《佛学今诠》，第 299 页。

⑤ 吕洞宾：《敲爻歌》，陈全林编校：《新编吕洞宾真人丹道全书》，团结出版社 2009 年版，第 433 页。

⑥ 朱元育：《参同契阐幽·悟真篇阐幽》，华夏出版社 2009 年版，第 80 页。

⑦ 李涵虚编：《三丰全集》，宗教文化出版社 2013 年版，第 180 页。

本性了。”[①]孟子相信，“尽其心”就可以通达天道，这是儒家重视本心的一贯理念。余英时先生指出，大约在前 4 世纪，中国形成了一种新的宇宙论，“根据这个新宇宙论，有一股名叫作‘气’的原始而又混然为一的生命力满布在整个宇宙”，“正是在气化宇宙论的基础上，不同流派的思想家发展出自己关于‘天人合一’的新观点”。他继续指出：“‘浩然之气’虽然是存于心中的至精之气，却可经过陶养超越个人躯体，并由此与宇宙原初之气合而为一。”[②]这一观点强调，孟子认为通过气亦可与天道合一。但此论点成立的前提在于气本论的确立。在先秦典籍中，虽《庄子》有“通天下一气”的言论，但在《孟子》一书中很难找到气本论的痕迹。孟子固然重养气，但他所谓的气是“集义而生”，即由道德心生出，相比于心，气已落于第二义。孟子虽然提出将气养至浩然即可“塞于天地之间”，但并不认为从气的运化律动中可以发现与天道相合的契机。从这个角度看，孟子在心气关系上并未走到两者不二的境地。

但是，我们不能将这一点视为孟子理论的不足和缺陷，而应认识到这是由儒家思想的特质决定的。无论佛教还是道教，其修炼体系都可纳入解脱道，即由生死的此岸跨越到超越生死的彼岸。大乘菩萨道虽然强调渡尽一切众生，但其目标仍然是将众生渡到涅槃的彼岸。只有儒家强调在现实的世间成己、成人、成物，没有彼岸、天国的设定，也不提倡离群索居的行持。解脱意味着心得自在、身也得自在，心气完全合一。但若心气皆得自在则意味着与这个沉重的世间脱离了关系，即使存在于这个世间也是以游戏的心态展开其生命的。儒家在世间之内圆成世间，并不是将自己视为超越一切生命的游戏者，而是以庄严的心态完全融入世间。从这个意义上看，心灵纵得超越于世俗而获得自由，但肉身必须保持沉重感以浑化在世界之内。孟子在心气关系上的不彻底，实有儒家思想内在逻辑上的必然。

孟子以心为主导的心气相应原则，导致其修养工夫从道德心的觉醒开始。“浩然之气章”载：“我知言，我善养吾浩然之气。”“知言”，为养浩然之气

---

① 刘殿爵：《采掇英华：刘殿爵教授论著中译集》，香港中文大学出版社 2004 年版，第 109 页，转引自余英时：《天人之际——中国古代思想的起源试探》，陈弱水主编：《中国史新论 · 思想史分册》，(台北)联经出版事业有限公司 2012 年版，第 42 页。

② 余英时：《天人之际——中国古代思想的起源试探》，陈弱水主编：《中国史新论 · 思想史分册》，第 45、46 页。

的先导。关于"知言",此章言:"诐辞知其所蔽,淫辞知其所陷,邪辞知其所离,遁辞知其所穷。生于其心,害于其政;发于其政,害于其事。圣人复起,必从吾言矣。"[①]"诐辞"指偏颇的言辞,"淫辞"指夸张、过分的言辞,"邪辞"指邪僻不经的言辞,"遁辞"指躲闪、遮蔽的言辞。言辞的这些弊端,实际上正是心灵缺陷、暗蔽的反映。因此,"知言"的指向,恰恰是道德心从经验意识层面的透显。道德心的觉醒,即引发与生理相关而又超越生理的气作为助伴。将此气养至塞于天地之间,即成为浩然之气。孟子所养之气源于超越性的道德本心,虽与生理相关,但具备了超越生理的属性。此气虽"集义所生",但反过来又可长养此道德心,使其具有超越生理局限、历史局限的力量。孔子曰:"勇者不惧。"[②]大勇之人,以德性所生之气充实于自身,而不惧人世间的任何阻难。朱子曰:"古人临之以死生祸福而不变,敢去骂贼,敢去徇国,是他养得这气大了,不怕他。"[③]正是言浩然之气对心性修养的助益。在孟子修养工夫中,心气互相增上。但无论如何,道德心的觉醒总是列在下手工夫的首位,而气对心性的助益也仅发生在道德心觉醒之后。问题是,在重阴凝闭之下,道德心会那么容易觉醒吗?或者说,主体认为自己的道德心已经觉醒,这种觉醒有没有可能仅是一种幻象呢?按照心气相应原则,道德本心与浩然之气相应,习心与生理之气相应,反之亦然。在生理昏浊之气充塞身体的情况下,欲求道德本心的呈现当是一件难事。佛教修行虽然重视本心的觉悟,但是调和气脉却是证悟的前行。道教更是重视气息的锻炼,强调气炼方能化神。孟子强调道德心的觉醒,未将养气作为修心的前行,这在孟子本人或许不是问题,但在后世却牵涉学派工夫论的根本分歧。

孟子对道德心觉醒的重视,对宋明儒学陆王一系的心学影响甚大。陆九渊教人,注重"先立乎其大","近有议吾者云:'除了"先立乎其大者"一句,全无伎俩。'吾闻之曰:'诚然。'"[④]此处所谓的"大",当指道德本心。明得道德本心,方是为学的首要之事。朱子之学,重格物穷理。陆九渊批评他,"支离事业竟浮沉"[⑤]。黄宗羲说:"先生(按:陆九渊)之学,以尊德性为宗,谓:

---

① 朱熹撰:《四书章句集注》,第232～233页。

② 朱熹撰:《四句章句集注》,第116页。

③ 黎靖德编,王星贤点校:《朱子语类》,第1254页。

④ 陆九渊著,钟哲点校:《陆九渊集》卷三四,第400页。

⑤ 陆九渊著,钟哲点校:《陆九渊集》卷三四,第427页。

'先立乎其大，而后天之所以与我者，不为小者所夺。夫苟本体不明，而徒致功于外索，是无源之水也。'"[①]由此可以看出陆九渊对孟子重视道德本心思想的继承，以及对不以此本心的觉醒为第一要务的修养工夫的批评。然而，朱子虽不否认道德心证取的必要性，但赞同"主敬"为先。他提出，"先贤之意盖以学者不知持守，身心散漫，无缘见得义理分明，故欲其先且习为端庄整肃，不至放肆怠堕，庶几心定而理明耳"[②]。身心散漫就是气息不定，气息不定则不能于静中见理。为此，朱子强调以"敬"持身的养气工夫。黄宗羲说："同时紫阳之学，则以道问学为主，谓：'格物穷理，乃吾人入圣之阶梯。夫苟信心自是，而惟从事于覃思，是师心自用也。'"[③]这正是从朱子的视角，对仅重道德本心呈现的修养方法的批评。阳明亦重心体的呈现，在这一点上与陆九渊一脉相承。阳明学说的核心是"致良知"。良知指知善知恶的道德本心，致良知则指将此本心遍于一切事物。良知为心之本体，致良知则为展现此本体的工夫。在此学说基础上，阳明弟子王畿提出"现成良知"之论。"现成良知"又称"现在良知"，这一概念在肯定良知的当下存在性的同时，也肯定了良知的当下活动性。由于良知是现成的，故人人可称自己的行为符合良知，其弊端显而易见。刘宗周云："今天下争言良知矣，及其弊也，猖狂者参之以情识，而一是皆良；超洁者荡之以玄虚，而夷良于贼。"[④]良知往往与情识、玄虚等混杂，所谓的道德本心在此意义下往往成为一种幻象，其流弊莫可胜言。《礼记·乐记》云："君子曰：礼乐不可斯须去身。致乐以治心，则易、直、子、谅之心油然生矣。易、直、子、谅之心生则乐，乐则安，安则久，久则天，天则神。天则不言而信，神则不怒而威，致乐以治心者也。致礼以治躬，则庄敬，庄敬则严威。心中斯须不和不乐，而鄙诈之心入之矣。外貌斯须不庄不敬，而易慢之心入之矣。"礼乐虽为外在的形式，但具有调整感官、形体使之与心灵相感应的功用。受礼乐形式熏陶已久的主体，纵然不必具有呈现本心的能力，但相对于未经此熏陶而直接做使道德心觉醒工夫者，显然更加容易体证到那通达天道的本心。孟子在养气工夫上的这段缺失，实与对礼乐的弱化相关。

---

① 黄宗羲：《宋元学案》，《黄宗羲全集》第五册，浙江古籍出版社 2005 年版，第 278 页。

② 朱熹：《晦庵先生朱文公文集·答方子实（芹之）》，《朱子全书》第 23 册，第 2820 页。

③ 黄宗羲：《宋元学案》，《黄宗羲全集》第五册，第 277 页。

④ 刘宗周：《证学杂解》，《刘宗周全集》第二册，浙江古籍出版社 2007 年版，第 278 页。

总 结

儒学的重点不在于建构一套有关外物的知识体系，而在于指出一种成人、成己的生活方式，在这个意义上儒学必然涉及身心修养与转化的工夫体系。从孔子开始，儒家就强调道德心的觉醒，强调通过道德心、道德行为使自身符合或嵌入天道运行的格式、韵律。孟子思想体系中出现了一个新的概念——气，心与气共同承担起了成己、成人、与天道沟通的重任。孟子引入气概念固然与时代思想背景有关，但其根本则源于对礼乐的弱化和忽视。周人制礼作乐，礼乐在周人眼中是一个形体、感官与心灵共同参与的生活方式，在践履礼乐的过程中即发挥着成己、成人乃至成物的功用。孔子重在谈仁，将仁视为礼乐的精神基础，但并不废礼乐。仁通过礼乐形式外化为社会伦理规则。孟子特别强调对道德心的培养，不再关注礼乐，甚至将礼乐视为弱化的对象。道德心外化的职能在这个意义上出现了空缺。在孟子的时代，气的思想开始出现。孟子认为，气是一种萦绕、氤氲在人身之内的生命动能，由心生发又有影响心的力量，还具有感通他人以及外物的功能。因此，为了充实弱化礼乐所带来的空缺，孟子引入了气的概念，形成了其思想中心气并论的格局。气的引入，不仅在理论上解决了内在的道德心外化的问题，还在一定意义上使孟子道德心的内涵具有了气的性质。也就是说，心如气一般具有量的规定性，可因培育而生长壮大，也可因桎梏而萎缩消亡。养心的过程是一个从端点扩充到四海之内的生发过程，一如养气至浩然而使之塞于天地之间。孟子对心的这种理解，在宋明儒学中少见继承。宋明儒家多将心视为圆具的本体，将养心视为祛除气禀和物欲染污的过程。倒是道教内丹学的炼气思想与其有义理上的呼应，这也证明了孟子对心的理解加入了气的特征。心气并论不为孟子所独有，后来佛教以及道教因其身心修炼与转化的工夫特征，心气关系亦是他们关注的主题。佛道两家都持心气不二说，既强调心的彻悟又强调身的圆满。相较之下，孟子在心气关系上并不彻底，未将气视为与心同等的存在，这与儒家不设彼岸只重现世的观念相关。孟子在心气关系理论上的这种特征，对后世尤其是宋明儒学产生了重大影响，甚至导致了学派间工夫理论的重大分歧，这就是“尊德性”与“道问学”孰先孰后的问题。总之，孟子对心气关系的理解在儒学中具有开拓性意义，对后世的影响也非常深远，值得我们深入探讨。

孟子的宗教生态思想

——从宗教生态学之视角

刘　伟

摘要：宗教生态学研究的核心是探讨宗教与生态环境之间的互动关系，研究视角不仅包括宗教组织这一群体，还应该包括单独的个体。从“个体与宗教构成因素如超自然力、宗教活动、宗教仪式等以及在宗教信仰的前提下不同个体之间的关系”之角度出发，宗教生态研究将更具有灵活性和开拓性。从个体与宗教神圣、宗教仪式、宗教环境及其宗教体验的分析，可以看出孟子的主要宗教生态思想，即承认宗教神圣的存在及其权威，宗教神圣是人世间重要事情的最终根据；重视宗教仪式、宗教环境和宗教体验，仪式、场所必须保留与传承，个体内在的情感是遵守宗教仪式的根本依据；对自然万物应取之以时、用之有节，遵循自然规律；个体之间应相互尊重，不剥夺他人生命，承认个性选择。“命”虽然是既定的，但个体只要顺应天性，强化个体修养，仍然能够改变。

关键词：宗教生态学　孟子　生态思想

“生态学”源于“生物学”，主要研究动植物有机体与其周围环境之间的相互关系。“宗教生态学”一词，最早出现在 20 世纪 60 年代中期。瑞典人类学家和宗教史学家赫尔特克兰茨在研究美国肖尼部落印第安人以及某些北方民族的生活时得出结论，周围环境（包括自然条件、地形、群落生境、气候以及人口和自然资源）对文化的许多方面，包括宗教信仰和仪式，产生很大

刘伟，曲阜师范大学政治与公共管理学院教授，主要从事宗教生态学、“论语学”研究。

影响。[①] 简言之，宗教生态学研究的核心是探讨宗教与生态环境之间的互动关系。一方面，宗教受周围生态环境的制约和影响；另一方面，宗教的发展反过来也会影响周围的环境。二者之间的关系是立体的、动态的、密切联系的，而不是平面的、静止的、割裂的。以此为发端，学界围绕“宗教生态学”或“宗教生态思想”进行过诸多探讨。基于此，本文从宗教生态学之视角，对宗教生态思想进行简要梳理与阐释，并以此为基础，以《孟子》为蓝本，对孟子的宗教生态思想进行分析。

一、“宗教生态思想”的基本界定

赫尔特克兰茨提出了“宗教生态学”的概念，研究的重点在于宗教与周围环境之间的关系及其相互之间的影响。周围环境既包括自然地理环境，也包括人文环境。“宗教”主要限于宗教组织，没有涉及具体的个人。随后，围绕“宗教与生态”这一主题，许多学者从不同角度进行了探讨。美国历史学家怀特在 1967 年发表的《生态危机的历史根源》一文中指出，犹太-基督教信仰应对环境破坏承担主要的责任。[②] 日本民族学、生态学家梅棹忠夫 1957 年发表了题为《文明的生态史观序说》的著名论文，以生态学方法探讨世界文明史的规律，认为宗教与社会关系密切，但宗教并不仅仅取决于社会因素，与所处的环境也有关系。[③] 赖品超在《宗教与生态关怀》一文中认为，宗教与生态关怀之间是一种辩证的关系。对生态的关注，也促使人们发现，环境危机并非只是科技、立法与经济体系的问题，还涉及灵性的向度，甚至可以说是一个具有某种宗教性的课题。宗教传统的资源，可能有助于促进环保工作。[④] 牟钟鉴提出“宗教生态论”的独特之处在于：宗教系统的生成与变化、宗教系统与周围环境的互动关系、不同宗教之间的关系及其发展态

---

① 参见〔俄〕克拉斯尼科夫著，李国海译：《宗教生态学》，《现代外国哲学社会科学文摘》1999 年第 10 期。

② Lynn White, “The Historical Roots of Our Ecological Crisis”, *Science*, 1967(155), pp. 1203-1207.

③ 参见〔日〕梅棹忠夫：《文明的生态史观——梅棹忠夫文集》，王子今译，三联书店上海分店 1988 年版。

④ 参见赖品超：《宗教与生态关怀》，《江海学刊》2002 年第 3 期。

势，宗教文化是活的文化。[①]段琦认为，“宗教生态”就是指各种宗教的社会存在状况，类似自然界的生态，其正常状态应该是彼此制约而达到总体平衡，即各类宗教各得其所、各有市场，从而满足不同人群的信仰需要。[②] 陈晓毅以某一地区为例，采用田野调查的方式对该地区多种宗教的生存状况进行了研究。[③] 这些学者关注的重点在于：宗教与周围生态环境之间以及不同宗教之间的关系。可归结为以下几点：第一，此处的“宗教”主要限定在已经形成的宗教组织，不包括单独的个体。第二，宗教与生态的关系，主要限定在宗教组织与周围的自然地理环境、人文环境。以研究宗教与自然地理环境为主，研究的主要目的在于宗教如何与地理环境相协调，保护自然资源，促进人与自然的和谐共存、协调发展。第三，不同宗教之间的关系。主要探讨不同宗教之间在碰撞、磨合、共存的过程中，彼此之间的相互影响、相互促进及其演变。需要指出的是，以上研究都是从群体的角度研究宗教与生态环境，并没有涉及个体。鉴于此，我认为，这种研究角度并不全面。“宗教生态学”或“宗教生态思想”应该作以下界定：“宗教生态学”或“宗教生态思想”研究不仅包括宗教组织这一群体，还应该包括单独的个体；不仅研究宗教组织与周围环境之间的关系，还应该研究单独的个体与宗教构成因素如超自然力、宗教活动、宗教仪式等之间的关系；不仅研究不同宗教组织之间的关系，还应该包括在宗教信仰的前提下不同个体之间的关系。

二、孟子的主要宗教生态思想

牟钟鉴认为，中国传统社会的主体宗教信仰并且为全社会所接受的宗教是“宗法性传统宗教”，夏、商、周三代时期属于古代国家宗教，深受“宗法性传统宗教”的影响。他说：“中国宗法性传统宗教以天神崇拜和祖先崇拜为核心，以社稷、日月、山川等自然崇拜为羽翼，以其他多种鬼神崇拜为补充，形成相对稳固的郊社制度、宗庙制度以及其他祭祀制度，成为中国宗法

① 参见牟钟鉴：《宗教生态论》，《世界宗教文化》2012 年第 1 期。

② 参见段琦：《宗教生态失衡与中国基督教的发展》，中国统一战线理论研究会民族宗教理论甘肃研究基地秘书处编：《当代中国民族宗教问题研究》第 4 集，甘肃民族出版社 2009 年版，第 140 页。

③ 参见陈晓毅：《中国式宗教生态——青岩宗教多样性个案研究》，社会科学文献出版社 2008 年版。

等级社会礼俗的重要组成部分，是维系社会秩序和家族体系的精神力量，是慰藉中国人心灵的精神源泉。"①孟子出生在大约前372年，卒于前289年，此期属于战国中期。从孟子生活的时代可知，他受到"古代国家宗教"或者"宗法性传统宗教"的影响是毋庸置疑的。从孟子所处的时代背境来看，整个战国属于礼坏乐崩极为严重的时期，与夏、商以及周朝前期相比，宗教氛围逐渐淡薄，人文理性却逐步增强。除了传统的国家宗教之外，还出现了许多带有宗教元素的各种信仰或流派。严格意义上讲，这些信仰或流派并不是现代所说的宗教组织。如果从个体的视角来审视，孟子的宗教生态思想主要体现在个体与宗教神圣、个体与宗教仪式、个体与宗教环境、个体与宗教体验。

（一）个体与宗教神圣

对宗教信仰的对象，有学者提出了"宗教神圣"这一概念，认为它是指宗教信仰对象，包括神灵、神圣事物或人物之类。② 具体到传统社会，"宗教神圣"主要分为三个层次：第一个层次——神祇：主要包括天、地、帝（或上帝）以及各种神灵；第二个层次——神圣事物：主要包括具有某种超自然力或神秘色彩的自然界的物体或者经过人类加工的其他物体，前者如太阳、石头、植物、动物等，后者如神圣人物用过的物品；第三个层次——人鬼：主要包括祖先、已故的父母或其他有血统关系或姻亲关系的亲属。孟子谈及的"宗教神圣"，主要有"天""上帝"和"神"。

第一，对天的认识。《孟子》论及"天"的地方有多处，"天"的含义也不相同。作为"宗教神圣"意义上的"天"，孟子认为它有两个方面的作用：一是"天"决定天下、国家的命运或兴衰。"以大事小者，乐天者也；以小事大者，畏天者也。乐天者保天下，畏天者保其国。《诗》云：'畏天之威，于时保之。'"赵岐注曰："圣人乐行天道，如天无不盖也，故保天下，汤、文是也。智者量时畏天，故保其国，大王、勾践是也。《诗·周颂·我将》之篇，言成王尚畏天之威，于是时故能安其太平之道也。"③朱熹认为，"天者，理而已矣。大之字小，小之事大，皆理之当然也。自然合理，故曰乐天。不敢违理，故曰畏天。包含遍覆，无不周遍，保天下之气象也。制节谨度，不敢纵逸，保一国之

① 牟钟鉴：《当代中国特色宗教理论探讨》，甘肃民族出版社2013年版，第188页。

② 参见詹石窗主撰：《中国宗教思想通论》，人民出版社2011年版，第8页。

③ 赵岐注，孙奭疏：《孟子注疏》，北京大学出版社2000年版，第45页。

规模也”[①]。从赵岐的“天道”到朱熹的“理”，可以看出“天”是看不见摸不着但确实客观存在的规则，人间的管理者只要遵循并适应这种规则，便可保住国家乃至天下。无论是“乐天”还是“畏天”，都旨在说明人对“天”的恭敬和臣服。从宗教的角度来讲，“天”便是“至上神”，决定着社稷的存亡、天下的兴衰。“君子创业垂统，为可继也，若夫成功，则天也。”[②]“君子创业垂统，贵令后世可继续而行耳，又何能必有成功，成功乃天助之也。”[③]虽然强调君王推行仁德的重要性，但要获得成功，仍然需要“天”的帮助与支持，“天”仍然是国家兴衰、政权存亡的最终依据。二是“天”是事情成功或失败的最终根源。“行或使之，止或尼之，行止非人所能也。吾之不遇鲁侯，天也。臧氏之子，焉能使予不遇哉？”[④]“孟子之意，以为鲁侯欲行，天使之矣，及其欲止，天令嬖人止之耳。行止天意，非人所能为也。如使吾见鲁侯，冀得行道，天欲使济斯民也，故曰吾之不遭遇鲁侯，乃天所为也。臧氏小子，何能使我不遇哉。”[⑤]孟子认为，人们在干一件事情时总有一种力量在支持或者阻止，这种力量不是人所能决定的，而是来源于“天”。

第二，对“上帝”的认识。承认上帝的存在，人能够与上帝进行沟通。“天降下民，作之君，作之师。惟曰其助上帝宠之。”[⑥]“君”“师”都是辅助“上帝”对百姓施行仁爱的。有学者认为，商朝就出现了“上帝”（或“帝”），他是法力无穷、威力无比的“至上神”。[⑦] 此处虽然没有明确“上帝”是“至上神”，但其也具有比较高的地位。“西子蒙不洁，则人皆掩鼻而过之。虽有恶人，齐戒沐浴，则可以祀上帝。”[⑧]孟子以“西子”和“恶人”为例，无论相貌美丑，只有斋戒沐浴、诚心正意，就可以祭祀上帝。可见，“上帝”在孟子心中不仅是存在的，还是可以沟通的。

第三，对“神”的认识。一是认为“神”是不可知的。“可欲之谓善，有诸

---

① 朱熹撰：《四书章句集注》，中华书局 1983 年版，第 215 页。

② 赵岐注，孙奭疏：《孟子注疏》，第 75 页。

③ 赵岐注，孙奭疏：《孟子注疏》，第 75 页。

④ 赵岐注，孙奭疏：《孟子注疏》，第 78 页。

⑤ 赵岐注，孙奭疏：《孟子注疏》，第 78 页。

⑥ 赵岐注，孙奭疏：《孟子注疏》，第 45 页。

⑦ 参见牟钟鉴、张践：《中国宗教通史》（修订本），社会科学文献出版社 2003 年版，第 88 页。

⑧ 赵岐注，孙奭疏：《孟子注疏》，第 271～272 页。

己之谓信，充实之谓美，充实而有光辉之谓大，大而化之之谓圣，圣而不可知之之谓神。”[①]“有圣知之明，其道不可得知，是为神人。”[②]“以此之善，又至经以万方，使人莫知其故，是为神人，故谓之神。”[③]后儒将“神”解释为“神人”，我认为有些勉强。“神人”毕竟是“人”而不是“神”，但从此章来看，“神”是“不可知”的，而“人”应该是“可知”的。凡是“不可知”的，都应该属于超自然、超人间的范畴。据此，孟子所说的“神”应该解释为“神灵”，不应该是“神人”。二是人与神是平等的。人可以按照既定的仪式对神祭祀，神必须满足人的愿望；否则，人可以根据需要变更神灵。“牺牲既成，粢盛既洁，祭祀以时，然而旱干水溢，则变置社稷。”“牺牲既已肥壮，祭品又已洁净，也依一定时候致祭，但是还遭受旱灾水灾，那就改立土谷之神。”[④]在孟子看来，人与神灵之间是一种平等的“契约”关系，双方要按照约定，履行义务，获得权利。如果一方违约，只享受权利而不履行义务，另一方就可以解除“契约”关系。既然土谷之神享受了人们按照规定仪式与程序奉献的祭品，就应该保佑人们不再遭受旱灾或水灾；否则，人们就可以另择土谷之神。

（二）个体与宗教仪式

第一，重视祭祀活动。“诸侯耕助，以供粢盛；夫人蚕缫，以为衣服。牺牲不成，粢盛不洁，衣服不备，不敢以祭。惟士无田，则亦不祭。”[⑤]孟子以举行祭祀活动为例，来说明“士”必须出仕。诸侯亲自耕种以提供祭祀用品，夫人亲自养蚕缫丝以提供祭祀服装，牛羊不肥壮、谷物不洁净、祭祀服装不完备就不能进行祭祀，每一个细节都彰显出古人对神灵的恭敬与虔诚。虽然引用的是《礼》中的话，但从中可以看出孟子对祭祀活动的重视。

第二，对“丧”的认识。一是重视丧事。“养生者不足以当大事，惟送死可以当大事。”“事生固当爱敬，然亦人道之常耳；至于送死，则人道之大变。孝子之事亲，舍是无以用其力矣。故尤以为大事，而必诚必信，不使少有后日之悔也。”[⑥]生前孝顺，死后厚葬，把“送终”与“养老”同等对待甚至高于“养老”，不仅仅是“尽孝”的问题，恐怕还有希望逝者在另外一个世界更好地生

① 赵岐注，孙奭疏：《孟子注疏》，第464页。

② 赵岐注，孙奭疏：《孟子注疏》，第465页。

③ 赵岐注，孙奭疏：《孟子注疏》，第465页。

④ 杨伯峻：《孟子译注》译文，中华书局1960年版，第328～329页。

⑤ 赵岐注，孙奭疏：《孟子注疏》，第260页。

⑥ 朱熹撰：《四书章句集注》，第292页。

活的心理因素。从这个角度来讲，儒家尽管没有公开承认存在“彼世”，但在现实世界的做法却往往告诉人们“彼世”是存在的。二是主张厚葬。“自天子达于庶人，非直为观美也，然后尽于人心。不得不可以为悦，无财不可以为悦，得之为有财，古之人皆用之，吾何为独不然？且比化者，无使土亲肤，于人心独无恔乎？吾闻之，君子不以天下俭其亲。”[①]充虞认为，孟子为自己的母亲准备的棺椁太美了，超出了一般的标准；孟子则辩解，棺椁华美足以彰显孝子之心，也可以有效避免尸体与泥土接触，自己既有地位又有财力，为母亲厚葬没有什么不可。况且，有地位、有道德修养的人不能在父母身上尤其在丧葬这件事上省钱。孟子厚葬其母，符合当时礼制，不为越礼。“送终之礼，所当得为而不自尽，是为天下爱惜此物，而薄于吾亲也。”[②]这也体现了儒家主张厚葬的思想。三是赞成“三年之丧”。“三年之丧，齐疏之服，飦粥之食，自天子达于庶人，三代共之。”[③]“三年之丧”是古代的丧葬之礼，孔子对此比较赞成，认为为去世的父母守丧三年，既体现了孝子的虔诚、缅怀之情，也是对“三年免于父母之怀”的回报。在这一点上，孟子与孔子一脉相承。滕定公去世之后，太子在遵守“三年之丧”的古礼还是遵从约定俗成的祖制上存在困惑，孟子认为应该遵守古礼。几经反复，太子听从了孟子的建议，遵守古礼，效果也非常好。“不能三年之丧，而缌小功之察；放饭流歠，而问无齿决，是之谓不知务。”[④]孟子认为，不遵守“三年之丧”，却对缌麻三月、小功五月的丧礼仔细讲求，是不识大体的表现。四是遵守丧礼可以权变。“齐宣王欲短丧。公孙丑曰：‘为期之丧，犹愈于已乎。’孟子曰：‘是犹或紾其兄之臂，子谓之姑徐徐云尔，亦教之孝弟而已矣。’王子有其母死者，其傅为之请数月之丧。公孙丑曰：‘若此者，何如也？’曰：‘是欲终之而不可得也，虽加一日愈于已，谓夫莫之禁而弗为者也。’”[⑤]孟子虽然提倡“三年之丧”，但并不是不知变通。此章以齐宣王和王子为例，来说明当事人内心情感的重要性。假如当事人愿意遵循古礼但客观条件不允许，也可以视具体情况守丧，不必拘泥于三年。

---

① 赵岐注，孙奭疏：《孟子注疏》，第 136～137 页。

② 朱熹撰：《四书章句集注》，第 246 页。

③ 赵岐注，孙奭疏：《孟子注疏》，第 156 页。

④ 赵岐注，孙奭疏：《孟子注疏》，第 444 页。

⑤ 赵岐注，孙奭疏：《孟子注疏》，第 439～440 页。

（三）个体与宗教体验

第一，认为“命”是天性使然，应努力顺应天性。“圣人之于天道也，命也。有性焉，君子不谓命也。”①“仁者得以恩爱施于父子，义者得以义理施于君臣，好礼者得以礼敬施于宾主，知者得以明知知贤达善，圣人得以天道王于天下，此皆命禄，遭遇乃得居而行之，不遇者不得施行。然亦才性有之，故可用也。凡人则归之命禄，在天而已，不复治性。以君子之道，则修仁行义，修礼学知，庶几圣人亹亹不倦，不但坐而听命，故曰君子不谓命也。”②君子修仁义，求学知，孜孜不倦，便可以顺应天性，不必仅仅归结于单纯的“命”而不充分发挥个体的能动性。“命”既是可知的，也是可为的，个体的修行如果适应天性，也是能够改变的。

第二，认为“命”是最终的依据。人只有尽力而为，成功或失败不是人所能决定，而是“命”决定的。“君子行法以俟命而已矣。”③“君子顺性蹈德，行其法度，夭寿在天，行命以待之而已矣。”④此章强调君子不为外在环境所困扰，只要按照事物本来的规律行事，至于结果如何，不是人力所能决定的。换言之，“命”是事情成败的最终依据。

第三，强调修身重要性。一是“修身”是个人得到他人理解与尊重的前提。“爱人，不亲，反其仁。治人，不治，反其智。礼人，不答，反其敬。行有不得者，皆反求诸己，其身正而天下归之。”⑤“反其仁，己仁独未至邪？反其智，己智犹未足邪？反其敬，己敬独未恭邪？反求诸身，身已正则天下归就之，服其德也。”⑥孟子认为，自己得不到他人的“亲”“智”“敬”，不要埋怨他人，而应先从自身找原因。只有自己做到了，才会最终赢得他人的回应。二是“修身”是群体组织存在与发展的根基。无论是家、国还是天下，修身是根本。“天下之本在国，国之本在家，家之本在身。”⑦“天下之根本，独在于公侯为之根本也；公侯之根本，又在卿大夫为之根本也；卿大夫之根本，抑又在于

---

① 赵岐注，孙奭疏：《孟子注疏》，第 463～464 页。

② 赵岐注，孙奭疏：《孟子注疏》，第 464 页。

③ 赵岐注，孙奭疏：《孟子注疏》，第 472 页。

④ 赵岐注，孙奭疏：《孟子注疏》，第 472 页。

⑤ 赵岐注，孙奭疏：《孟子注疏》，第 227～228 页。

⑥ 赵岐注，孙奭疏：《孟子注疏》，第 228 页。

⑦ 赵岐注，孙奭疏：《孟子注疏》，第 228 页。

私身为之根本也。”[①]三是“修身”是得“仁”的主要途径。“仁者如射，射者正己而后发，发而不中，不怨胜己者，反求诸己而已矣。”[②]“以射喻人为仁，不得其报，当反责己之仁恩有所未至也，不怨胜己者。”[③]求“仁”不得，如同射箭比赛，失败了，不要埋怨对手，而是检点自身的不足，正所谓“为仁由己，而由人乎哉？”[④]

（四）个体与宗教环境

首先，对周围的自然事物。保有“爱心”，取之以时，用之有节。“君子之于物也，爱之而弗仁；于民也，仁之而弗亲。亲亲而仁民，仁民而爱物。”[⑤]世间万物，能够为人所用，这是人类中心主义的体现。人们需要时，就可以剥夺它们的自由乃至生命。比如，献祭用的牺牲。因此，这种对自然万物的“爱”是一种“爱惜”。“爱惜”的具体体现就是合理、适度运用。“物，谓禽兽草木。爱，谓取之有时，用之有节。”[⑥]“不违农时，谷不可胜食也。数罟不入洿池，鱼鳖不可胜食也。斧斤以时入山林，材木不可胜用也。谷与鱼鳖不可胜食，材木不可胜用，是使民养生丧死无憾也。养生丧死无憾，王道之始也。”[⑦]“物，谓凡物可以养人者也，当爱育之，而不加之仁，若牺牲不得不杀也。”[⑧]无论是使用民力还是砍伐、捕鱼，都要遵循自然规律，按照规律来行事。取之有时，用之有节，是对自然事物“爱”的最佳途径。

其次，对群体的态度是尊重生命和个性选择。在处理个体与群体的关系上，孟子阐明了“仁”“义”“礼”等诸多思想，这从《孟子》一书中许多章节都能看到。这些思想的背后，似乎都隐藏着这么一种理念，即尊重他人的生命，尊重个体的选择。换言之，即不要轻易剥夺他人的生命权，不要轻易否定他人的选择。一是执政者不要进行“不义之战”，防止滥杀无辜。孟子并不彻底否定战争，而是明确反对不符合百姓根本利益的“不义之战”。“梁惠王以土地之故，糜烂其民而战之，大败。将复之，恐不能胜，故驱其所爱子弟

① 赵岐注，孙奭疏：《孟子注疏》，第 228～229 页。
② 赵岐注，孙奭疏：《孟子注疏》，第 115 页。
③ 赵岐注，孙奭疏：《孟子注疏》，第 115～116 页。
④ 朱熹撰：《四书章句集注》，第 239 页。
⑤ 赵岐注，孙奭疏：《孟子注疏》，第 443～444 页。
⑥ 朱熹撰：《四书章句集注》，第 363 页。
⑦ 赵岐注，孙奭疏：《孟子注疏》，第 11～12 页。
⑧ 赵岐注，孙奭疏：《孟子注疏》，第 444 页。

以殉之，是之谓以其所不爱及其所爱也。"[①]"孟子言惠王贪利邻国之土地而战，其民死亡于野，骨肉糜烂而不收，兵大败而欲复战，恐士卒少不能用胜，故复驱其所爱近臣及子弟而以殉之。殉，从也。所爱从其所不爱而往趋死亡，故曰及其所爱也。东败于齐，长子死焉。"[②]梁惠王为了争夺土地，不惜牺牲百姓、近臣乃至亲人的生命，"以其所不爱及其所爱"，是不仁的体现。这种"不仁"就是发动不义战争，牺牲他人的生命。二是个体不要剥夺他人的生命。"杀人之父，人亦杀其父。杀人之兄，人亦杀其兄。然则非自杀之也，一间耳。"[③]"父仇不同天，兄仇不同国，以恶加人，人必加之，知其重也。一间者，我往彼来间一人耳，与自杀其亲何异哉！"[④]杀人父兄，人必报复，与自己亲手杀死自己的父兄在本质上没有区别。孟子此言，旨在提倡尊重他人生命。三是尊重个性选择。"脍炙所同也，羊枣所独也。讳名不讳姓，姓所同也，名所独也。"[⑤]曾子不吃羊枣，可能有两种原因：曾皙喜欢吃羊枣，见到羊枣便想起了曾皙，羊枣引起了对父亲的思念，所以不吃；或者确实不喜欢吃。学者多赞成前者。"曾参至孝，思亲异心，羊枣之感，终身不尝。"[⑥]曾皙喜嗜羊枣，曾子爱吃脍炙，各取所需，孟子都给予认可。

最后，对宗教场所保持传承，不轻易毁弃。"明堂"是古代社会非常重要的场所，集祭祀、政治、军事、教育、外交等多种功能于一体。清人阮元在《明堂论》中说："明堂者，天子所居之初名也。是故祀上帝则于是；祭先祖则于是；朝诸侯则于是；养老尊贤教国子则于是；飨射献俘馘则于是；治天文告朔则于是；抑且天子寝食恒于是。此古之明堂也。"[⑦]可见，"明堂"也是当时最重要的宗教场所。"齐宣王问曰：'人皆谓我毁明堂，毁诸？已乎？'孟子对曰：'夫明堂者，王者之堂也，王欲行王政，则勿毁之矣。'"[⑧]孟子认为"明堂"是推行王道的场所，不能毁掉。虽然孟子在此强调的是明堂的"王道"功能，没有明确它的宗教功能，但不可否认的是，在古代，政教不分，宗教活动也是

---

① 赵岐注，孙奭疏：《孟子注疏》，第447页。

② 赵岐注，孙奭疏：《孟子注疏》，第447～448页。

③ 赵岐注，孙奭疏：《孟子注疏》，第453页。

④ 赵岐注，孙奭疏：《孟子注疏》，第453页。

⑤ 赵岐注，孙奭疏：《孟子注疏》，第475页。

⑥ 赵岐注，孙奭疏：《孟子注疏》，第475页。

⑦ 阮元著，邓经元校：《揅经室集》，中华书局1993年版，第57页。

⑧ 赵岐注，孙奭疏：《孟子注疏》，第55页。

政治活动的主要内容,“王道”既包括仁政,也包括祭祀。孟子反对毁掉“明堂”,彰显出他对“明堂”的宗教功能持支持的态度。

结语

从个体与宗教神圣、宗教仪式、宗教环境及其宗教体验的分析,孟子的宗教生态思想体现在:承认宗教神圣的存在及其权威,宗教神圣是人世间重要事情的最终根据;重视宗教仪式、宗教环境和宗教体验,仪式、场所必须保留与传承,个体内在的情感是遵守宗教仪式的根本依据;对自然万物应取之以时、用之有节,遵循自然规律;个体之间应相互尊重,不剥夺他人生命,承认个性选择。虽然“命”是既定的,但个体只要顺应天性,强化个体修养,仍然能够改变之。由此可以得到启示,与仅仅局限于“宗教组织”相比,从“个体与宗教构成因素如超自然力、宗教活动、宗教仪式等以及在宗教信仰的前提下不同个体之间的关系”之角度出发,宗教生态研究将更具灵活性和开拓性,研究空间也会得到进一步拓展。

“理一分殊”视域下的孟夷之辩发微

王　广

摘要：儒、墨两家基于各自不同的价值关怀，在对丧葬等礼仪制度的处理上，以及实现最广泛之爱的根据和路径上，有着迥然不同的看法，故而孟子“不得已”与墨家夷子展开了一场辩论。孟子揭露了夷子在生活世界里厚葬其亲与墨家提倡薄葬以更好实践兼爱的矛盾，指出他们所提倡的兼爱理念一旦到生活世界里，就遵行“爱有差等”的实践逻辑。理学家在孟子基础上，进一步以“理一分殊”思想为判据，对墨家兼爱作出了“二本而无分（义）”的判定，这是对墨家所造的价值“乌托邦”与现实生活世界之冲突的批判。儒家仁爱实践致力于以人文世界升华生活世界，以德性生命升华自然生命，两个世界是“一本”。墨家兼爱实践则致力于以神性世界构造价值“乌托邦”，但这个“乌托邦”由于与生活世界相脱节，沦为“二本”，同时缺失了以生活世界中的情境化作为兼爱实践的机缘，由此，兼爱又沦为“无分（义）”。

关键词：孟夷之辩　兼爱　二本　无义

墨子“非儒”，孟子“拒墨”，均是中国先秦思想史上的重大学术论争。孟子和墨家的直接冲突体现在孟子同墨家后学夷子的论辩中，这一论辩在中国思想史上产生了深远影响。到了宋代理学家那里，在吸取孟夷之辩的成果基础上，在重构孔孟仁道的形上基础以抗衡佛、老形上智慧的过程中，提出了“理一而分殊”思想。以此为据，宋代理学家判定墨家兼爱的根据为“二

王广，山东财经大学马克思主义学院副教授，主要从事儒家哲学研究。

本”，实践形式为“无分”，提出“墨氏则二本而无分”的主张，完成了对儒家仁爱和墨家兼爱思想的分判工作。那么，究竟如何理解墨家兼爱的“二本而无分”弊端呢？为此，需要对孟夷之辩作进一步省思。

一、孟夷之辩

孟子和夷子这场辩论，见载于《孟子·滕文公上》。原文如下：

> 墨者夷之，因徐辟而求见孟子。孟子曰：“吾固愿见，今吾尚病，病愈，我且往见，夷子不来！”
>
> 他日，又求见孟子。孟子曰：“吾今则可以见矣。不直，则道不见；我且直之。吾闻夷子墨者。墨之治丧也，以薄为其道也。夷子思以易天下，岂以为非是而不贵也？然而夷子葬其亲厚，则是以所贱事亲也。”
>
> 徐子以告夷子。夷子曰：“儒者之道，古之人‘若保赤子’，此言何谓也？之则以为爱无差等，施由亲始。”徐子以告孟子。
>
> 孟子曰：“夫夷子，信以为人之亲其兄之子为若亲其邻之赤子乎？彼有取尔也。赤子匍匐将入井，非赤子之罪也。且天之生物也，使之一本，而夷子二本故也。盖上世尝有不葬其亲者，其亲死，则举而委之于壑。他日过之，狐狸食之，蝇蚋姑嘬之。其颡有泚，睨而不视。夫泚也，非为人泚，中心达于面目。盖归反蔂梩而掩之。掩之诚是也，则孝子仁人之掩其亲，亦必有道矣。”徐子以告夷子。夷子怃然为间曰：“命之矣。”①

由这段文字可知，通过孟子学生徐辟的传达，宗奉墨家学说的夷子与持守儒家立场的孟子展开了这场论辩。孟子首先指出：墨家本来在理论上主张薄葬，并以此来移风易俗，影响世道人心，但夷子作为墨家信徒却厚葬自己的父母，因而不是以自己所尊奉的而是以自己所鄙视的方式来对待自己的父母。由此，他质疑墨家学说在理论上与实践上的一致性。

对此，夷子作了回应，认为儒者所提倡的“若保赤子”理念，是说古代君王爱护民众就像爱护刚出生的婴儿一样，表明儒家也主张“爱无差等”的价值理念；并且认为作为价值理念的“爱无差等”（兼爱）与现实中的“施由亲

---

① 赵岐注，孙奭疏：《孟子注疏》，北京大学出版社 1999 年版，第 154～156 页。

始”之价值实践两不相妨，也不冲突。夷子的回应似乎答非所问，并未直接针对孟子有关墨家丧葬学说的质问。

针对夷子的回应，孟子又指出：夷子把“若保赤子”理解为“人之亲其兄之子为若亲其邻之赤子”，犯了过度诠释的错误。面对赤子朝井边爬行的情形，因为赤子对井的危害性缺乏足够的认识，所以无论是谁，也不管是谁的孩子，人们都会去救助。夷子据此得出了“爱无差等”的价值理念。然而，在孟子看来，夷子的看法是片面的。他认为，实际上这个事例只是说明了他所倡导的人生而即具“恻隐之心”的主张，这个生而即具的恻隐之心是实践“亲亲—仁民—爱物”的内在根据和动力，并不是夷子所理解的“人之亲其兄之子为若亲其邻之赤子”的无有差等的兼爱理念。

接着，孟子进一步以孝子不忍看到父母葬身于沟壑而遭“狐狸食之，蝇蚋姑嘬之”的惨状从而掩埋之的事例，说明了丧葬制度的由来。最后，夷子接受了孟子的批判，未能继续申辩，从而结束了这场论争。

分析这场论辩，首先有个问题，即夷子何以答非所问？对此，明代大儒刘宗周评论道：

> “爱无差等，施由亲始”，似乎所对非所问，夷之却不言其厚葬之故，只言“施由亲始”，以薄者从亲始乎？厚者从亲始乎？盖夷之之意，吾厚葬其亲，亦欲天下人之皆厚其亲，于墨子薄葬之制，稍为变通，仍不失夫“爱无差等”之义，如此乃通。①

按照刘宗周的说法，夷子论证的重心是“爱无差等”这个价值理念，“施由亲始”是来保障“爱无差等”的价值理念在现实生活世界中具体实践的路径。在夷子看来，墨家着力彰显的是“爱无差等”的价值理念，而不是为实践这一理念所创设的类似厚葬、薄葬等一套固定不变的制度形式。如果这一价值理念在实践过程中同墨家所倡导的制度形式发生了冲突，需要变通的是制度形式，而不是“爱无差等”的价值理念。

可见，夷子将墨家的薄葬学说二分为永恒至上的价值理念与因时变通的制度形式两个层面，认为一方面作为制度形式的薄葬短丧是可以变通的，而另一方面透过实践薄葬短丧制度所彰显的“爱无差等”价值理念则是不可变通的。如此一来，薄葬这个实践活动既然可以变通为厚葬，那么夷子厚葬

---

① 黄宗羲：《孟子师说》，《黄宗羲全集》第一册，浙江古籍出版社2005年版，第82页。

其亲也没什么不妥。夷子以此回答了孟子对其现实中厚葬其亲的事实同墨家主张薄葬学说的理论存在冲突的质疑。

按照夷子的主张，只要儒家接受两项原则，儒、墨两家的争论就可以消弭。这两项原则为：一是无论薄葬短丧还是厚葬久丧，作为一套客观礼仪制度，都可以因时变通；二是把实现最广泛的爱作为至上的价值理念。

实际上，儒家也不认为厚葬久丧等礼仪制度是万古不变的。在儒家创始人孔子看来，他所推重的周代礼仪制度就是对周代之前的夏、商两代礼仪制度因时变革的结果。他曾教诲门人子张："殷因于夏礼，所损益可知也；周因于殷礼，所损益可知也。其或继周者，虽百世可知也。"[①]认为即使"郁郁乎文哉"的周代礼仪制度也与夏、商两代的礼仪制度一样，需要因时变通。当然，这种变通并非无道理可循。孔子认为，只要明了礼仪制度变通的道理就可以"虽百世可知也"。

另外，儒家提倡的仁爱也有着"泛爱众"[②]的内涵。正因如此，唐代韩愈在《读墨子》一文中指出："孔子泛爱亲仁，以博施济众为圣，不'兼爱'哉？"[③]认为儒家同墨家一样，都把实现最广泛的爱作为至上的价值理念。如此一来，夷子诠释下的儒、墨两家就不再是水火不容的了，而完全可以携手共进。可是，孟子并不轻易接受夷子的这一论证。他面对"天下之言，不归杨则归墨""杨朱、墨翟之言盈天下"[④]的情势，持守儒家立场，以"如欲平治天下，当今之世，舍我其谁也"[⑤]的气魄，同杨、墨等各家展开了辩论。

孟子这场同夷子的辩论凸显出这样一个问题，即价值理念与价值实践能否脱节？按照夷子理解，爱无差等价值理念可以和价值实践脱节。因为不管薄葬还是厚葬都不过是实践"爱无差等"这一理念的形式、工具，价值理念可以范导价值实践，但价值实践可以因时变通使用不同形式、工具，以践行同一个价值理念，所以价值理念和价值实践是不统一的。

如果用"理一分殊"范式理解，夷子认为爱无差等的价值理念是"理一"，但究竟以厚葬其亲还是薄葬其亲的形式去实践这个价值理念则是"分殊"。

---

① 何晏注，邢昺疏：《论语注疏》，北京大学出版社 1999 年版，第 23 页。

② 何晏注，邢昺疏：《论语注疏》，第 7 页。

③ 韩愈撰，马其昶校注：《韩昌黎文集校注》第一卷，上海古籍出版社 2014 年版，第 44 页。

④ 赵岐注，孙奭疏：《孟子注疏》，第 178 页。

⑤ 赵岐注，孙奭疏：《孟子注疏》，第 125 页。

如此一来，夷子则成了贯彻“理一分殊”思想的一方。后来理学家何以称墨家的兼爱思想未能贯彻“理一分殊”思想，犯了“二本无分”的错误呢？

孟子则坚持价值理念与实践不能脱节，墨家提倡的爱无差等理念与他们薄葬短丧的实践应该是统一的，不能嘴上提倡一种理念，实践践行不一。如果提倡薄葬短丧的实践更容易践行“爱无差等”价值理念，但在具体现实中，自己却实践厚葬的形式，这样就把理念悬空，没了范导人们践行的力量。

二、文与用

通过以上辩论我们可以看出，孟子自始至终都着力质疑墨家的薄葬制，而夷子则着力论证墨家“爱无差等”之价值理念的合理性。显然，两者对丧葬制度关注程度不一，其中缘由为何？

同为春秋“显学”的儒、墨两家，都兴盛于礼崩乐坏的春秋时代。在这一时代，本来粲然完备的“郁郁乎文哉”的周代礼乐制度疲弊了，不能在现实社会人生中充分发挥效能。在这样情势下，两家都认同应该变革丧葬礼仪等制度，但对如何变革问题，两者有着不同看法。

面对“周文疲弊”的这一情势，儒家看到的是，礼乐制度流于形式化和工具化的危害。譬如，孔子曾经慨言：“礼云，礼云，玉帛云乎哉！乐云，乐云，钟鼓云乎哉！”①批判了礼乐制度流于“玉帛”“钟鼓”等外在形式的弊端。纵然如此，儒家仍然积极肯定了这套礼乐制度对规范社会和个人所起到的重要功用。如同牟宗三先生所说：“周文本身并不是不实用，如果你本身有真生命，它一样可行的。最重要的问题在使人的生命站起来，这问题一转转到这里，就成了儒家的思想。”②于是乎，儒家为了救治周代礼乐制度的疲弊，选择了一条将之内在化、生命化的建构路向。

与儒家不同，墨家从实用的角度，一方面维护礼仪制度对社会和个人的规范作用，另一方面强调周代礼乐制度在发挥“兴天下之利，除天下之害”③功用上的欠缺，从而提出了一套不同于周代礼乐制度的诸如薄葬短丧等礼仪制度来弥补。可见，墨家承继着一条将礼仪制度形式化和工具化的建构

① 何晏注，邢昺疏：《论语注疏》，第238页。

② 牟宗三：《中国哲学十九讲》，上海古籍出版社1997年版，第59页。

③ 吴毓江撰，孙启治点校：《墨子校注》，中华书局1993年版，第176页。

路向。

对于墨家这一路向，荀子判定为“墨子蔽于用而不知文”[①]。这一判定可谓一语中的，墨家在丧葬制度上就体现出这一“蔽于用而不知文”的特征。但需要指出的是，墨家所提倡的“用”并非个人的一己之私用，而是“兴天下之利，除天下之害”，维护全天下人之利益的公用。墨家认为丧葬制度是习俗，如果以厚葬久丧为政，“国家必贫，人民必寡，刑政必乱”[②]，所以应该本着“兴天下之利，除天下之害”的原则来变更这种不合理的习俗。显然，墨家认为丧葬制度只是满足兴利除害功能的工具而已，一旦发生不合乎时用问题，这个制度自然可以变更。

与“蔽于用”的墨家不同，儒家将礼仪内在化、生命化，提倡“生，事之事礼；死，葬之以礼，祭之以礼”[③]，主张在践履“礼”中“文”化生命，成就一个能够贯穿现世与来世、沟通生者与逝者的人文世界；并认为个体生命“文”化的同时，也可使群体生命“文”化，故曾子曰：“慎终追远，民德归厚矣。”[④]这一人文世界的构建，是以人之生命具有物质和精神两面为前提的，是基于人的德性生命之上的。在儒家看来，德性生命作为一种精神生命，并不是同自然生命或情欲生命相对峙的。儒家一贯主张先富后教，在满足人们情欲生命需要的基础上，实施“文”化以将情欲生命提升为德性生命。只不过儒家并不是一味满足情欲生命之需要，而是注重满足情欲生命之需要时要与德性生命之成就相适应，认为“不义而富且贵，于我如浮云”[⑤]。由于儒家对德性生命的推重，因而其更关注自然生命升进为德性生命，主张将一个生理之我升化为道德理性之我。

墨家之所以将礼仪形式化、工具化，轻忽人文世界的建构，是同其肯定生而具有的饥而欲得食、寒而欲得衣和劳而欲得息的自然生命或情欲生命倾向分不开的。这种看待生命的视域让生命单面化，没了深度、高度，不太注重经过“文”化的精神生命。在墨家看来，“(儒)厚葬久丧，重为棺椁，多为衣衾，送死若徙。三年哭泣，扶后起，杖后行。耳无闻，目无见。此足以丧天

---

① 王先谦撰，王啸寰、王星贤点校：《荀子集解》，中华书局 1988 年版，第 392 页。

② 吴毓江撰，孙启治点校：《墨子校注》，第 266 页。

③ 何晏注，邢昺疏：《论语注疏》，第 16 页。

④ 何晏注，邢昺疏：《论语注疏》，第 9 页。

⑤ 何晏注，邢昺疏：《论语注疏》，第 91 页。

下”[①]，认为儒家提倡的厚葬久丧是对人的自然生命的戕害。具体说来，墨家之所以反对厚葬久丧的原因有三：一是如果以厚葬久丧为政，“国家必贫，人民必寡，刑政必乱”；二是尧、舜、禹时代并不实行厚葬久丧，所以厚葬久丧也不是“圣王之道”；三是丧葬制度不是“仁义之道”，只是“便其习而义（宜）其俗”[②]而已。墨子举例说：越国东边有个国家，人们生了长子，就把他吃掉，这样叫作“宜弟”；父亲死了，便把母亲丢弃野外，说是“鬼妻”不可同居。像这些，都是上面以此为政，下面随之形成风俗，大家跟着做，并不存在仁义不仁义的问题。既然丧葬制度是习俗，并且厚葬久丧不符合“圣王之道”，尤其是还容易侵害人们的自然生命，导致国贫、民寡和政乱，那么就应该本着“兴天下之利，除天下之害”的原则而变更这种不合理的习俗。

正是儒、墨两家对丧葬等礼仪制度所关怀的价值目标理解不一，才影响了孟子和夷子在论辩中对丧葬制度的重视程度不一。孟子认为厚葬久丧制度更利于感念“三年免于父母之怀”的养育之恩，通过人人“报本反始”[③]，构建一个能够贯穿现世和来世、融通个体与群体的人文世界，让“民德归厚”，化解人之自然生命或情欲生命负面影响，升华为一种有深度、高度、广度的德性生命，从而增进人的道德理性，挺立人的道德主体性。相比较而言，薄葬短丧过多从有利于满足人的自然或情欲生命出发，不“报本反始”，不关注践行丧葬制度的主体道德理性增益与否，只关注能否最大限度地满足人们之单面化的情欲生命。由此，儒家反对这种薄葬短丧制度，但并不是一味地重视这个“厚葬久丧”的形式。孔子认为有比这个形式更重要的“礼之本”，指出“礼与其奢也，宁俭；丧与其易也，宁戚”[④]，坚决反对在丧葬礼仪上追求外在奢华，更看重对父母逝去的内在感伤、对父母之恩的内在感念。

的确，人生而具有的自然或情欲生命之本性是自爱自利的，如果一味顺之则会致乱。儒家用丧葬制度所构建的一个能够贯穿现世和来世、融通个体与群体的人文世界来升华人的自然生命或情欲生命，以化解它们的负面影响。墨子对自然或情欲生命的负面影响也有充分的警醒，论道：“子自爱不爱父，故亏父而自利。弟自爱不爱兄，故亏兄而自利。臣自爱不爱君，故

---

① 吴毓江撰，孙启治点校：《墨子校注》，第706页。

② 吴毓江撰，孙启治点校：《墨子校注》，第268页。

③ 郑玄注，孔颖达疏：《礼记正义》，北京大学出版社1999年版，第788页。

④ 何晏注，邢昺疏：《论语注疏》，第30页。

亏君而自利。此所谓乱也。虽父之不慈子，兄之不慈弟，君之不慈臣，此亦天下之所谓乱也。父自爱也不爱子，故亏子而自利。兄自爱也不爱弟，故亏弟而自利。君自爱也不爱臣，故亏臣而自利。是何也？皆起不相爱。”[①]这段文字活脱脱地勾画出人人自爱自利的世态人情。如果顺着这种自爱自利的情欲生命任意发展，那么君臣父子间就不会存在和谐的关系，天下也不会成为整体和谐有序的有道治世。

如何对治这一自爱自利的人情，以实现社会整体和谐有序，墨子没有选择儒家以礼乐文化升华情欲生命而至德性生命之路，而是积极提倡“兼相爱交相利”的主张，要求把这一主张内化成信念力行之，做到“视人之国若视其国，视人之家若视其家，视人之身若视其身”[②]。从文意上看，这里的“兼”与“交”互文见义，都是相互的意思。通过“兼相爱”可以实现“双赢”（即“交相利”），即“兼相爱交相利”能够对治自爱自利以实现社会整体和谐有序。

由上可见，儒、墨两家在如何化解人之自然生命或情欲生命带来的致乱之危害上，也存在分歧：一个提倡践行合理的丧葬礼仪等制度，增益道德理性以范导自然生命；一个主张秉持兼爱天下的价值理念，通过教化天下把这一理念变成每个人的行动信念，以实现天下和谐有序。墨家认为，丧葬等礼仪制度对将兼爱理念化为行动并没有什么功能，相反，兼爱理念则起到范导丧葬等礼仪制度如何践行的功能。由此，墨家、儒家对丧葬的礼仪制度践行的重视程度不同，前者对提倡兼爱天下价值理念更注重。

三、一本与二本

儒、墨两家都提倡用爱的伦理对治人的自私情欲，救治无道乱世，都提倡“遍爱他人”的价值关怀。知道这个“遍爱他人”的理念和宣扬这一理念不难，难就难在如同曾子所讲的，实现“仁以为己任”“死而后已”，将这一理念转化成毕生践行的信念。这需要明确实践“遍爱他人”价值理念的根据应该是什么。

按照墨家的理解，本来兼爱天下是“兴天下之大利，除天下之大害”的事业，那么何以还有引起祸乱的人人自爱自利的世态人情？墨子认为，这主要

① 吴毓江撰，孙启治点校：《墨子校注》，第154页。
② 吴毓江撰，孙启治点校：《墨子校注》，第159页。

是“今天下之士君子，知小而不知大”[①]。“兼相爱交相利”实现的是社会整体和谐有序之大利，而个人的自爱自利满足的是个体需要之小利。墨子认为，社会整体和谐有序之大利高于人人所自爱的个体之小利，但世人恰恰囿于“知小”，只知道自爱自利，而不“知大”，不能明白“顺天意者，兼相爱交相利”[②]、“爱人利人，顺天之意”[③]。可见，墨子“兼爱说”的提出，显然基于主体生而具有的自然生命或情欲生命，但为了扭转自然生命或情欲生命所引起的自爱自利，墨子又要求将“兼相爱交相利”之“天志”作为主体实施“兼爱”的根据。

在墨子看来，“天志”是规约主体行为的最高标准，他将此称作“法仪”。他认为，天下的父母、老师、君王，因为都难以避免情欲生命所引起的自爱自利，所以不足以成为全天下的“法仪”。而“天之行广而无私，其施厚而不德，其明久而不衰”[④]。“行广”含有普遍有效的意义，“无私”含有客观、公正的意义，“施厚而不德”是无私的表现，也含有客观、公平之意，“明久而不衰”表示功效之长久。正是“天”具有这些超越品格，所以“天志”可以成为人世之最高“法仪”。于是，在墨子心目中，“天志”成为人们行为的规矩，故而说：“我有天志，譬若轮人之有规，匠人之有矩。轮匠执其规矩，以度天下之方圆，曰：中者是也，不中者非也。”[⑤]

不过，只有“知大”者，才能遵循“天志”，做到“爱无差等”，“视人之国若视其国，视人之家若视其家，视人之身若视其身”[⑥]。这里的“爱无差等”并不是说“人”之国、家、身与“其”之国、家、身在现实上没有差别，而是从价值理想上说，“人”之国、家、身与“其”之国、家、身应该等同，反映了一种“爱人若己”的思想，即以己心之感受和需要去量度别人之心的感受和需要。是故，“兼爱”有两个层面：其一是人承“天志”所成就的“爱无差等”的价值理念；其二是基于现实差别的“爱人若己”式的兼爱实践。前者解决的是兼爱伦理的实践根据，后者是兼爱伦理现实的实践形式，二者并不矛盾。在这个意义上，夷子认为“爱无差等”是以天志作根据的价值理念，“施由亲始”是践行

① 吴毓江撰，孙启治点校：《墨子校注》，第 293 页。
② 吴毓江撰，孙启治点校：《墨子校注》，第 294 页。
③ 吴毓江撰，孙启治点校：《墨子校注》，第 305 页。
④ 吴毓江撰，孙启治点校：《墨子校注》，第 30 页。
⑤ 吴毓江撰，孙启治点校：《墨子校注》，第 296 页。
⑥ 吴毓江撰，孙启治点校：《墨子校注》，第 159 页。

“爱无差等”理念的形式，大公无私的天志保障了兼爱理念，“爱别人亲若己亲”的“施由亲始”是践行兼爱理念的形式，故两者并不冲突。然而，孟子何以认为“爱无差等”同“施由亲始”是相互冲突的呢？[①]

孔门弟子宰我曾如墨家一样，从现实功用的角度质疑儒家“三年之丧”过久。对此，孔子只是追问宰我：“食夫稻，衣夫锦，于女安乎？”当听到宰我以“安”作答时，夫子慨叹：“予之不仁也！子生三年，然后免于父母之怀。夫三年之丧，天下之通丧也。予也有三年之爱于其父母乎？”[②]这段文字表明儒家丧葬制度充盈着儿女对父母的亲情，这种亲情成为儒家以礼乐“文”化生命的内在根据，故而体现亲情的孝悌成了“为仁之本”。在与夷子论辩的末了，孟子也借孝子不忍看到父母葬身于沟壑而遭“狐狸食之，蝇蚋姑嘬之”的惨状从而掩埋之的事例，指点人人内在固有的“不忍人之心”。孝子“其颡有泚，睨而不视”，呈露了其爱亲之情发于内心，自不容已，以至“不能不视，而又不忍正视，哀痛迫切，不能为心之甚也”[③]。此“不安”“不忍”之心，即是孟子所说的“恻隐之心，仁之端也”[④]，将其扩充至极就可以成就人之所以为人的“仁”德，故而孟子说：“人皆有所不忍，达之于其所忍，仁也。”[⑤]这种扩充内在道德心(恻隐之心等)之端至其极的过程，即是孟子所说的“尽心”。在孟子看来，通过“尽心”，不仅可以“知性”，明晓人之所以为人的根据，以挺立道德人格，还可以“知天”，与天道相契合，达至“上下与天地同流”的境界。可见，这种由爱亲之心引发的“不忍人之心”或“恻隐之心”，即是孟子所主张的冲破自爱以实现遍爱的超越根据。如果缺失了这一根据，则“非人也”。人之所以异于禽兽，人之所以为人，全系于此人人生而内具的“不忍人之心”或“恻隐之心”的觉醒与跃动。这一根据与墨家外在于主体生命的“天志”不同，而是既内在于主体生命，又可上达于天。故孟子“施由亲始”的根据透显出一种内在品格，而夷子“爱无差等”的根据则体现为一种外在品格。

如此一来，孟子所理解的“施由亲始”就成了由爱亲之情豁醒“不忍人之心”或“恻隐之心”的过程。在孟子看来，一则“不忍人之心”或“恻隐之心”可

---

① 何晏注，邢昺疏：《论语注疏》，第242页。

② 吴毓江撰，孙启治点校：《墨子校注》，第305页。

③ 朱熹撰：《四书章句集注》，中华书局1983年版，第263页。

④ 赵岐注，孙奭疏：《孟子注疏》，第94页。

⑤ 赵岐注，孙奭疏：《孟子注疏》，第399页。

以逐步扩充，实现“尽心、知性、知天”；二则由于人人各亲其亲，又是人性自然真实的呈露，故“不忍人之心”或“恻隐之心”的扩充是有等差次第的。如石投水中所形成的水波，由内向外、由远及近地不断展衍，“不忍人之心”或“恻隐之心”也是按照现实关系的等差次第，由近及远、先亲后疏地展现。譬如，孟子主张的“亲亲而仁民，仁民而爱物”①，一方面由于“不忍人之心”或“恻隐之心”不断扩充，故而冲破自爱以遍爱他人乃至他物，彰显着爱的普遍性；另一方面这种扩充又存在着一个“亲亲—仁民—爱物”的等差次第，彰显着爱的特殊性。从这个意义上，孟子主张的“施由亲始”是在形下的“爱有差等”中保持和扩充“不忍人之心”或“恻隐之心”，是在实现个体差等之序的基础上实现整体和谐。孟子这种整体和谐和个体差等之序相统一的“施由亲始”，同儒家所提倡的“和而不同”的原则相符，主张只有多样性的统一而非无差别的同一，才能真正形成和合格局。

要之，孟子的“施由亲始”带来的是一个整体有机和谐和个体差等之序相统一的人文世界；而夷子的“爱无差等”，因为主张一视同仁，无有分别，故缺失了个体差等之序，冲击着儒家所提倡的“君君、臣臣、父父、子子”等人之大伦。“爱有差等”的根据，在孟子那里呈现为内在的道德心，而“爱无差等”的根据则呈现出外在的天志；“施由亲始”的实践，夷子厚葬其亲的行为，恰恰体现了“亲亲”差等之爱的实践，而不是“爱别人之亲若己亲”的实践。故而，在孟子看来，夷子“爱无差等”价值理念同自己“施由亲始”的实践是相互冲突的，进而认为夷子“爱无差等”的兼爱伦理犯了“二本”的错误。

宋代理学家程颐吸取了孟子的这一识见，明确将墨家的兼爱伦理判定为“二本而无分”。“二本”概念的提出，由上文可知，与对“若保赤子”理念的诠释相关。“若保赤子”语出《尚书·周书·康诰》：

> 王曰：“呜呼！封，敬明乃罚。人有小罪，非眚，乃惟终，自作不典，式尔，有厥罪小，乃不可不杀。乃有大罪，非终，乃惟眚灾，适尔，既道极厥辜，时乃不可杀。”
>
> 王曰：“呜呼！封，有叙，时乃大明服，惟民其敕懋和。若有疾，惟民其毕弃咎；若保赤子，惟民其康乂。”②

---

① 赵岐注，孙奭疏：《孟子注疏》，第377页。

② 孔安国传，孔颖达疏：《尚书正义》，北京大学出版社1999年版，第363～364页。

《康诰》是周公告诫康叔（名封，周武王的同母幼弟）治理殷民的诰词。在怀具“忧患意识”[1]的周初统治者看来，刑罚虽然是一种管理民众的有效手段，但过分滥用，就会适得其反。因此，能否合理运用刑罚，对民众能否“懋和”（和顺相处）以及民意呈向背之势的形成至关重要。在《康诰》中，周公提出要“克明德慎罚”，一再告诫康叔要“敬明乃罚”，提醒康叔要以“敬”的心态明晓刑罚的合理运用，提倡根据不同的情势采用不同的刑罚。同时认为，如果某人有小罪，但不是过失，而是经常自作不法，即使他的罪行小，也不可不杀；假如某人有大罪，不是经常自作不法，而是一种过失，只要其坦白了自己的罪行，这个人就不可杀。除了以理性来“慎罚”百姓外，周公还要求“明德”，强调在管理民众时要“若保赤子”，而非“以百姓为刍狗”，要求看待臣民犯罪如同自己有病一样，爱护臣民如同保护小孩一样，这样臣民就会完全抛弃罪恶，康乐安定。可见，“若保赤子”体现了周公在管理民众上所具有的民本意识。

就“若保赤子”所体现的民本意识而言，统治者应以民为本，要敬德保民、明德慎刑，对民众要保护、爱护，而不是一味地滥施刑罚。如同看见“赤子匍匐将入井”，不管其是邻人之赤子还是兄之赤子，都应该去救助一样，不管民众是什么等级分位，也应该去保护、爱护。这一点为孟子和夷子两人所共同肯认。但在对“若保赤子”的发生根据上，两者看法有歧。“若保赤子”源于周初“忧患意识”所引发的道德理性。在这一道德理性规约下，见赤子匍匐入井，会明确这不是赤子的过错，只是因为赤子对入井的危害缺乏自觉，才匍匐入井，这样每个人的道德意识便自然跃然呈现，生出恻隐之心，产生救助之意。这就是孟子所说的“今人乍见孺子将入于井，皆有怵惕恻隐之心”[2]。是故，“若保赤子”诚如朱熹所注，在于说明“本为小民无知而犯法，如赤子无知而入井耳”[3]。也就是说，在道德理性的规约下，统治者对待臣民，不能只是以冰冷如铁的法条律令刑罚之，而应对他们受刑受罚产生恻隐，从而保之、爱之。

---

① 徐复观先生指出：“忧患意识，乃人类精神开始直接对事物发生责任感的表现，也即是精神上开始有了人的自觉的表现。”（徐复观：《中国人性论史》，九州出版社 2014 年版，第 20 页）

② 赵岐注，孙奭疏：《孟子注疏》，第 93 页。

③ 朱熹撰：《四句章句集注》，第 262 页。

可见，孟子是以内在的“不忍人之心”或“恻隐之心”作为“若保赤子”的根据，这是对周初人文精神的承接，更符合《康诰》文意。与孟子不同，夷子不是以内在路向来探寻“若保赤子”的根据，没有像孟子那样，将有意志的神性天人“文”化为德性天，通过内在地尽心来知性、知天，由一个自然生命或情欲生命升进和转化为“上下与天地同流”[①]的德性生命。在他看来，“天”是一个有意志的神性“天”，这一神性“天”是以“爱无差等”为意志的，所以通过承接外在的“天志”，可以实现“兼相爱交相利”。故夷子不同于孟子，主张以公而无私的“天志”作为“若保赤子”的根据。夷子认为，因为至公无私的“天志”要求博施济众、遍爱一切，所以要爱别人的父亲如同爱自己的父亲，将别人的父亲同自己的父亲并立，两种爱共存，一视同仁，“爱无差等”，无有分别。

从这个意义上讲，我们生命中就会有两个同等重要的父亲，需要对其予以同等的关爱。然而，在孟子看来，本来“天之生物也，使之一本（一个根源、一个父亲）”；夷子这种“爱无差等”，则成了“二本”（两个根源、两个父亲）。由此推之，诚如朱熹所言：“‘爱无差等’，何止二本？盖千万本也。”[②]如此一来，“爱无差等”推到极端，则流于“无父”，破坏了儒家“父父、子子”的人之大伦。

孟子这种“天之生物，使之一本”的思想，肯认了一个和谐一体的有机世界。朱子注曰：“且人物之生，必各本于父母而无二，乃自然之理，若天使之然也。”[③]从生物学上言，所有的人物各自所本的生成来源（父母）是唯一的，不可能有两个来源，并且都各自和自己的父母构成一个有机整体。然而，如果缺失了“一本”意识，人们就会认为自己父母同自己并不是一个有机整体，而是和别人父母处于同等位置，沦为“二本”（两个同等位置的父母）。

既然人和父母之间是个血气相通、骨肉相连的有机整体，故可以痛痒相关、息息相感。虽为一整体，但子各爱其亲，父各爱其子，这是人性自然真实的流露，所以爱有亲疏，不可“爱无差等”。这一爱亲之心也不是囿于自己与亲人这个整体，因为通过爱亲之心所豁醒心之“善端”（道德意识），可以推及他人，实现“老吾老以及人之老，幼吾幼以及人之幼”和“亲亲而仁民，仁民而

① 赵岐注，孙奭疏：《孟子注疏》，第358页。

② 黎靖德编，王星贤点校：《朱子语类》，中华书局1994年版，第1313～1314页。

③ 朱熹撰：《四书章句集注》，第262页。

爱物”[①]，从而使得天地人物也成为一个有机整体。这个有机整体既有整体和谐，并不是杨朱所主张的“拔一毛而利天下不为也”[②]的自私自利，也有个体等差次第，并不是墨家之“无分”“无别”。

“一本”还可以从爱的实施根据上来理解。在孟子看来，爱亲之心、“若保赤子”之心，同不忍看到父母葬身于沟壑而遭“狐狸食之，蝇蚋姑嘬之”的“不忍”之心是一样的，皆是心之“善端”（道德意识）。孟子“施由亲始”的根据，就是这一人生而内具的“善端”。由内在的生而即具的“善端”出发，“施由亲始”是正当的，故夷子厚葬其亲是无可厚非的；但若以外在的至公无私的“天志”作为爱之实施根据，那么“爱无差等”是正当的，厚葬其亲是不对的。因为夷子理论上主张“爱无差等”，而现实中却“厚葬其亲”，所以在儒家看来，夷子理论上的实施根据和现实中的实施根据为二（“二本”）。故而朱子指出：“人之有爱，本由亲立；推而及物，自有等级。今夷子先以为‘爱无差等’，而施之则由亲始，此夷子所以二本矣。”[③]

总之，无论是前一种作为生成之根源意义上的“本”，还是后一种作为爱之实施根据意义上的“本”，都可以说夷子犯了“二本”的错误。前者意义上的“一本”彰显了一个和谐一体有机世界，后者意义上的“一本”凸显了爱之实施根据的内在品格。

四、义内与无义

如上所说，与杨朱的为我伦理不同，墨家提倡的兼爱伦理反对自爱自利的行为，提倡冲破自爱以遍爱他人；在提倡普遍之爱上，其与儒家相类，但两者还是有着根本上的不同。程颐就认为墨家“兼爱而无义”“二本而无分”的兼爱说是“义之贼”。显然，他以有“义”无“义”作为区分儒家仁爱和墨家兼爱的标准之一。然而，墨家同样“贵义”，认为义是“天下之良宝”[④]，是“天下之大器”[⑤]。那么，儒、墨两家所说的“义”有何不同？

---

① 赵岐注，孙奭疏：《孟子注疏》，第 377 页。
② 赵岐注，孙奭疏：《孟子注疏》，第 366 页。
③ 黎靖德编，王星贤点校：《朱子语类》，第 1313 页。
④ 吴毓江撰，孙启治点校：《墨子校注》，第 658 页。
⑤ 吴毓江撰，孙启治点校：《墨子校注》，第 708 页。

朱子说："义，宜也。是非可否处之得宜，所谓义也。"[①]所谓"义"，即是宜，就是应该、当然之意。孔子主张人应该依"义"而行，要求人的行为须合乎当然之则，应该做的即做之，不应该做的则弃之，不应该考虑个人的利害得失。所以他说："君子喻于义，小人喻于利。"[②]并云："君子义以为质，礼以行之。"[③]孟子承继了这一思想，并且把仁与义合成"仁义"，认为"仁，人之安宅也；义，人之正路也。旷安宅而弗居，舍正路而不由，哀哉"[④]，将仁义共同作为人之行为的基本准衡。可见，儒家所说的"义"与其德性优先的立场相连，其所关注的行为是成就人之德性生命的行为，所以当自然生命的维护与德性生命的成就发生冲突时，其提倡舍生取义。

墨子认为"义者，正也"，"义，利也"[⑤]。据此可知，墨家所说的"义"包括"正"和"利"两个意思。"正利"，就是公正的利，对私人与公众都是好的，都是正当的。故墨子在《耕柱》篇中指出："今用义为政于国家，人民必众，刑政必治，社稷必安，所为贵良宝者，可以利民也。而义可以利人。故曰：义，天下之良宝也。"可见，墨子心目中的"义"和"利"相连，不过他所说的这种利不是个人私利，而是利国利民的公利。和其注重功利的立场相连，其所说的行为是"兴天下之利，除天下之害"的行为，故而其创始人墨子可以为利天下而自苦力行。当有人问墨子："今天下莫为义，子独自苦而为义，子不若已！"墨子慨然作答："今有人于此，有子十人。一人耕而九人处，则耕者不可以不益急矣。何故？则食者众而耕者寡也。今天下莫为义，则子如劝我者也，何故止我？"[⑥]不因天下人不为义而终止自己的为义行为，而是加倍地为义，墨子如此胸襟令人敬仰。但其义行所达至的目标是"兴天下之利，除天下之害"，是实现天下之公利、大利，而非成就儒家所追求的"上下与天地同流"般的德性生命境界。总之，儒、墨两家分别由德性和功利两个角度来理解义的意涵。

另外，儒、墨两家对"义"的发生根据有着不同理解。义与仁相比，更具

① 黎靖德编，王星贤点校：《朱子语类》，第 2420 页。
② 何晏注，邢昺疏：《论语注疏》，第 51 页。
③ 何晏注，邢昺疏：《论语注疏》，第 213 页。
④ 赵岐注，孙奭疏：《孟子注疏》，第 199 页。
⑤ 吴毓江撰，孙启治点校：《墨子校注》，第 318、469 页。
⑥ 吴毓江撰，孙启治点校：《墨子校注》，第 685 页。

客观性，故与孟子同时的告子就指出："仁，内也，非外也；义，外也，非内也。"[①]在告子看来，之所以发生敬长的正当行为，其关键在于长者存在的客观事实。而孟子认为，义同仁一样都具有内在性，其称："恻隐之心，仁也。羞恶之心，义也。"[②]仁与义都是人生而即具的内在"善端"。在他看来，敬长行为的发生不是源于对方是长者这个外在事实，而源于人生而即具的见长者自然能敬的道德意识。按照告子的看法，敬长行为的发生是一种外在认知的结果；而依孟子的看法，敬长行为的发生则是内在的道德心（恻隐之心或羞恶之心）逐步扩充的结果。"恻隐之心"或"羞恶之心"按照现实关系的等差次第，由近及远、先亲后疏地发用流行，此即儒家所说的"义"。譬如，孟子主张的"亲亲、仁民、爱物"，一方面由于道德心不断发用，故而冲破自爱以遍爱他人乃至他物，彰显了仁；另一方面这种发用又存在着一个"亲亲—仁民—爱物"的等差次第，彰显了义。

同告子一样，墨家也不主张"义"的发生根据具有内在性，而认为作为天下之良宝的"义"，同"兼爱"一样，是自天而出的。墨子指出：

> 义不从愚且贱者出，必自贵且知者出。何以知义之不从愚且贱者出，而必自贵且知者出也？……夫愚且贱者，不得为政乎贵且知者。（贵且知者）然后得为政乎愚且贱者。此吾所以知义之不从愚且贱者出，而必自贵且知者出也。然则孰为贵？孰为知？曰：天为贵、天为知而已矣。然则义果自天出矣。[③]

墨子认为，义从贵者、智者出，而天最贵、最智，故义应该从天出。在墨子看来，天是有意志的，天的意志是欲义而恶不义，所以他才说："天之志者，义之经也。"[④]又说："顺天之意者，义之法也。"[⑤]据此可知，墨子所理解的"兼爱"和"义"的发生根据相同，皆是"天志"。在儒家看来，墨家所提倡的这种"义"是告子所说的"义外"之"义"。这种"义"所引起的行为正当性的根据，不是系于内在道德意识之豁醒，而系于服从至公无私的"天志"。从这个意义上可以说，墨家所说的"义"，不是儒家所重的"义"，故程颐认为墨家的兼爱学

---

① 赵岐注，孙奭疏：《孟子注疏》，第 296 页。

② 赵岐注，孙奭疏：《孟子注疏》，第 300 页。

③ 吴毓江撰，孙启治点校：《墨子校注》，第 302～303 页。

④ 吴毓江撰，孙启治点校：《墨子校注》，第 323 页。

⑤ 吴毓江撰，孙启治点校：《墨子校注》，第 307 页。

说是“无义”之说。

要之，正是墨家对以内在道德理性升华人之自然生命或情欲生命问题的忽视，着眼于如何最好地满足人之自然生命或情欲生命，提出“兼相爱交相利”的价值理念，引进“天志”这个外在权威作为这个价值理念正当性的保障，造成了理念实践上外在“天志”要求“爱无差等”、人的情欲却要“爱有差等”的冲突。夷子厚葬其亲就是这种冲突的表现，他提倡的以“爱无差等”的价值理念作为“理一”、薄葬或厚葬等实践形式作为“分殊”的观念，没法在现实实践中实现，只能是思想王国里的“理一分殊”，而不是生活世界里的“理一分殊”。

在生活世界里，实践“遍爱他人”的根据只有一个，不是外在的天志，而是每个人固有的道德意识。道德意识越强，人的自然生命或情欲生命越升华，自利自爱的情欲就会越弱，“遍爱他人”的程度就会越高。孔子称此“为仁由己”[①]。墨家从天志讲遍爱，造成了实践根据的二本化，无法实现实践根据的“理一”。在具体的对“遍爱他人”理念的践行中，道德意识的呈现需要不同的具体情境：见了父亲，孝的意识就呈现；见了兄长，悌的意识就呈现；见了孺子入井的情境，仁心就呈现。正是道德意识这个根据需要在生活世界具体情境中呈现，所以儒家的遍爱他人的价值关怀才有了“分殊”层面。

从墨家夷子在生活世界里厚葬其亲的事实可以看出，他们所提倡的兼爱理念一旦到生活世界里，就又遵行“爱有差等”的实践逻辑，与那些无法自觉自身固有道德意识的自爱自利的人没了本质区别。如果没了生活世界中具体情境作为兼爱实践机缘，这一价值理念容易蹈虚，成为价值“乌托邦”里的大爱。子贡问如果一个人能够兼爱天下，“博施于民而能济众”，是不是一个仁者？孔子虽然没肯定，但提出仁者是在生活世界里“能近取譬”的人，子贡说的那种人容易是“乌托邦”里的人。从这个意义上可以说，理学家对墨家“二本而无分（义）”的判定，是对墨家所构造的价值“乌托邦”与现实生活世界冲突的批判。儒家仁爱实践致力于以人文世界升华生活世界、以德性生命升华自然生命，两个世界是“一本”；但墨家兼爱实践则致力于以神性世界构造价值“乌托邦”，这个“乌托邦”与生活世界脱节，沦为“二本”，同时缺失了以生活世界中的情境化作为实践机缘，由此又沦为无分（义）。

---

① 何晏注，邢昺疏：《论语注疏》，第157页。

道德旁观与道德消费

——关于孟子“推扩”心理的再反思

蓝法典

摘要：与现代社会的道德旁观现象类似，《孟子》中的“见牛未见羊”现象揭示出：虽然人皆有不忍之心，但不是人人皆能将其推扩。要解读这一现象，必须撇开孟子性善论立场的先入为主，回到齐宣王本人的语境中审视其心理的变化过程。总体而言，孟子强调的不忍之心，对齐宣王而言主要意味着一种心理平复所带来的道德欲求的满足。这种满足感对应于人皆有之的恻隐之心乃是一种原始意味的被动道德欲求，而孟子希冀齐宣王具备的却是一种“不谓命”式的君子道德意志。两者在外向推扩方面的动力差别，造就了“见牛未见羊”现象。引申而言，促使齐宣王做出行为反应的被动道德欲求，更普遍地以一种旨在使行为主体获得道德满足感的消费形式而存在，使得人们往往将道德等同为一种道德消费①，并因满足感获得途径的便宜，而过高估计了自己践履道德的真实能力。故而，每当身临困境时，人们习惯以一种旁观者的角色介入其中，拒绝或不能担负相应的道德责任，由此出现了常见的道德旁观现象。因而，“推扩”的心理基础或更应被理解为一种不得满足的负疚感，以及由此激发的使他人从中获得解脱的决心，而不能简单架构于恻隐之心的“人皆有之”上。

关键词：道德旁观　道德消费　孟子　见牛未见羊　推扩　恻隐之心　道德欲求

本文系国家社会科学基金青年项目“明代士大夫话语体系转型研究”（17CZX026）阶段性成果。

蓝法典，山东师范大学齐鲁文化研究院副教授，主要从事儒家哲学研究。

① 道德消费（Ethical Consumption）通常意义上指的是消费者对合乎道德要求的产品的消费行为。譬如广为人知的环保主义宣传口号“没有买卖就没有杀害”，正是呼吁消费者自觉抵制不合乎人类道德标准的毛皮交易。本文的“道德消费”一词特指消费者自身的道德欲求并未转化为行为而仅在消费中获得满足的现象。

现代社会中存在一种道德旁观现象：面对受害人需要救助的情况，他人往往选择视而不见的冷漠态度。自 2006 年彭宇案发生后，路人在遇见需要搀扶的老人时便开始更为审慎地对待自己的选择。这种状况的出现，虽然可以归咎为彭宇案造成的消极社会影响使人们觉得"好人没好报"，但事实上道德旁观心理并不是因彭宇案才有的一种特殊心理现象，而是普遍存在于人们心中的道德倾向，彭宇案仅促使人们更加认同这种道德旁观心理在经验世界的合理性。无独有偶，2011 年 10 月 13 日，广东两岁女童王悦在佛山市被两车相继碾压之后，7 分钟之内有 18 名路人从其身边路过但都选择了漠然离去。《佛山日报》用《这一天，他们令佛山蒙羞》[①]的醒目标题报道了整件事情的过程。有趣的是，在《佛山日报》19 日登载的关于"如果你是儿童被碾的目击者，当时你会怎么做"的微博投票调查中，79％的参与者选择当时拨打 120，14％的参与者选择当场将孩子从路中抱起。[②] 针对参与者事后表现出的高昂道德意愿与路人当时表现出的道德麻木的巨大落差，我们有理由认为，这并不是一个简单的传统道德观念受冲击的问题，否则人们事后也应表现出同样的冷漠才合乎情理。因而，问题的关键似乎并不在于道德价值观的扭曲，而是人内心所认可的道德价值不能及时转化为实际生活中的道德行为。

然而，依照中国的性善论传统，恻隐之心的推己及人为什么一方面被认作是理所当然的事情，一方面却又无法在生活中真实有效地发挥作用呢？现实情况中，遭遇挑战的显然不是恻隐之心的存在与不存在。因为人们事后表现出的高昂的道德意愿已经证明了恻隐之心的存在，而是道德行为的践行问题，即恻隐之心何以不能自由推扩至他人之身，塑成客观的道德行为。这个疑问又可被细分为两个问题：一是为什么当事人虽有恻隐之心却缺乏帮助他人的道德意愿，二是什么阻碍了这种道德意愿变成道德行为？前者表征出一种"推扩"的不能，后者表现出一种"伪推扩"的心理状态，二者皆可自"推扩何以不能"的角度获得一种理解。因而，本文试图梳理、推究孟子的"推扩"心理，分析道德旁观现象，以更合理地解读现代社会中的道德困境。

---

① 《这一天，他们令佛山蒙羞》，《佛山日报》2011 年 10 月 17 日。

② 见《佛山日报》2011 年 10 月 19 日。

一、"推扩"的不能:从"见牛未见羊"现象谈起

"见牛未见羊"现象源自齐宣王与孟子的如下一段对答:

> 曰:"德何如,则可以王矣?"曰:"保民而王,莫之能御也。"曰:"若寡人者,可以保民乎哉?"曰:"可。"曰:"何由知吾可也?"曰:"臣闻之胡龁曰:王坐于堂上,有牵牛而过堂下者。王见之,曰:'牛何之?'对曰:'将以衅钟。'王曰:'舍之!吾不忍其觳觫,若无罪而就死地。'对曰:'然则废衅钟与?'曰:'何可废也?以羊易之。'不识有诸?"曰:"有之。"曰:"是心足以王矣。百姓皆以王为爱也,臣固知王之不忍也。"王曰:"然,诚有百姓者。齐国虽褊小,吾何爱一牛?即不忍其觳觫,若无罪而就死地,故以羊易之也。"曰:"王无异于百姓之王为爱也,以小易大,彼恶知之?王若隐其无罪而就死地,则牛羊何择焉?"王笑曰:"是诚何心哉?我非爱其财而易之以羊也,宜乎百姓之谓我爱也。"曰:"无伤也,是乃仁术也,见牛未见羊也。君子之于禽兽也,见其生,不忍见其死;闻其声,不忍食其肉。是以君子远庖厨也。"王说曰:"诗云:'他人有心,予忖度之。'夫子之谓也。夫我乃行之,反而求之,不得吾心。夫子言之,于我心有戚戚焉。此心之所以合于王者,何也?"①

历来研究者对这段话的关注多半落在"保民而王""王之不忍也""君子远庖厨"等几个方面,旨在发明如朱熹所谓"不忍其觳觫"即"所谓恻隐之心,仁之端也。扩而充之,则可以保四海矣"②的道德、政治理念;对孟子提出的"王若隐其无罪而就死地,则牛羊何择焉"的反问之梳理却多半流于表面。或像朱子一样将其归为"不忍人之心"这一宗旨的旁证,谓"孟子故设此难,欲王反求而得其本心"③;或延续文本提供的"爱财"线索从实用义的角度阐释齐宣王的心理动机,如赵岐谓"无怪百姓谓王爱财也",其缘故在于"以小易大",并且"羊之为牲次于牛"④,焦循认为"牛为牲之最大,不轻用也"⑤。

---

① 赵岐注,孙奭疏:《孟子注疏》,北京大学出版社 1999 年版,第 19～20 页。

② 朱熹撰:《四书章句集注》,中华书局 1983 年版,第 208 页。

③ 朱熹撰:《四书章句集注》,第 208 页。

④ 赵岐注,孙奭疏:《孟子注疏》,第 20 页。

⑤ 焦循撰,沈文倬点校:《孟子正义》,中华书局 1987 年版,第 82 页。

赵岐、焦循的实用义阐释实际上是一种无效阐释。齐宣王在文中明确否认自己是因为爱财而以羊易牛，甚至反问“是诚何心哉？我非爱其财而易之以羊也”。尽管齐宣王的回答可能是一种掩盖自己真实心理动机的谎言，即他本是爱财却不愿背负爱财之名，但在《孟子·梁惠王下》中，齐宣王十分不解地向孟子提问：“寡人之囿方四十里，民犹以为大，何也？”这说明齐宣王心里存在一种节省的观念，相较于周文王七十里见方的园囿，他认为自己将园囿的面积限制在“四十里”已经尽到了国君“节省”的义务。所以，作为一个有意遏制自我“爱财”“敛财”欲望的君主，齐宣王对百姓认为其爱牛、爱财的评价才会感到困惑。

朱子“反求本心”的回答也有其释读的局限性。换言之，这一回答仅解读了文中孟子提出“牛羊何择”的反问，而不能解读齐宣王“以羊易牛”却不为所动的行为。关于这一行为的原因，孟子认为是齐宣王“见牛未见羊也”，看见牛之觳觫所以内心不忍，未见羊之觳觫所以内心不为所动。无论赵岐、朱子，还是焦循，他们都默许了孟子这一回答，认为这是一种“推扩”的不足，即不能由牛之觳觫而感受到羊之觳觫，所以“见牛未见羊”。“推扩”的不能并非齐宣王一人之错，而是一种普遍的现象。因此，赵岐说孟子要“解王自责之心”[①]，朱子则进一步为其开解道：“见牛则此心已发而不可遏，未见羊则其理未形而无所妨。”[②]最终，齐宣王听过孟子的回答后，喜悦地说“于我心有戚戚焉”，正面肯定了孟子对他见牛觳觫而有所不忍的解读。

倘若我们继续追问，齐宣王不能将不忍之心从牛推扩至羊的真正原因是什么？那么，孟子给出的答案就显得十分乏力了。实际上，这一追问本已内含于“牛羊何择”的反问之中，却被《孟子》文本“见牛未见羊”的答案含混搪塞过去了。具体而言，原文的解读思路预设了两种基本语境：第一种是孟子的语境，第二种是百姓的语境。以孟子的视角去理解齐宣王的行为，那么这种理解必须合乎孟子的目的要求，即旨在启发齐宣王的“不忍人之心”；以百姓的视角去理解齐宣王的行为，则这种理解必须合乎百姓的目的要求，即必须能为他们与君主之间的巨大贫富差距作出说明。因而，齐宣王虽是孟子、百姓的阐释对象，但阐释的最终结果却绕过了齐宣王而变成指向孟子与百姓自身的阐释，进而出现了齐宣王自身何以“见牛未见羊”的追问被忽略

---

① 赵岐注，孙奭疏：《孟子注疏》，第 24～25 页。

② 朱熹撰：《四书章句集注》，第 208 页。

的现象。换言之,假如齐宣王本人的回应、行为必须在某种语境中才能得到彻底并真实的解读,那么毫无疑问,必须抛弃以上两种阐释方式而回到齐宣王本人的语境中来分析他的心理状态。

齐宣王的主体语境历来一直为孟子的语境所遮蔽,故而人们很容易将孟子之回答想当然地当成齐宣王应有的回答。事实上,无论是孟子"见牛未见羊"的解读,还是朱子"反求本心"的推测,都只能算是自外界而理解齐宣王行为的一种推扩,即孟子、朱子以自己之"不忍之心"揣测、理解齐宣王之不忍之心的发生过程。但"牛羊何择"问题追问的并不是不忍之心的存在,而是不忍之心为何不能"自由"地自此推扩至彼。加之孟子在下文又以另一种方式质疑"牛羊何择",即"王之不王,不为也,非不能也"[①]。所谓"不为"与"不能"即前文"牛羊何择"质疑的引申表达:为什么齐宣王能怜悯牛,却不愿意将这种怜悯推扩至羊,或者百姓之身?

倘若前文孟子"见牛未见羊"的说法成立,那么齐宣王完全可以用我因深处宫中未见鳏寡孤独故不能老人之老、幼人之幼的推脱之词回答"不为"与"不能"的质疑,以躲避孟子道德谴责的锋芒。孟子的论说目的与此推断截然相反,并不意在用"见牛未见羊"的逻辑肯定齐宣王"不为"的举动,而意在否定这种行为。可以说,孟子"见牛未见羊"的回答并非"牛羊何择"质疑的真正答案,充其量是孟子为齐宣王寻找到的一个推脱之词,其真正目的在于说明"是乃仁术也"而促使齐宣王肯定自我的"不忍之心"。

孟子、赵岐、朱熹、焦循几乎都将"推扩"视为一种"不忍之心"基础上的理所当然之事,即"权,然后知轻重;度,然后知长短。物皆然,心为甚"[②],将不忍之心看作一种用以界定自我与他人相处方式的度量衡尺度,故而论说的重点就落在明晰人心天然具有的这种价值尺度,至于是否能够推扩,逻辑上的理所当然映衬出的却是其面对现实"不肯为"现象的无能为力。换言之,齐宣王无论做出"为"还是"不为"的选择,在其自身的语境内都是一种正常的表现,孟子能够提供的只是关于"为"的说明,而不能提供关于"不为"的说明。若想实现孟子论说不忍之心的道德目的——善有秩序、有节度地自然推扩,那么仅停留于心之能善的论说显然是不够的,必须自齐宣王的语境给出其何以不为的说明,否则人们皆可以用"见牛未见羊"的逻辑为自己开

① 赵岐注,孙奭疏:《孟子注疏》,第 20 页。
② 赵岐注,孙奭疏:《孟子注疏》,第 21 页。

脱，“不忍之心”的强调也就失去了它的意义。因而，在孟子先有“不忍”而后“推扩”的逻辑框架下，对齐宣王虽有不忍之心却不能有所推扩的心理现象就必须进行原因和意义方面的分析阐释。

二、道德欲求的自我满足：齐宣王语境中“见牛未见羊”问题的澄清

要回答这一问题，需要撇开孟子和百姓的语境而回到齐宣王本人的语境之中。尽管这一语境并不可能被百分之百地还原，但正如孟子乃是从人皆有不忍人之心的角度选择了其与齐宣王两个主体语境的交叉之处而达成了“心有戚戚焉”的“能善”之共识，我们亦可以尝试寻找自我与齐宣王主体语境“能却不为”的交叉之处，从而尽可能地对其何以“不见羊”、何以“不能推扩”的感受进行还原。

首先，自经验主义的视角而言，看见牛而不忍乃是因为牛觳觫的景象激发了人的心理波动，而处在“未见”状态的羊没有激发人的心理波动，这对于每个人而言都是最正常不过的事情。但是，人因牛觳觫而引起的心理波动既然需要在释放牛的过程中才能获得一种平息，并且事实上这种波动也的确促成了齐宣王以羊易之而谋求内心平和的决心，那么其也就意味着人自身的心理总会试图寻找某种“平息”的可能而拒绝延续之前的“波动”状态。孟子“恻隐之心”的论证正是在这一意义上肯定了人性之善在经验世界是如何可能的，即人假如面对孺子入井的外在刺激总会感到不安，就一定会展现一种平息波动的决心，并且寻找各种平息的可能。对于经验世界，这种可能性表现为一种行为介入的努力，即将刺激、引发内心不安的外在环境努力改造成一种无刺激性的外在环境。对应“孺子入井”的环境，即是将其从井口抱回的行为；对应觳觫之牛的环境，即是齐宣王以羊易牛的行为。

一方面，这种行为存在的意义即在于使内心获得平息，孟子“不忍人之心”的形容词“不忍”也明确指出行为主体之所以行为的决心来自平息内心波动之目的所提供的动力；另一方面，既然行为主体，譬如齐宣王在牛的环境中所要试图平息的是其感受到的“不忍”，那么他通过自己的行为而从中摆脱之后，显然没有理由重新回到这种“不忍”之中。换言之，齐宣王的目的在于平息波动，而非挑起波动。因此，这也就可以理解为什么他不能将自己的不忍自牛推扩至羊，毕竟这是有悖于他怜悯觳觫之牛的初衷的。从这个

角度说，齐宣王的行为并不能算一种主动意义上的道德行为，而仅是一种具有道德性质的被动应激反应。

这一分析结果虽然同样适用于孟子恻隐之心的例证，但是不必担心此种源自经验视角的分析会冲淡孟子性善论的价值崇高感。因为孟子一方面没有拒绝使用源自经验世界的证明，另一方面于此证明的基础上，他要强调的是这种具有道德性质的被动反应应该被行为主体主动认知，领受为之于性善与道德的自觉坚持。相较于耳、目、口、鼻、四肢的安佚，仁、义、礼、智以及天道这五者的实现乃是“命也，有性焉，君子不谓命也”①。

所谓“有性焉”正是指向齐宣王被动应激反应中所具有的道德性质，而其究竟能不能转化为一种主动的道德自觉，继而在政治上塑造一种群体性的道德生活，则完全取决于“君子不谓命”的实践努力。史华兹(Benjamin I. Schwartz)将其总结为“孟子的中心任务是要证明：在面对充满疑惑的世界时，优良社会的实现完全取决于好人的内在道德意向”②。然而，孟子对四端之心所作的“人皆有之”“求则得之，舍则失之”的判断，却使其与“君子不谓命”的命题之间构成了一种彼此抵牾的态势，即开发作为潜能的道德既是人人皆有而“求则得之”的简单事情，又必须是君子才能“不谓命也”的困难行为。史华兹也意识到了这一点，但如同大多数研究者一样，他一方面注意到外在环境给这种简单的“求则得之”带来的阻碍，另一方面认为艰苦的道德生活只有借助一种坚定的道德意志才能实现。③ 如果联想到儒家对三代礼乐政治的憧憬则会发现，即便孟子也同史华兹一样默许了这样一种认知，即坚持道德生活之所以会如此艰苦，多半是拜外在环境的阻碍所赐。倘若当时的政治环境不是战国，而是三代，那么性善论的倡导反而显得不是那么必要了。

问题在于，践行道德的艰苦仅仅来源于外在环境的阻碍吗？或者说，仅仅来源于外在环境对人道德意志的摧残吗？倘若真是如此，那么最有资格践行并实现儒家道德理想的人物就是古代站在权力之巅的君主。事实上，儒家向来也是这么认为的，否则孔子就不会周游列国，孟子便不会跑去劝说

① 赵岐注，孙奭疏：《孟子注疏》，第 394 页。

② 〔美〕史华兹：《古代中国的思想世界》，程钢译，江苏人民出版社 2004 年版，第 276 页。

③ 参见〔美〕史华兹：《古代中国的思想世界》，第 289、290 页。

梁惠王与齐宣王，宋明以降的士大夫就不会对“格君心”抱有高昂的热情。众所周知，儒家此种政治努力并没有为他们的道德理想画上一个圆满的句号。诚然，儒家学者之所以孜孜以求培养君主的道德人格，有着实用层面的改造政治环境的考虑，但其在一系列失败之后仍抱有如此高昂的道德热情岂不恰好说明：外在环境在人践行自我道德意志上的阻力或许并没有想象的那么大，真正的阻力并非来自外界，否则就没有理由认为在战国那样一个道德混乱的时代还会出现像孟子这样的性善论坚持者。真正的阻力来自主体内部，来自从“求则得之”“人皆有之”的道德之可能性到勇于“不谓命”的道德意志的转变。这也正是孟子论证手段所揭示的道德与论证目的所试图实现的道德之间的巨大不同。虽以前者为基点，可以确认不忍之心的存在，但只有以后者为基点才可以使齐宣王自牛而羊的“推扩”真正实现。齐宣王见牛觳觫的反应只能说是“人皆有之”的具备道德性质的被动应激反应，而他不能将其推扩至羊的局限是由于自身缺乏坚定而明晰的道德意志，故而不能越过波动平息所带来的安逸感而意识到这种波动之于自身的命定意义。就《孟子》一书中记载的孟子与国君的对话而言，孟子的全部努力似乎都用在使君主意识到一个问题，即自己是能够道德的，但这一基础并不足以充分实现德治的政治理念。原因在于“人皆有之”意味的道德，其性质虽是自发的，但目的却旨在平息具备道德性质的心理波动，缺乏向外推扩的动力；唯有这种被动的反应提升为主动的道德意志时，它才具有命定自身，乃至命定世界的可能性。自然，无论羊还是牛，都隶属这一被命定的范围。

其次，除去经验视角的普遍说明外，上述分析还需要在齐宣王本人的语境中加以验证。换言之，齐宣王本人所具有的道德性本能反应之所以拒绝被提升为君子式道德意志究竟意味着什么？

就前引《孟子》文本而言，齐宣王的主体语境主要由以下几句话构成：

> 德何如，则可以王矣？
>
> 若寡人者，可以保民乎哉？
>
> 何由知吾可也。
>
> 然，诚有百姓者。齐国虽褊小，吾何爱一牛？即不忍其觳觫，若无罪而就死地，故以羊易之也。
>
> 是诚何心哉？我非爱其财而易之以羊也，宜乎百姓之谓我爱也。
>
> 诗云：“他人有心，予忖度之。”夫子之谓也。夫我乃行之，反而求

之，不得吾心。夫子言之，于我心有戚戚焉。此心之所以合于王者，何也？

整个对话最初始于一个政治疑问：什么样的道德才能够实现"王"的理想？这一疑问一方面奠定了后续的"牛羊何择"反问与"见牛未见羊"现象的基调，另一方面映衬出齐宣王对自我道德的判断。即如同其内心有"节省"的自觉一样，齐宣王并不认为自己没有道德，而是不知"道德"如何实现王政。在他看来，道德与政治间并不存在什么必然的联系。当孟子将问题导向什么形式的道德才可以"王"即"保民而王"后，齐宣王才会用心不在焉的态度表露出对孟子答案的不以为然。原因在于，齐宣王的目光始终聚焦于道德的政治效用，而非道德本身的重要性。换言之，道德只是达成王政的手段。因而，齐宣王听闻孟子所说的一切只不过是为了"保民"，而与列强争霸的目的相隔十万八千里时，自然就不再对这一讨论产生兴趣了。像"若寡人者，可以保民乎哉"以及"何由知吾可也"的明知故问，正映衬出这一心理状态。

由此，孟子与齐宣王的对答引出了我们所要讨论的主题。孟子当然知道齐宣王的所思所想，正如他在下文批评这种意图争霸而罔顾民生的做法是缘木求鱼一样，但他并没有当时就指出这一点，而是对齐宣王因牛而生的怜悯之心大加肯定，其目的在于希望齐宣王由牛之觳觫联想到百姓生活的困苦。然而，齐宣王尽管赞赏了孟子对他不忍之心的分析，却仍不认为这能起到什么有益的政治效用，故他问："此心之所以合于王者，何也？"结果人所共知，在孟子"不为"与"不能"的批评下，这一场辩论最终不了了之。这是齐宣王主体语境的第一层，即由于政治效用的问题不能在孟子仁心保民的解释中得到解答，故而齐宣王无法认同孟子的道德说教。

奇怪的是，齐宣王明明又认可孟子对其"不忍之心"的解释。也就是说，齐宣王并没有完全不认同孟子的道德说教，而是选择性地接受了其中一部分，拒斥了另一部分。辨清二者分别是什么需要，需要满足一个前提，即将其接受与拒斥的部分理解为是否符合齐宣王本人的需要，从而使许多在孟子学说中并不合法的分析过程获得在齐宣王本人语境内的合法性。譬如，尽管道德在孟子学说中并不是一个欲求满足的过程，但此处不妨将齐宣王的"接受"与"拒斥"理解为一种欲求的满足与不满足。实际上，齐宣王没有理由必须接受孟子的意见，所以我们从欲求的角度分析齐宣王的心理状态时，也就承认了一个结论，即孟子的意见在齐宣王视域内是处在被审判的地位的。这样做的一个好处在于，可以更明晰地看到孟子提倡的“人皆有之”的道德本性是如何在各不相同的主体视域内遭遇提升为道德意志的阻力的。这是齐宣王主体语境的第二层。

首先，自第一层语境已知，齐宣王关于提升国家力量的求知欲并未得到满足，并且在与孟子的对话中也从未打消这一念头。换言之，齐宣王认为就自己国君的身份而言，这一欲求的存在是正当的。在《孟子·梁惠王下》中，齐宣王甚至已经厌倦孟子的说教，而以“寡人好货”“好色”的自然欲求搪塞孟子。孟子的回答是“与百姓同之”。然而，“与百姓同之”也就意味着齐宣王国君身份的特殊性不再有意义，基于此特殊性而有的求知欲也就不再合法。况且，当政治效用的问题被消解掉之后，齐宣王与孟子的对话本身也就失去了存在的必要。因而，在齐宣王语境内，关于国家的求知欲是不容置疑的，它是此后所有问答之所由来的原因。

其次，既然孟子并不旨在满足齐宣王的此种求知欲，但又必须在承认它的合法性前提下才能使对话延续下去，那么孟子只有一个选择，即将关于国家如何强盛的求知欲改头换面地阐释为另一种存在形式的道德欲求。换言之，“王天下”之“王”就是道德欲求意味的“霸”。如此一来，齐宣王孜孜以求的政治梦想就变成了一种道德梦想。孟子在这个逻辑下引导对话的方向，并且提醒齐宣王：满足百姓“老者衣帛食肉，黎民不饥不寒”[①]的自然欲求就是满足齐国争霸天下的政治欲求，而道德就存在于这一“满足”的对象由齐宣王本人变成齐国百姓的过程之中。因而，在道德欲求意味的“霸”的实现过程中，行为主体仍是齐宣王，行为对象却从齐宣王变成了齐国百姓。就前文波动与平息的逻辑而言，只要齐国尚有吃不饱穿不暖的百姓，那么齐宣王的内心就应该一直处于波动的状态，而停止波动的方法就是通过政治层面的行为介入改变这一外在环境。

对于接受者齐宣王而言，这又意味着什么呢？必须将齐宣王意义的有限之道德欲求替换为所有人的自然欲求总和，并在此程度上反向审视自我内心中试图平息波动的决心。换言之，孟子将齐宣王的政治求知欲替换为旨在满足齐国百姓自然欲求的道德欲求。齐宣王若要实现这一目的，只能自齐国百姓的自然欲求来定义自己的道德欲求。唯有此时，其才可能接受

---

① 赵岐注，孙奭疏：《孟子注疏》，第 24 页。

孟子的意见而将因牛生发的不忍之心推扩至羊，推扩至每一个百姓。但这也就意味着他本人的道德欲求一方面不可能得到真正的满足，内心理应一直处在波动状态；另一方面假若其唯有当百姓"无恒产，因无恒心"①的道德欲求被激发之后才可能获得一定程度的满足，那么这是否等同于原型意义的政治求知欲获得了满足呢？

我们不妨略作引申，以分析孟子这一要求的不合理性。孟子的逻辑在于礼乐秩序所意味的政治秩序需要百姓的共同努力才可能得到维系，而百姓的道德欲求在其中起到的作用是，每当出现不合乎秩序的外在环境时，每一个人都会通过自己的行为介入而使其合乎秩序。这样一来，行王政的齐国一方面成为其他国家百姓的向往之地，一方面百姓又会意识到战国这种不合乎秩序的政治现实是需要改变的。因而，在每一个人都努力改变外在环境的政治趋势下，最终西周以岐山之地代殷而兴的局面再次出现了。那么，孟子所谓"无恒产，因无恒心"所导致的"奚暇治礼义哉"②指的是哪一种道德欲求呢？是君子式的主动道德欲求，还是普通人的被动道德反应？从他描绘的愿景来看，二者皆有可能。但从他有关恻隐之心的论述来看，倘若人"奚暇治礼义哉"却仍然不妨碍救助入井之孺子，那么人试图改变环境而使自己获得心安的决心是自始至终都有的。问题出在这种决心有多大，是否大到足以覆盖整个国家，甚至天下。这显然是被动的道德反应所不能承担的任务，而必须由君子式的勇于"不谓命"才可实现。因而，齐宣王在孟子的逻辑中如果想通过道德欲求的方式使原型意义的政治求知欲得到满足，就意味着每一个人必须实现自被动道德反应至主动道德欲求的跨越。

这显然太难以实现了。对齐宣王而言，假设他变自己的被动道德反应为主动的道德欲求，那么孟子愿景中的他既不可能获得如释放觳觫之牛的满足感，也不可能就手段意义的道德而获得政治上的成功，几乎相当于一无所获。这也就决定了他难以接受孟子的意见。究其关键，尚不在于功利意义的道德究竟能不能实现王政，而在于齐宣王本人尚处在被动满足的状态，没有主动寻求道德满足的欲求，谈何接受这一道德王政的愿景呢？换言之，努力寻求道德的满足感是一种促使"推扩"能够成真的心理动力，而推扩范围的大小由此可被理解为道德欲求的多寡。愈多，则愈有可能感同身受，愈

① 赵岐注，孙奭疏：《孟子注疏》，第23页。

② 赵岐注，孙奭疏：《孟子注疏》，第24页。

少，则愈有可能麻木不仁。

在这个意义上，儒家的亲亲伦理则获得了另一种真实性，即没有人可以拥有如圣人般的无限道德欲求，大部分人只能在一个合理的范围之内发挥它的真实有效性。同样，齐宣王也做不到这一点，尤其当他明明可以将简单满足的政治求知欲（譬如法家的治国理念）替换为几乎永不可能得到满足的道德欲求时，整场对话也就无疾而终；其之所以“见牛未见羊”乃是因为在牛的身上，他已获得了足够的道德满足，不再需要强迫自己为羊的悲惨结局而感到痛苦，亦没有更多的道德欲求为其提供关怀普通百姓的心理动力。因而，道德意志本身折射出主体道德欲求的多寡以及这种欲求的主动性，而作为一种本性的道德只是说，人皆有这样一种欲求满足的渴望，其形式既可以是被动的，也可以是主动的。但这一判断并不是说，君主或者每一个人不应该尽可能地提升自己的道德欲求而践行道德行为，而是说这种提升因人而异，总有一个上限。无视此点而将这类欲求刻意拔高乃至出现总不能得到满足的状况时，人的内心就会一直处在波动状态并感到厌倦，从而导致更深层面的道德麻木。

显然，由于“推扩”的理所当然，孟子的理论已经假定了人的道德欲求应是一种无限的满足过程。这种假定的前提条件仅是人呈现出的具备道德性质的被动反应，而非君子“不谓命”式的道德意志。这就容易导致人对自我道德能力的判断表现出一种盲目的态势，即将自己处在假设状态的高道德欲求等同于自己践行道德的真实能力。这一部分无法转化为行为的道德欲求如要避免“麻木”“厌倦”的心理感受，使恻隐之心的性善判断成为人们怀疑的对象，就必须总处在满足的状态。这多少可以为前文佛山女童案中事发与事后参与者的道德表态何以出现如此之大的差距提供一种理解，即事后人们表现出的高昂的道德意愿乃是在相信性善的心理基础上为了使自己获得相应的道德满足感，但这显然不等同于他们能够在现实中兑现这一意愿。因而，问题在于，既然这部分道德欲求无法通过自我的行为努力而得到满足，那它又是通过什么方式得到满足的呢？答案是，它只能通过道德消费的方式给予人一种合乎道德的假象。换言之，它的目的只在“满足”，而不能导引出推扩的行为。

即便抛开孟子的理论预设，即不对人本身的道德欲求作任何预先的估值，或者说基于孟子的理论，而将其实现的前提条件明晰化为君子“不谓命”的道德意志，这种道德消费的现象仍然可以说是普遍存在的，差别仅是发挥作用的方式方法出现了不同。原因在于，满足方式的丰富也会造成一种虚假的之于自身道德欲求的误判，即通过满足的程度反向衡量自身践行道德的能力，从而将超出自身行动力之外的道德欲求误认为是自己能够“负责”的道德欲求。因而，不道德的行为所引起的公众愤怒，只是说“你不应该如此做”，而不是说“我不会如此做”。

借由以上分析，对不能推扩的现象略作总结，其原因可梳理为以下两点：第一，齐宣王的被动道德欲求既已获得满足，则缺乏将其外向推扩的心理动力。这一障碍可以通过君子“不谓命”式的主动欲求而得到克服。第二，这种满足感的获得方式有两种，一种为主动的行为介入，另一种为无法转化为行为的道德消费。道德消费带来的具有欺骗性质的满足感造成了一种“伪推扩”的假象，不仅可以用以解释齐宣王“见牛未见羊”现象中的心理状态，即其并非像孟子说的是“不为”，而是这种因牛而有的满足感所具有的消费性质的确无法转化为推扩过程中的行动力，而且在道德满足方式极大丰富的现代社会，其往往导致前文引述的无行动欲望的旁观者现象。用以克服第一种阻力的君子道德意志在道德消费的满足过程中同样极易陷入一种无法自知的惶惑。

三、旁观者的道德消费：关于道德欲求的引申分析

如果我们在上述分析的前提下继而注意到这样一个事实：对觳觫之牛的释放并不是一个正在发生的事情，只是对过往事件的追忆，那么在齐宣王视野内，孟子对此事的提及又意味着什么呢？换言之，释放觳觫之牛这件事的“当下”意义与其作为一种“追忆”的意义有什么不同呢？

假如释放觳觫之牛的当下意义可以被理解为道德主体的一种欲望满足过程，那么此后对这件事的追忆毫无疑问首先唤起的即是这种消除了内心波动的满足感。或许孟子认为他是在试图唤醒对方的不忍之心，引起对方对道德的重视，但在齐宣王看来，他只是从中再次感受到了当时的满足感而已。因而，齐宣王追忆释放觳觫之牛的过程而再次获得的道德满足感便具备了一种消费的特质。因为他不需要为此再额外付出什么，从中获得的只有纯粹的满足感而已。尤其是齐宣王在听完孟子“见牛未见羊”的分析后所表现出的欣喜状态——“于我心有戚戚焉”，更说明了这一点。自《孟子》对话的上下文可知，这句话并不意味着齐宣王真的感受到了道德的触动；恰好

相反，他感受到并乐在其中的是这种本属私己的满足感所获得的道德肯定。换言之，齐宣王释放觳觫之牛的行为经孟子的提醒在追忆中变成了一种用以愉悦自身，使自我再次获得满足感的消费行为。

之所以称其为一种"消费"，乃是因为其仅发挥了使齐宣王本人获得满足感的作用，而无须或不能转化为行为的动力①；否则，齐宣王便理应接受孟子的意见而老人之老，幼人之幼。这又可被总结为：主体是需要通过行动而使自己获得良心上的满足，还是什么都不做即可获得满足。对当下意义的觳觫之牛而言，齐宣王需要付出行为上的努力而使自己心安；但对于追忆意义的觳觫之牛而言，他却无须付出任何努力。

在现实生活中，道德欲求几乎都可以通过道德消费的方式而获得满足。"追忆"只是消费方式的一种，因为在模拟的过程中主体就"好像"重新参与了这一过程一样感到满足。同"追忆"类似的形式还有教育、阅读等各类仅限于精神层面的活动过程。我们同样可以将任何阅读、认可《孟子》恻隐之心比喻的接受者所经历的心理过程视为一种道德消费的过程。恻隐之心的比喻尽管缺乏经验的"必然性"，即人可以救孺子，也可以不救，但由于人皆有满足道德欲求的需要，因而当这一欲求被某种假设的环境激发出来之时，它总会试图导向使自身于其中获得满足的结局，所以这一比喻原本就预设了救助孺子的答案。尽管孟子的重点在于说明这种道德欲求的满足并不涉及任何功利考虑，而是人最本能的反应，但这不仅无损于我们的讨论，反而证明了当道德欲求被激发出来后，人总有渴望满足它的倾向，差别在于人是通过一种真实的行为还是消费的方式来满足。不必说，后者更为容易达到。而当孺子入井的情况真实发生时，人们是否还会做出同样的选择，就变得难以预料了。这一方面说明人们更为习惯以道德消费的方式获得满足，另一方面又可被引申为人们常识状态中之于"道德"的认知或多或少总是以消费的方式获得的，而与真实的行为并无瓜葛。

于是，下面这种常见的情况就出现了。在各种以伦理为主题的精神活动中，人们通过"角色"的行为努力而获得了自我道德欲求的满足感，但这种道德满足感带给人一种虚幻的误判：以为自己若处在"角色"的位置，一样可以做出合乎道德的行为。实际上，人们更习惯于像阅读或审美过程中的旁

① 这与消费者视域内消费行为的存在意义"我之所以会消费，乃是在需求的基础上为了从中获得满足"的目的是极为相像的。

观者角色，停留于消费的边界而难以将自身的道德欲求转化为真实的行动。50 多年前，美国发生过一起与佛山女童案类似的案件，引发了人们对于“旁观者现象”的思考。

1964 年，美国人吉娣·格罗维斯(Kitty Genovese)在纽约的公寓前被谋杀。半个小时内，38 个人目睹了这一案件而无人对她实施帮助。这件事在美国引起了轩然大波，人们纷纷思索为什么会发生这种现象。达利与拉塔内(Darley & Latané)认为，“旁观者所缺乏的不是恻隐之心，因为许多旁观者在当时都经过内心的挣扎，不能确定到底该不该出面干预。在真实悲剧发生后，当时的旁观者中也有许多人受到良心责备，很后悔自己当时没有道德勇气”，“他们只是在等待他人先行动”。①

尽管美国学者就此展开了关于他人的选择是会压抑还是会促进个体行为的讨论，但对任何一个当时的旁观者而言，他实际都面临着这样一种选择：帮助格罗维斯就意味着自己陷入她的生存困境之中，那么从功利角度考虑，这种选择是更有益还是更危险？因而，“不确定到底该不该出面干预”即是说“我不愿逼迫自己在这一困境中因功利后果的影响而做出选择”。

在达利与拉塔内的调查实验中，“要是被实验者以为只有他一人目击他人的危急状态，他比较会倾向于采取行动来帮助他人。在这种实验情景下，有 85%的人会伸出救援之手”，“要是被实验者认为其他人也都目击同样的危急状态，他们比较不会去管闲事”，这个比例下降为 31%。② 但是达利与拉塔内的研究具有一种欺骗性，即所谓 85%的人会伸出援手是在不必直面自己行为所带来的后果的情况下做出的选择；换言之，是在一种道德消费的形势下让旁观者重新选择自己的行为。那么，大多数人显然会选择这一情形中最能满足自己道德欲求的行为方式，《佛山日报》提供的微博调查数据同样说明了这一点。因为在这一“追忆”情境中，实际上不存在“帮助格罗维斯就意味着自己陷入她的生存困境之中”的难题。31%的数据则说明，即便在一种道德消费的过程中，人们还是更倾向于不主动做出任何选择，而等待别人像戏剧中的角色一样“替”他们做出选择。尽管这并不需要被访者做出

① 转引自〔美〕刘纪璐：《论恻隐之心在都市文化中的落实：儒家社会情感主义的提案》，《深圳大学学报》(人文社会科学版)2013 年第 2 期。

② 转引自〔美〕刘纪璐：《论恻隐之心在都市文化中的落实：儒家社会情感主义的提案》，《深圳大学学报》(人文社会科学版)2013 年第 2 期。

什么真实的举动，只是逻辑上的游戏罢了。

多数人选择帮助他人的数据只是说明了恻隐之心的存在，并未涉及为什么不行动的问题，这反而指出了一个令人触目惊心的事实，即除非身在不得不选择的处境，那么对于普通人而言，他们往往拒绝置身其中。85%的数据将最可能发生的情况过分理想化了，而这正反映出人们基于道德消费所产生的行为幻觉，以为自己具备伸出援手的行动力。这一数据的差别说明，他们一方面不愿意面对自己因功利的影响而没有做出选择的事实，另一方面不愿意承认自己压根就没有拒绝功利影响而做出选择的能力，两者都试图对习常道德消费所造成的幻觉与真实行为能力间的落差而进行回护。我们可以通过一个更极端例子的分析而剥开套在旁观者现象上的道德外壳，即这并不是像达利与拉塔内所说的“在真实悲剧发生后，当时的旁观者中也有许多人受到良心责备，很后悔自己当时没有道德勇气”的道德选择问题，而是道德消费带来的幻觉多半无法在现实中加以证成的残酷现实。

著名的电车难题描绘了如下一种情境：当你驾驶着一辆失控的电车行驶在轨道上，左边的岔道上有五个工人，右边有一个工人；你无法停下电车，只能做出向左或向右的选择。在这个情境中，无论你做出什么选择，都意味着无法通过改变外在环境的方式而平息内心的波动；也就意味着无论你怎么做，都无法使自己被环境激发的道德欲求获得满足。大多数人的选择是“向右”，因为这样做带来的伤害更小，但无论向左还是向右，人都已经犯下了道德的错误，只是程度不同而已。略作思考就会发现，这一情境之所以让人感到困难，乃是因为自我已先行被设定为其中的一部分而“必须”做出选择。没有“我”驾驶着失控的电车，那么整个情景就不会出现。换言之，“我”面对的不是向右或向左的选择困难，而是“我”作为亲手缔造整个情景的主导因素始终无法从中脱身而出的困难。进一步说，“我”为什么会身处这样一个困境？为什么非要面对这样一种道德的难堪局面？

电车难题的意义并不在于这种情境在现实中会不会发生，而在于行为主体如若处在一种难以两全的道德选择处境中无法摆脱，那么他们则本能地拒绝介入这一让道德难堪的情境。这一点与格罗维斯案中旁观者的愧疚都证明了孟子恻隐之心的存在的确是“人皆有之”并“求则得之”的。然而，格罗维斯案中，人面对需要自己做出行动的处境时，本应转化为行动的恻隐之心，却奇怪地转化为一种之于自我道德尊严的消极维护，通过拒绝介入的方式而拒绝直面道德尊严的脆弱。换言之，他们拒绝承认道德消费带来的高满足状态只是一种假象。在电车难题的极端事例中，这种日常状态下指向自我道德水准的难堪被一种功利选择的方式化解，也唯有在一种极端的不得不面对的情境之中，人们才可能抛弃“旁观”的、拒绝介入的方式而直面自己的困境。因而，我们会发现：每当人需要直面“不得不面对的道德难堪”时，功利角度的选择都会成为彼此默许的合理选项。人们并不总处在极端的情境之中，在大多数情况下都有着选择介入还是不介入的自由，而选择做一名拒绝介入的旁观者所能沿用的唯一理由只是功利性地“选择人少的那条岔道”。换言之，功利的选项并不是真正不作为的理由，只是用以掩盖自己害怕直面道德难堪结局的遮羞布，而真正的理由在于“我”不能兑现“我”所以为的道德。

在格罗维斯案中，所有旁观者的恻隐之心都面对着一个功利的选择，帮助“我”还是帮助她？令美国人感到不解的并不是有人选择了前者——因为利己的选择的确可以为这一行为提供这么做的回护理由，而是为什么“所有人”都选择了前者。其表面原因在于所有人都在等待他人先做出行动，深层原因却在于没有人愿意直面自身的道德难堪，都希望以道德消费的方式替代真实的行为介入，从而使自己虽已被抛入这样一种必须做出选择的情境却仿佛可以拒绝进入这一情境而冷眼旁观似的。用以掩盖这一目的的功利表态则是说，对于所有缺乏能力兑现“我所以为的道德”的人而言，要求他们做出行动就已经意味着一种道德难堪的困境，而此时“我”所希求的只是不劳而获的道德满足。

以上分析说明，在自我的道德欲求总是面临着或以道德消费或以力所能及的方式获得满足的情况下，人们更希望站在旁观者的角度，通过观看他人行动的方式得到满足。这种具有消费性质的、旨在自我满足的方式仅指向道德，否则所有事后选择帮助格罗维斯的受访者都可以说自己是道德的，而功利的解释可以遮蔽这一道德消费的意图。因而，道德欲求沦为一种虚幻的道德消费时，每一个人无须亲身介入、担负相关责任的道德消费的上限被误认为是自己道德欲求的真正上限时，就会导致人一旦陷入具体的生活处境，便失去了行动的能力，只能以更失望的态度重新躲进道德消费的迷幻之中，并且拒绝从这种迷狂中清醒过来。这种盲目与失望就造成了一种类似弗洛伊德所说的“白日梦”现象。

在《诗人与白日梦》一文中，弗氏用儿童的游戏比喻道：“谁也不能否认，他们对这个新世界的态度是真诚的”[①]，“诗人所做的事情与儿童在游戏中所做的事情是一样的。他创造的是一个虚幻的世界，但又把它当作真实世界对待”[②]，并且“幻想是从那些愿望未得到满足的人心中生出来的”[③]，其主要作用是“意味着某个愿望的实现。或意味着对某种令人不满意的现实的改进”[④]，但“如果这种幻想过于丰富和过于强大，就必然会导致神经分裂或精神病”[⑤]，最重要的是“在这些白日梦中，‘自我’都满足于一个旁观者的角色”[⑥]。

热衷于以道德消费的方式认知、理解道德，恰好正是这样一种白日梦的状态，“是真诚的”，并且有助于我们更深刻地意识到我们所欠缺的东西，使我们努力改变“令人不满意的现实”。人们接受教育，观看爱国主义影片，从而端正对世界的认识，内心涌现出改变环境的力量，皆是道德消费的积极价值。问题在于，当其过度泛滥甚至成为一种道德认知的习惯性选择时，它就会导致将虚幻的道德满足与真实的道德践履等同，而表现出一种“分裂”的认知倾向。最巧妙的是，正如在白日梦中“自我”都处在一种旁观者状态，沉醉于道德消费的行为主体往往在面对需要行为介入的真实道德环境时，都不约而同地选择了自己最习惯也最擅长的处理方式——旁观。换言之，旁观者现象更像是一种欲求满足上的博弈行为，当道德欲求可以通过道德消费这一最优的解决策略得到满足时，这就意味着行为主体不愿意再通过践履的方式而获得满足。

从这个角度说，“旁观者现象”中的旁观者拒绝帮助格罗维斯乃是因为他们没有勇气直面自己低下的道德践履水平，而不仅是没有勇气践行道德行为。同样，这个道理在齐宣王的语境中可以被进一步阐释为，他没有勇气在消费完孟子的“仁心”意见后，直面自己只能依托道德消费而得到满足的残酷事实。现代社会唾手可得的各种文化消费产品、各种各样的信息源甚至普及教育所带来的眼界增长，都在无形中进一步放大了道德消费所造成

---

① 〔奥〕弗洛伊德：《诗人与白日梦》，王嘉陵等编译：《弗洛伊德文集》，东方出版社 1997 年版，第 295 页。

② 〔奥〕弗洛伊德：《诗人与白日梦》，王嘉陵等编译：《弗洛伊德文集》，第 295 页。

③ 〔奥〕弗洛伊德：《诗人与白日梦》，王嘉陵等编译：《弗洛伊德文集》，第 297 页。

④ 〔奥〕弗洛伊德：《诗人与白日梦》，王嘉陵等编译：《弗洛伊德文集》，第 297 页。

⑤ 〔奥〕弗洛伊德：《诗人与白日梦》，王嘉陵等编译：《弗洛伊德文集》，第 299 页。

⑥ 〔奥〕弗洛伊德：《诗人与白日梦》，王嘉陵等编译：《弗洛伊德文集》，第 301 页。

的种种弊端，以至于人们更热衷于通过谈论道德、批评他人的不道德、分析道德本身是什么而使自己获得满足，忘记了道德本身应该是一种行为的基本事实。

总结与说明

受孟子语境的遮蔽，齐宣王何以"见牛未见羊"的疑问历来一直未得到足够的重视；或者说，这个问题一直被当作证明人性善、德治的例证而存在。实际上，"见牛未见羊"现象直接导向一个更具普遍性的疑问，即促成人道德行为的因素都有哪些？在《孟子》一书中，孟子将最主要的因素归结为人本身天然自有的一种本性，坚持这种"善"的本性就是人最自然也是最应该做的事情。但问题并没有在孟子的解释中得到妥善解决，这种本性的善对应于经验世界并不直接等同于善，而仅是等同于"能善"，等同于人自身向善而行的一种趋势。这种趋势人人皆有，不必赘论，却不足以实现孟子性善论的目的。因而，倘若孟子的结论是正确的，或者说促成道德行为、建构现实中的道德秩序这一性善论本身的目的是理应被尊重的，那么问题显然就不出在关于性善的论说，而是出在性善这一论点在什么程度上被接受者接受，又在什么程度上影响接受者的行为。

需要说明的是，践行善本身对个体而言是一种不需要任何理由支撑即可实现的事情。孟子"人人皆有""求则得之""良知良能"的说法毫无疑问都指向这一事实。但个体固然可以如此做，但也可以不如此做，这几乎完全取决于个人刹那的判断与意志。因而，当孟子已经给出了充足的如此做之理由时，我们就需要弄清不如此做的原因。像齐宣王知道自己应如此，也赞同如此的情况下，为什么仍拒绝将其转化为行为呢？因而，上文使用心理状态的波动、平息、道德欲求、道德消费等名词进行的分析，并不是解释孟子哲学的额外说明；恰好相反，而是为了更清晰地还原齐宣王所代表的普通人语境而使用的便宜之策。本文希望借由这种分析，为人何以不愿行为的内在心理过程提供一种理解的可能。

至于道德消费，其虽可被理解为一种基于道德欲求满足基础上的现象，但又可被理解为一种审美活动的衍生品。在各种文化产品、审美产品极大丰富的现代社会，的确存在着一种以自适为目的的道德活动，以至于为他人提供宣泄道德情绪、满足道德欲求的活动开始成为一种新的生意。像当今以大凉山孩子的贫苦生活、湖北神农溪的裸体纤夫为主题的各种摆拍,过往向西方兜售以中国贫穷、政治话题为卖点的各种文化产品,毫无疑问都是利用人们的道德需要而制造出的消费产品。尽管其内容往往选自真实的生活片段,但这种真实一跃而变成仅为他人道德审美或道德消费过程中的对象时,它的目的就不在于描述事实,而仅在于取悦他人。事实上,除去激励的作用外,道德消费现象最应被重视并思考的就是它所折射的人类践履道德行为的无力感,而这一点正是我们目睹现代社会的诸种旁观者现象时所困惑不解的地方。

我们不妨通过陆九渊《智者术之原论》中的一段思考来结束整个讨论。在《智者》文中,陆九渊指出了以公孙弘为代表的以智驭德与圣人以德驭智的不同,即后者乃是“虽酬酢万变,无非因其固然,行其所无事,有不加毫末于其间者”①,前者乃是“要之以利害之效,文之以近似之辞,使听之者诚以为圣人之智亦不过如此而已”②。如陆子所言,大千世界不可能仅凭一种道德的本心便一马平川,毫无挂碍,而必然辅之以道德基础上的智才可以应对不同的情况。因而,如何才能“推扩”,在其思想内便是以一种“智”的形态出现的。然而,此种智的逻辑在于,有所本才能知轻重,知轻重而更坚信自我的行为“无非因其固然”,也就可以导出“不谓命”的君子道德。但这种“智”时常与公孙弘式的仅承认被动道德欲求应得到满足而仅以“利害之效”分辨轻重的智相混淆,以至于“辩之不得不力,罪之不得不深”③。自“智”的辨析,实则难以真正厘清两者的不同,其关键在于原始意义与君子意义的“德”的混淆,因而就出现了上文所提及的道德旁观与道德消费现象。进一步说,仅停留于褒赞君子意义的德也不能真正解决这一问题。因为每一个佛山儿童案与格罗维斯案中的事后评论者岂不是也都误认为自己拥有一种君子道德吗?

道德之“能”显然不如道德之“不能”更能说明这一问题,即在道德欲求渴望满足的心理之中,其关键是“渴望”而非“满足”。这种渴望对应的乃是一种负疚的心理,而非满足对应的“心有戚戚焉”。由此,圣人“无非因其固然,行其所无事,有不加毫末于其间者”的“智”就绝不意味着“我这么做可以

① 陆九渊著,钟哲点校:《陆九渊集》卷三〇,中华书局1980年版,第349页。

② 陆九渊著,钟哲点校:《陆九渊集》卷三〇,第349页。

③ 陆九渊著,钟哲点校:《陆九渊集》卷三〇,第350页。

让我满足”，而意味着“我不这么做则会让我感到负疚的痛苦”。道德消费现象仅是说，在欲求被激起的情况下，或者“我”缺乏这种负疚的自觉而仅期望他人使“我”获得满足，或者“我”具备这种“负疚”的自觉而仅通过批判他人而使“我”获得满足。在这样的心理过程中，他人的作为或不作为都起到了使“我”从负疚中解放出来的作用，但“我”没有意识到，他人同样渴望通过“我”的行动而从道德负疚中释放出来。成为那个有所作为的“他人”的最直接有效的方法就是“我”于“当下”做出合乎环境需要的道德行为。这诚然是一种实用角度的道德解释，甚至有悖于儒家道德伦理的初衷——“为己”而非“为人”，却能够为解决道德旁观问题提供一种理解，即在负疚感的心理基础上，真实的道德行为体现出一种使他人从中得到解脱的决心。否则，被外在环境激发起的道德欲求只会以自适的态度沉迷于道德消费之中，在获得满足的同时更厌倦于践行真正的道德行为。这一结论之于“推扩”心理则意味着“我”需要通过理解道德消费之普遍而领会道德行为所遭遇的心理阻力，从而直面内心的负疚感，以真实的行动打破等待他人的道德迷梦。自然，这就意味着“我”用行动将他人从道德负疚中解放出来，扮演了“朕躬有罪，无以万方；万方有罪，罪在朕躬”[①]的角色，如理想中的齐宣王一样，其行为的实用目的乃是使他人获得满足。

① 何晏注，邢昺疏：《论语注疏》，北京大学出版社1999年版，第265页。

“浩然之气”两个层面与四种成分的一体贯通

李细成

摘要：孟子的“浩然之气”可以分析为“直性”（仁心、仁性）与“直道”（仁道、仁政）内外贯通的两个层面与“元气—清气—和气—豪气”前后贯通的四种精神成分。孟子在其性情弱项——“和气”这个养气环节上相对有些气馁，但在思想上并不排斥“和气”，在实践中也并不是没有“和气”。对此展开深入挖掘与系统开显，正是我们今天培养“浩然之气”时能够对孟子进行内在超越的关键所在。

关键词：元气　清气　和气　豪气

对于连孟子自己都“难言”的浩然之气，历代大儒都有比较精辟的论述。但总体而言，他们的关注点主要在于纵向上的“浩然之气如何养成”而非横向上的“浩然之气具体构成”，表述也大多比较浑沦，缺乏结构性与层次性，让初学者难以获得一个系统而清晰的认识，因此至今学界还讨论不绝。在这方面，程颐、朱熹堪称传统儒者的代表，主要从“气与义合”“集义所生”的“天地之正气”这一角度来诠释孟子的“浩然之气”。程颐认为“浩然之气”由“敬以直内”的涵养所发，“只着一个私意，便是馁”①；朱熹也认为“浩然之气”

李细成，曲阜师范大学孔子文化研究院副教授，主要从事儒家经典、儒家哲学与世界文明对话研究。

① 程颢、程颐著，王孝鱼点校：《二程集》，中华书局2004年版，第29页。

是“道义充养”的“义理所发”，“私欲既去，天理流行”①。对此，当代学者评论说：“程朱以浩然之气为‘天地之间所本有者’，人禀得此气，‘养’而去私意之蔽，乃能恢复其本来面目。冯友兰先生认为‘孟子明说，浩然之气是集义所生者，并不是集义所恢复者。程朱所说，显然与孟子的意思不合’。在这个问题上，冯先生特别强调‘生’这一概念。他认为，既言‘集义所生’，便不可说浩然之气是人先天所本有，而是养而成之者。由此，冯先生认为浩然之气是‘集义’所养成的与宇宙或天地万物为一体之境界。”②因此，在这个问题上，应该把程朱的先天说和冯先生的创生说统一起来，这样才能全面地理解孟子“养浩然之气”论的意义。笔者对这一分析过程与结论都表示赞同，可惜作者并未顺着这一逻辑将“浩然之气”与“性善四端”纵贯起来，进一步疏通从“先天本有”到“集义所生”的主干脉络。事实上，朱熹对“浩然之气”的解释，也不是从“性善四端”开始的。“问：‘性善之论与浩然之气如何？’曰：‘性善自是性善，何与于此？方理会浩然之气，未有一些涯际，又却说性善。’”③正是因为朱熹对“性善四端”如何存养扩充为“浩然之气”缺乏一体贯通的理解，才会认为孟子说得太高蹈，有虚浮的毛病。“孟子更说甚‘性善’与‘浩然之气’，孔子便全不说，便是怕人有走作，只教人‘克己复礼’。到克尽己私，复还天理处，自是实见得这个道理，便是贴实底圣贤。”④不过，当代学者已经意识到应该将孟子的“性善—养气—仁政”一体贯通，明确指出：“‘性善’不仅是‘仁政’的人性基础，也是‘浩然之气’的心理根源。”⑤“如果说性善论奠定了‘人皆可以为尧舜’的基础的话，那么养气说则担当起‘为尧舜’的重任，这体现为塑造个体人格的崇高性和独立性。”⑥然而，这些学者也只是纵向疏通“浩然之气”的生发，并没有横向解析“浩然之气”的结构。同样，遗憾的是，注重横向解析“浩然之气”具体构成的学者又对其缺乏纵向贯通的梳理。比如，有学者结合出土文献从孟子后学入手做的有益工作，认为

---

① 黎靖德编，王星贤点校：《朱子语类》，中华书局 1986 年版，第 796 页。

② 李景林：《“浩然之气”的创生性与先天性——从冯友兰先生〈孟子浩然之气章解〉谈起》，《社会科学战线》2007 年第 5 期。

③ 黎靖德编，王星贤点校：《朱子语类》，第 1237 页。

④ 黎靖德编，王星贤点校：《朱子语类》，第 2982 页。

⑤ 郭杰：《仁政·性善·浩然之气——孟子精神世界的再认识》，《深圳大学学报》（人文社会科学版）2005 年第 3 期。

⑥ 禹兰：《孟子的性善论和养气说》，《船山学刊》2001 年第 2 期。

“在孟子那里，由于还没有合适的概念对‘浩然之气’做出概括与说明，以致孟子有‘难言’之慨，到了孟子后学，则明确提出仁气、义气、礼气的概念，承认有德气的存在。而根据孟子后学的观点，我们才可以断定孟子的‘浩然之气’确实是发自仁义之心的德气，所以它‘至大至刚’，‘塞于天地之间’，具有不同于血气、情气且能涵盖、融摄血气、情气的性质与功能”[①]。但是，作者并没有系统阐释“德气”中的血气、情气与仁气、义气、礼气在纵向与横向上的相互关系，因而在逻辑上还有欠周延。

学术乃天下之公器，问题自然越辩越明。时至于今，我们可以也应该在古代学者与当代学者已有研究的基础之上，亦纵亦横地对孟子“浩然之气”的生发过程与成分构成作结构清晰、层次分明的系统诠释与直观表述，本文就是一个大胆的尝试。当然，对孟子“浩然之气”的理解应该建立在熟读《孟子》的基础之上，处处要依据《孟子》七篇。正如朱熹教导门人：“通老问：‘孟子说“浩然之气”，如何是浩然之气？’先生不答。久之，曰：‘公若留此数日，只消把《孟子》白去熟读。他逐句自解一句，自家只排句读将去，自见得分明，却好来商量。’”[②]笔者深以为然，希望在细细体认整部《孟子》的基础上对“浩然之气”作出尽可能周延的诠释，试图将“浩然之气”解析为“直性”（仁心、仁性）与“直道”（仁道、仁政）内外贯通的两个层面与“元气—清气—和气—豪气”一气贯通的四种精神成分。不正之处，就教方家。

一、元　气

孟子自己说他已经养成的浩然之气“至大至刚”，“塞于天地之间”，养气的方法从宏观上说是“配义与道”“集义所生”，从微观上说是“必有事焉而勿正，心勿忘，勿助长”[③]；但并没有说一开始所养的气具体是什么，没有交代在养成浩然之气前“配义与道”的行为主体与“勿忘勿助长”的具体内容。根据对《孟子》的体认，笔者认为每个人可以也应该养成的“浩然之气”乃由人之所以为人的“元气”生发扩充而来。

---

① 梁涛：《“浩然之气”与“德气”——思孟一系之气论》，《中国哲学史》2008 年第 1 期。

② 黎靖德编，王星贤点校：《朱子语类》，第 2883 页。

③ 赵岐注，孙奭疏：《孟子注疏》，北京大学出版社 1999 年版，第 75 页。

(一)个体的元气

浩然之气要“直养而无害”。所谓“直”,首先指的是“直性”,亦即“仁性”;具体来讲,就是孟子常说的仁、义、礼、智四端。“凡有四端于我者,知皆扩而充之矣,若火之始然,泉之始达。苟能充之,足以保四海;苟不充之,不足以事父母。”[①]因此,养气首先养的是以“仁、义、礼、智”四端为道德内涵的“元气”,最起码要做到“直养而无害”“勿忘勿助长”“操则存舍则亡”,即不被外在或内在的原因妨碍甚至戕害自己的四端(放其良心),时时刻刻记挂、呵护自己的恻隐、羞恶、辞让、是非之心,使之自然生长,既不能一曝十寒,也不能揠苗助长。对于白天的所作所为,每天晚上都要审问明辨地反思与改过迁善地存养,让四端像初生的草木一样,经过“日夜之所息,雨露之所润”[②]而茁壮成长(求其放心)。做到了这一点之后,养气就从最基本的“直养无害”过渡到高级别的“扩而充之”上来了。“扩充四端”则由微观的“必有事焉而勿正,心勿忘,勿助长”而提升到宏观的“配义与道”“集义所生”上来;同时,内在的“直性”(仁性)外化为“直道”(仁道),进一步以“直道”来扩充“直性”。在“配义”“集义”的人生过程中,首先须了解什么是“直性”“直道”;换言之,先要“知性”“知道”。孟子认为,只有“尽心”(尽己之心)才能“知性”,因为只有恻隐、羞恶、辞让、是非等“心之四端”都淋漓尽致地开发出来并融为一体之后,“至善本性”才得以全面彰显;只有“知言”(知圣之言)才能“知道”,因为圣人是天地之心,圣人之言本天道以立人道,是最“直”的“直道”。孟子认为,这种“直道”就是仁义之道,从独善其身的角度来说,是“仁,人心也;义,人路也。舍其路而弗由,放其心而不知求,哀哉!”“生,亦我所欲也;义,亦我所欲也,二者不可得兼,舍生而取义者也”,“无以小害大,无以贱害贵。养其小者为小人,养其大者为大人”,“居天下之广居,立天下之正位,行天下之大道。得志与民由之,不得志独行其道。富贵不能淫,贫贱不能移,威武不能屈。此之谓大丈夫”[③];从兼善天下的角度来说,是“以德行仁”,“以德服人”,“以不忍人之心,行不忍人之政”,“行一不义、杀一不辜而得天下,皆不为也”[④]。

---

① 赵岐注,孙奭疏:《孟子注疏》,第94页。

② 赵岐注,孙奭疏:《孟子注疏》,第305页。

③ 赵岐注,孙奭疏:《孟子注疏》,第310、308、312、162页。

④ 赵岐注,孙奭疏:《孟子注疏》,第93、78页。

(二)社会的元气

对于一个人(修身齐家的内圣之道)来讲,养元气主要是存养、扩充善性之四端;对于一个社会(治国平天下的外王之道)来讲,它的元气根于善性之四端的存养扩充,“苟能充之,足以保四海”,“道在尔而求诸远,事在易而求之难。人人亲其亲、长其长而天下平”[①]。但相对于个人的性命完善主要取决于个体的道德修养来讲,社会的繁荣和谐更依赖于政治措施。孟子认为,培养社会的元气,在政治上应该“不以其所以养人者害人”,所有的政策制定都要以民为本,取决于民心所向、所乐,所谓“取之而燕民悦,则取之。……取之而燕民不悦,则勿取”,否则老百姓在苛政冗政的压迫下,不仅生存与发展常受桎梏、无所适从,而且道德性命也很难“顺受其正”,甚至个体的本性也会受到戕害,损害个体已经存养扩充的元气以及个体继续存养扩充元气的客观能力与主观愿望,最后导致整个社会元气大伤。[②] 因此,所有政治措施的制定与执行都应该本于仁性、仁道。孟子明确提出,在经济上应该“制民之产”,因为“无恒产,因无恒心。苟无恒心,放辟,邪侈,无不为已”[③]。人们在没有恒产与恒心的前提下,不仅很难存养、扩充善性之四端,反而可能交相侵害、戕伐自己与别人的四端。只有在“黎民不饥不寒”“养生丧死无憾”的基础上,才能“谨庠序之教,申之以孝悌之义”[④],成为“王道之始”。政治上,应该“以不忍人之心,行不忍人之政”,按照“民为贵,社稷次之,君为轻”、“天视自我民视,天听自我民听”的理念发政施仁,“使天下仕者皆欲立于王之朝,耕者皆欲耕于王之野,商贾皆欲藏于王之市,行旅皆欲出于王之涂,天下之欲疾其君者皆欲赴诉于王”,最终自然实现仁者无敌、保民而王的理想目标。[⑤] 文化上,应该“使诸大夫国人皆有所矜式”,人人都应该向“居天下之广居,立天下之正位,行天下之大道。得志与民由之,不得志独行其道。富贵不能淫,贫贱不能移,威武不能屈”的大丈夫学习,见贤思齐,而不是沦为不辨大义、为图私利而斤斤计较机关算尽的贱丈夫,所谓“人亦孰不欲富贵?而独于富贵之中,有私龙断焉”,“人之所以求富贵利达者,其妻妾不羞

① 赵岐注,孙奭疏:《孟子注疏》,第94、200页。

② 赵岐注,孙奭疏:《孟子注疏》,第62、55页。

③ 赵岐注,孙奭疏:《孟子注疏》,第23页。

④ 赵岐注,孙奭疏:《孟子注疏》,第10页。

⑤ 赵岐注,孙奭疏:《孟子注疏》,第93、387、257、23页。

也，而不相泣者，几希矣”[①]。

由此可见，“元气”通过存养扩充个人的“直性”，进一步外化、发展到制定并遵循社会公义与正义的“直道”；最终，个人的元气和社会的元气融为一体，表现为一种正直的“义气”。用孟子的话说，这就是“未有仁而遗其亲者也，未有义而后其君者也。王亦曰仁义而已矣，何必曰利？”[②]笔者以为，当作为王道之始的“元气”发展成为“义气”时，它的外在形态就表现为一种能从浑浊的世道人心中独立超拔出来的“清气”，正气凛然而又志气凌云，无论面对多么不正直的人心与世道，都是“自反而缩，虽千万人，吾往矣”[③]。

二、清　气

“清气”是“元气”培养到一定“气候”之后对自性的反观与体认，混沌的人生由此获得了一个不邪不流、自为自足的存在意识与发展目标。说“元气”侧重的是培养与呵护，而讲“清气”侧重的是超拔与坚守，我们引用几段语录来说明这一点。坚守“直性”之清：“自暴者，不可与有言也；自弃者，不可与有为也。言非礼义，谓之自暴也；吾身不能居仁由义，谓之自弃也。仁，人之安宅也；义，人之正路也。旷安宅而弗居，舍正路而不由，哀哉！”[④]坚守“直道”之清：“规矩，方员之至也；圣人，人伦之至也。欲为君尽君道，欲为臣尽臣道，二者皆法尧舜而已矣。不以舜之所以事尧事君，不敬其君者也；不以尧之所以治民治民，贼其民者也。”[⑤]“直性”之清与“直道”之清应当内外交融：“有是四端而自谓不能者，自贼者也；谓其君不能者，贼其君者也。”[⑥]显然，自暴、自弃、自贼、贼其君、贼其民，都是“旷安宅而弗居，舍正路而不由”的可悲行径，因为它违背、辜负、损害了上天造人造物、成身成性的一番美意。在孟子看来，这些“非人”的行为不仅非常羞耻，而且简直是“自作孽，不可活”。

当然，很多人会就此批判孟子太理想主义了，眼睛里容不得半点沙子，

① 赵岐注，孙奭疏：《孟子注疏》，第120、240页。

② 赵岐注，孙奭疏：《孟子注疏》，第3页。

③ 赵岐注，孙奭疏：《孟子注疏》，第74页。

④ 赵岐注，孙奭疏：《孟子注疏》，第199页。

⑤ 赵岐注，孙奭疏：《孟子注疏》，第189～190页。

⑥ 赵岐注，孙奭疏：《孟子注疏》，第94页。

就算在太平盛世也难免四处碰壁，更何况他身处一个完全“以利为利”的战国乱世。殊不知，正是因为他毅然决然高调地坚守着一个不合时宜却完全符合天道的至善本性，愈见其气之“清”。孟子自己对这一点看得很透彻：

陈代曰：“不见诸侯，宜若小然；今一见之，大则以王，小则以霸。且志曰：‘枉尺而直寻’，宜若可为也。”

孟子曰：“昔齐景公田，招虞人以旌，不至，将杀之。志士不忘在沟壑，勇士不忘丧其元。孔子奚取焉？取非其招不往也，如不待其招而往，何哉？且夫枉尺而直寻者，以利言也。如以利，则枉寻直尺而利，亦可为与？昔者赵简子使王良与嬖奚乘，终日而不获一禽。嬖奚反命曰：‘天下之贱工也。’或以告王良。良曰：‘请复之。’强而后可，一朝而获十禽。嬖奚反命曰：‘天下之良工也。’简子曰：‘我使掌与女乘。’谓王良。良不可，曰：‘吾为之范我驰驱，终日不获一；为之诡遇，一朝而获十’。诗云：‘不失其驰，舍矢如破。’我不贯与小人乘，请辞。’御者且羞与射者比。比而得禽兽，虽若丘陵，弗为也。如枉道而从彼，何也？且子过矣，枉己者，未有能直人者也。”①

孟子在“枉尺直寻”的功利诱惑面前，彻底坚守住了治己的“直性”之清与治世的“直道”之清，正所谓“于不可已而已者，无所不已；于所厚者薄，无所不薄也”，“大匠不为拙工改废绳墨，羿不为拙射变其彀率。君子引而不发，跃如也。中道而立，能者从之”。② 孟子这种在至善标准面前毫不退让的道德操守与硬朗作风，虽然很难在浑浊乱世中实现自身的世俗人生价值，但这本不是一个“清者自清”的人所渴求的。孟子说得很清楚：“口之于味也，目之于色也，耳之于声也，鼻之于臭也，四肢之于安佚也，性也，有命焉，君子不谓性也。仁之于父子也，义之于君臣也，礼之于宾主也，智之于贤者也，圣人之于天道也，命也，有性焉，君子不谓命也。”③在普通人追逐功利欲望的自然情性面前，君子坚守不失的是仁、义、礼、智的道德本性，这是君子之所以为君子的天命所在。所以，他说：“有天爵者，有人爵者。仁义忠信，乐善不倦，此天爵也；公卿大夫，此人爵也。古之人修其天爵，而人爵从之。今之人

① 赵岐注，孙奭疏：《孟子注疏》，第159～161页。

② 赵岐注，孙奭疏：《孟子注疏》，第377、376页。

③ 赵岐注，孙奭疏：《孟子注疏》，第393～394页。

修其天爵，以要人爵；既得人爵，而弃其天爵，则惑之甚者也，终亦必亡而已矣。”[①]同样，在荣华富贵的世俗人生幸福面前，君子怡然自足的是善性之四端存养扩充所带给自己的通泰与乐趣，“广土众民，君子欲之，所乐不存焉。中天下而立，定四海之民，君子乐之，所性不存焉。君子所性，虽大行不加焉，虽穷居不损焉，分定故也。君子所性，仁义礼智根于心。其生色也，睟然见于面，盎于背，施于四体，四体不言而喻”[②]。“一身清气”的人，乃是“尊德乐义，则可以嚣嚣矣。故士穷不失义，达不离道。穷不失义，故士得己焉；达不离道，故民不失望焉。古之人，得志，泽加于民；不得志，修身见于世。穷则独善其身，达则兼善天下”[③]。“一身清气”的人，完全能够实现自己的宇宙人生价值，即便没有建立一番世人眼中的丰功伟业，也丝毫不妨碍他时时刻刻、在在处处享受天、地、人、物那种不仅“充实而有光辉”而且“万物皆备于我”的“美美与共”的至真至乐。“君子有三乐，而王天下不与存焉。父母俱存，兄弟无故，一乐也。仰不愧于天，俯不怍于人，二乐也。得天下英才而教育之，三乐也。君子有三乐，而王天下不与存焉。”[④]从“元气”发展到“清气”，养气的关键也从“勿忘勿助长”的细心呵护提升到“持其志，无暴其气”的时刻坚守上来了，因为“夫志，气之帅也；气，体之充也。夫志至焉，气次焉。……志壹则动气，气壹则动志也”[⑤]。“一身清气”求仁得仁、无怨无悔，只要能够将其“元气—清气”进一步扩充到“塞于天地之间”，参赞化育，自然其乐无穷，成为宇宙中“正德—利用—厚生—惟和”的“一团和气”，自然会“万物皆备于我矣，反身而诚，乐莫大焉”[⑥]。

三、和　气

熟读《孟子》七篇，相信所有人都能亲切体认到孟子的元气充沛，以至于清气逼人、豪气盖世，而“和气致祥”方面则相对来说要薄弱得多。比如：“孟

---

① 赵岐注，孙奭疏：《孟子注疏》，第 315 页。
② 赵岐注，孙奭疏：《孟子注疏》，第 362 页。
③ 赵岐注，孙奭疏：《孟子注疏》，第 355 页。
④ 赵岐注，孙奭疏：《孟子注疏》，第 361～362 页。
⑤ 赵岐注，孙奭疏：《孟子注疏》，第 74 页。
⑥ 赵岐注，孙奭疏：《孟子注疏》，第 353 页。

子见梁襄王。出，语人曰：‘望之不似人君’。”[①]“孟子谓齐宣王曰：‘王之臣有托其妻子于其友，而之楚游者。比其反也，则冻馁其妻子，则如之何？’王曰：‘弃之。’曰：‘士师不能治士，则如之何？’王曰：‘已之。’曰：‘四境之内不治，则如之何？’王顾左右而言他。”[②]孟子批评许行，说他是“南蛮鴃舌之人，非先王之道”，“相率而为伪者”，“是乱天下也”；批评杨朱、墨翟，说“杨氏为我，是无君也；墨氏兼爱，是无父也。无父无君，是禽兽也”[③]。诸如此类的行事作风与话语态度，不仅一点都不“和气”，甚至不像一个仁义忠厚的长者所为，即便他有着“欲正人心，息邪说，距诐行，放淫辞，以承三圣”[④]的种种不得已的苦衷。正如二程对孟子气象的评断，说孔、颜气象，都是春天里和风庆云的冲和之气，都是恺悌君子、不言而化的温润含蓄气象；相比之下，孟子则是秋天肃杀之气，有些恃才傲物、雄辩滔滔、咄咄逼人的“泰山岩岩之气象”，“才有英气，便有圭角”，有“许多光耀”。[⑤] 简而言之，二程认为孟子并不是一个像孔、颜那样“和气致祥”的圣贤，其为人处世的态度太霸道、行为太高蹈、语言太刺人。这种来自儒家内部圣贤的深刻体验与含蓄批评，道出了孟子学说难逃世人之讥的根本原因。恐怕孟子本人，面对这种批评，他一贯充盈的“浩然之气”也难免会瞬间有些气馁。这是孟子性情方面的不足，他在思想上并不排斥“和气”，在实践中也并非没有“和气”。

首先，从思想圆融的内在逻辑来看，“一团和气”是孟子“浩然之气”养成的必然指向。第一，培养元气从“直性”上来说，就是存养扩充善性之四端。既然人人都有善性之四端，皆可以为尧舜，那么从“直道”上来说，就一定要与人为善；别人但凡有一丁半点的善意，都应该“他人有心，予忖度之”。存养扩充善性之四端，彼此都要“反而求之”，“于我心有戚戚焉”。对任何善意的微言微行，都应该予以褒扬与呵护，使其若“火之始然，泉之始达”，最终汪洋浩大，而不应该在浑浊的世道中被各种异己暴力像斧斤砍伐树木一样砍伐人们的至善本性之后，同样作为受害者的自己与他人相处时还不能一团和气、与人为善，反而不经意之间扮演了类似于“牛羊又从而牧之”（“压垮骆

---

① 赵岐注，孙奭疏：《孟子注疏》，第 17 页。

② 赵岐注，孙奭疏：《孟子注疏》，第 50 页。

③ 赵岐注，孙奭疏：《孟子注疏》，第 148、150、178 页。

④ 赵岐注，孙奭疏：《孟子注疏》，第 179 页。

⑤ 程颢、程颐著，王孝鱼点校：《二程集》，第 76、197 页。

驼的最后一根稻草")这种恶的角色，让别人"萌蘖之生"的善性之四端惨遭最后的践踏灭绝。按照"直性""直道"的要求，孟子应该像《论语》里面孔子为人处事一样和气："互乡难与言，童子见，门人惑。子曰：'与其进也，不与其退也，唯何甚？人洁己以进，与其洁也，不保其往也。'"[①]孔子因为"管仲相桓公，霸诸侯，一匡天下"，客观上减少了诸侯争战的生灵涂炭，并使华夏文化得以维系与传承，而许之为仁；阳货欲见孔子，劝其出仕，理由中"怀其宝而迷其邦，可谓仁乎？……好从事而亟失时，可谓知乎？"[②]有着扶危救世的一念之善。因此孔子自然"与其洁也"，和和气气地回答他："诺，吾将仕矣！"面对道家隐者"与其从辟人之士也，岂若从辟世之士哉""是知其不可而为之者与"这一类辛辣讽喻的时候，孔子怃然曰："鸟兽不可与同群！吾非斯人之徒与而谁与？天下有道，丘不与易也。"[③]如此等等，孔子不仅显得元气充盈、清气怡人、满腔豪气，而且能和气致祥。既然孟子"乃所愿，则学孔子也"，从内圣学的角度上来说，首先要学的就是孔子的和气。我们可以从《孟子》一书中得到印证。在此书中，他确实有这种清晰的意识："子路，人告之以有过则喜。禹闻善言则拜。大舜有大焉，善与人同。舍己从人，乐取于人以为善。耕、稼、陶、渔以至为帝，无非取于人者。取诸人以为善，是与人为善者也。故君子莫大乎与人为善。"[④]恐怕诸如此类的话正是孟子对自己性情中"和气致祥"不足的反省与警策。

第二，扩充清气从"直性"上来讲，首先应做的是不要自暴自弃；进一步从"直道"上来讲，是不要贼其君、贼其民。因此，扩充清气一旦超越独善其身之时，必然要通过"致君尧舜上，再使风俗淳"(杜甫语)而兼善天下。虽然孟子在回答齐宣王君臣之义的时候说，贵戚之卿，"君有大过则谏，反覆之而不听，则易位"；而异姓之卿，"君有过则谏，反覆之而不听，则去"[⑤]。两种大臣的做法一则是"激浊扬清"，一则是"清者自清"，目的都是矫正"直性"(个人)与"直道"(社会)的扭曲变形。但毕竟朝中重臣动辄"易位""去位"过于理想化，现实社会中各方利益盘根错节，很难轻易超拔出来，彼此往往割舍

---

① 何晏注，邢昺疏：《论语注疏》，北京大学出版社 1999 年版，第 95 页。

② 何晏注，邢昺疏：《论语注疏》，第 232 页。

③ 何晏注，邢昺疏：《论语注疏》，第 250 页。

④ 赵岐注，孙奭疏：《孟子注疏》，第 97 页。

⑤ 赵岐注，孙奭疏：《孟子注疏》，第 292 页。

不下。因此，要真正扩充清气，还是得依据当时的具体情况来斟酌处理。孟子说："可以仕则仕，可以止则止，可以久则久，可以速则速，孔子也。皆古圣人也，吾未能有行焉；乃所愿，则学孔子也。"[①]就是因为孔子能够守经达权，不失时机地为所当为，所以孟子如果要学孔子，也应该做一些并不违背大义而又有利于时世的事情。更何况，如果要将清气扩充至极，充塞天地，所到之处就应该是和风庆云，让人如沐春风，感到清和"怡人"而非清气"逼人"。或许有人质疑：既要直道而行，又要清和怡人，这难道不是乱世之中的孟子注定跳脱不出的一个人生悖论吗？笔者认为，答案是否定的。正如邵雍所言："人谓仲尼惜乎无土，吾独以为不然。匹夫以百亩为土，大夫以百里为土，诸侯以四境为土，天子以四海为土，仲尼以万世为土。若然，则孟子言自生民以来，未有如夫子，斯亦未为之过矣。"[②]孟子如果要学孔子，也应该"以万世为土"，尽可能地通过游说诸侯、布政施仁来寻求为当世开太平的"立功"机会，失败之后还能通过"立德"和"立言"去追求为万世开太平，可以心无亏欠，没有必要对他所未能游说成功的诸侯王进行尖锐的批评。但是，他还没有完全达到孔子那种超越时空的天地境界："卫灵公问陈于孔子。孔子对曰：'俎豆之事，则尝闻之矣；军旅之事，未之学也。'明日遂行。"[③]"齐人归女乐，季桓子受之，三日不朝，孔子行。"[④]孔子在面对卫灵公、季桓子这种"横逆"之时，虽然心里也怀着深深的忧虑，但是并没有就此而对他们展开尖锐的批评，自始至终都是时行则行、时止则止，一片和风庆云。因此，与孔子相比，孟子到底还是在当世"立功"上太执着了。他要将清气转化为和气，首先必须突破自己渴求在当世"立功"的"小我"，像孔子一样，在"以万世为土"（为天地立心，为生民立命，为往圣继绝学，为万世开太平）的"大我"中安身立命、心醇气和、仪态雍容。孟子要与诸侯将相分庭抗礼，同时清风怡人、直道而行、抱道自高而又中道而立、以道自任，完全可以向孔子学习："温良恭俭让以得之，夫子之求之也，其诸异乎人之求之与？"[⑤]

其次，从以道自任的人生实践来看，"一团和气"是孟子游说诸侯布政施

① 赵岐注，孙奭疏：《孟子注疏》，第 78 页。

② 邵雍著，郭彧整理：《邵雍集》，中华书局 2010 年版，第 23 页。

③ 何晏注，邢昺疏：《论语注疏》，第 206 页。

④ 何晏注，邢昺疏：《论语注疏》，第 248 页。

⑤ 何晏注，邢昺疏：《论语注疏》，第 9 页。

仁的现实要求。孟子在回答梁惠王“叟不远千里而来，亦将有以利吾国乎”这个问题时，只是先直陈“上下交征利而国危矣”，然后心平气和地表明自己的核心观点：“未有仁而遗其亲者也，未有义而后其君者也。王亦曰仁义而已矣，何必曰利？”[①]说话很有分寸，颇有几分孔子温良恭俭让的风范。尤其是他与齐宣王的一段对话，刚开始，“齐宣王问曰：‘齐桓、晋文之事可得闻乎？’孟子对曰：‘仲尼之徒无道桓、文之事者，是以后世无传焉。臣未之闻也。无以，则王乎。’”[②]孟子表现得心平气和，很像孔子对卫灵公问阵的回答。一方面，他非常简洁地以“臣未之闻也”礼貌地截断齐宣王的思路，忍着性子没有立刻对霸道展开尖锐批评；另一方面又以“无以，则王乎”巧妙地引导对方的思路，开拓他的眼界，提升他的境界。紧接着，孟子完全站在齐宣王的立场，分析他看到“有牵牛而过堂下，将以衅钟……不忍其觳觫，若无罪而就死地，故以羊易之”[③]的亲身经历，认为他只要将这颗“不忍人之心”存养扩充好，“行不忍人之政”，完全能够建立一番丰功伟绩，实现“保民而王”的远大理想。而当齐宣王打退堂鼓地说“寡人有疾，寡人好乐”“寡人有疾，寡人好货”“寡人有疾，寡人好色”等不良嗜好时，从对话的语境和言辞来看，孟子竟然一点儿都没有生气，也没有丝毫斥责他的意思，而是非常和气地对他说“与民同好”就行了。“曰：‘独乐乐，与人乐乐，孰乐？’曰：‘不若与人。’曰：‘与少乐乐，与众乐乐，孰乐？’曰：‘不若与众。’”[④]当然，如前所论，“和气致祥”毕竟是孟子性情中的弱项，像这样和和气气的对话在整部《孟子》中并不是太多，大多时候孟子与人对话都让人感觉到他“心里憋着一股气”，志气凌人或者英气逼人乃至负气倨傲，即便与梁惠王、齐宣王的对话也常常如此。笔者以为，以上述两段对话为代表的少数语录中，孟子之所以表现得非常和气，有两个主要原因：一是他在向孔子、柳下惠的“和气”学习，是努力调柔自己心性的自然表现；二是孟子游说诸侯是为了布政施仁，在当时的乱世之中，可能他比较看好梁惠王与齐宣王。魏国与齐国都是国力强大的国家，他自己非常看重这两次难得的机遇，因此在对话前可能就反复提醒自己要调柔心性或者强迫自己一定要忍着性子、耐着性子与他们对话，有意表现出他

① 赵岐注，孙奭疏：《孟子注疏》，第3页。
② 赵岐注，孙奭疏：《孟子注疏》，第18～19页。
③ 赵岐注，孙奭疏：《孟子注疏》，第19页。
④ 赵岐注，孙奭疏：《孟子注疏》，第31页。

作为仲尼之徒"和气致祥"的一面。

如前所言，如果孟子的"一团和气"能够发展到孔子"以万世为土"的高度，无论当时当世得志不得志，只要真的能做到像他自己所说的"充塞仁义"到浩然之气"塞于天地之间"，自然也就能发展到孔子"知其不可而为之"，四处碰壁时仍然能"发愤忘食，乐以忘忧，不知老之将至"、"吾非斯人之徒与而谁与？天下有道，丘不与易也"这种"和气致祥"的"满腔豪气"。[①]

四、豪　气

如前所言，"一团和气"是孟子性情的弱项，孟子的豪气是由"元气"和"清气"直接扩充而来的[②]，并非先由"元气"生发"清气"，再由"清气"升华为"和气"，最后才由"和气"扩充为"豪气"。套用孟子"徒善不足以为政，徒法不能以自行"[③]这句话的逻辑形式，我们也可以说：徒有元气不足以任天下之重，徒有清气不能以和天下之众。我们今天要向孟子学习怎么养"浩然之气"，如果不能对他进行扬长补短，则不可谓"善学""善养"。换言之，如果"养浩然之气"不是通过"元气—清气—和气—豪气"这个自然生发的流程，而是"元气""清气"跳过"和气"直接扩充为"豪气"，恐怕养成了并不"凌人""逼人"的"浩然之气"，在面临"任天下之重""和天下之众"的艰难困苦之时，也可能容易气馁，甚至功亏一篑。当然，即便如此，孟子直接由"元气"和"清气"存养扩充而来的"豪气"仍然是我们在养"浩然之气"时所必须学习与体认的。更何况，孟子明确说过："天时不如地利，地利不如人和。……得道者多助，失道者寡助。寡助之至，亲戚畔之；多助之至，天下顺之。以天下之所顺，攻亲戚之所畔；故君子有不战，战必胜矣。"[④]这段话完全可以看作孟子由"和气"扩充为"豪气"的理论依据。下面，我们从"直性""直道"两个方面来解析孟子的"满腔豪气"。

---

① 何晏注，邢昺疏：《论语注疏》，第 92、250 页。

② 相应地，后世儒者对孟子浩然之气的理解也是直接从"清气"过渡到"豪气"的。正如朱熹所言："浩然之气，清明不足以言之。才说浩然，便有个广大刚果意思，如长江大河，浩浩而来也。""所谓'仰不愧，俯不怍'，浩然之气亦从是生。若用工如此，方有进处。"（黎靖德编，王星贤点校：《朱子语类》，第 1243、2750 页）

③ 赵岐注，孙奭疏：《孟子注疏》，第 185 页。

④ 赵岐注，孙奭疏：《孟子注疏》，第 101～102 页。

从“直性”上来说，在存养扩充善性之四端之时，孟子认为应该“无以小害大，无以贱害贵。养其小者为小人，养其大者为大人”[①]。即便面对人生两难处境，也绝不枉尺直寻，仍然以“吾未闻枉己而正人者也，况辱己以正天下者乎”[②]的心态刚健应对，选择中道而立、抱道自高，必要时即便杀身成仁、舍生取义也在所不惜。因为这些事情在他看来，乃是“天将降大任于是人也，必先苦其心志，劳其筋骨，饿其体肤，空乏其身，行拂乱其所为，所以动心忍性，曾益其所不能”[③]，所以他完全能够“顺受其正”。显然，孟子在“直性”方面的“满腔豪气”在于他已经将自己置于以天下为己任的圣人行列，并以圣人的品性、境界与作为来要求自己。当然，他的满腔豪气还远远不止如此。作为仲尼之徒，他敢于制造并承担天下舆论的导向，率先对古圣人进行分类：“伯夷，圣之清者也；伊尹，圣之任者也；柳下惠，圣之和者也；孔子，圣之时者也。孔子之谓集大成。”[④]在此基础上，他给自己做出一个高标准的定位：“吾未能有行焉，乃所愿，则学孔子也。”[⑤]孔子在面临人生困境的时候，曾经自信满满地对门人弟子说：“天生德于予，桓魋其如予何？”[⑥]“文王既没，文不在兹乎？天之将丧斯文也，后死者不得与于斯文也。天之未丧斯文也，匡人其如予何？”[⑦]但孔子这些话从心态上来说，更多的是一种自我宽慰、自我鼓励，思维向度主要是“对内”的；从语言上来说，仍然是他温润如玉的一贯风格，与其说是“满腔豪气”还不如说是“元气充盈”，表现了一种对天命的乐观与对天命之性的自足。然而，发展到孟子，他就英气毕露、满腔豪气地宣称：“五百年必有王者兴，其间必有名世者。由周而来，七百有余岁矣。以其数则过矣，以其时考之则可矣。夫天，未欲平治天下也；如欲平治天下，当今之世，舍我其谁也？吾何为不豫哉？”[⑧]孟子的心态，显然与孔子不同，思维向度是“对外”的，很有几分自我资质认定、自我形象包装的意思，语言表述也是棱角分明、斩钉截铁绝不谦让。虽然孟子这种“满腔豪气”有些为世所讥，

---

① 赵岐注，孙奭疏：《孟子注疏》，第 312 页。

② 赵岐注，孙奭疏：《孟子注疏》，第 262 页。

③ 赵岐注，孙奭疏：《孟子注疏》，第 346 页。

④ 赵岐注，孙奭疏：《孟子注疏》，第 269 页。

⑤ 赵岐注，孙奭疏：《孟子注疏》，第 78 页。

⑥ 何晏注，邢昺疏：《论语注疏》，第 93 页。

⑦ 何晏注，邢昺疏：《论语注疏》，第 113 页。

⑧ 赵岐注，孙奭疏：《孟子注疏》，第 125 页。

但平心而论，就孟子一生的所作所为及其学说对中国后世的影响而言，他完全能够名副其实地担起自己的高规格定位。一方面，正如程颐所言："孟子有功于圣门不可言。如仲尼只说一个仁义，孟子开口便说仁义；仲尼只说一个志，孟子便说许多养气出来；只此二字，其功甚多。"①另一方面，"居天下之广居，立天下之正位，行天下之大道。得志与民由之，不得志独行其道。富贵不能淫，贫贱不能移，威武不能屈。此之谓大丈夫"②。诸如此类的话，孟子说得慷慨激昂，也做得无愧天地、无愧先圣，中国历朝历代深受孟子影响，产生了多少满腔豪气、可歌可泣的大英雄、大丈夫！

从"直道"上来说，"养其大者""立其大者"的"直性"进一步扩充外化、治人应物的过程，就是"修其天爵，而人爵从之"的过程。在孟子看来，通过"仁义忠信，乐善不倦"的"天爵"，自然可以获得"公卿大夫"的"人爵"，用《中庸》的话说，就是"大德，必得其位，必得其禄，必得其名，必得其寿"，"尊贤使能，俊杰在位"这样的社会治理之道才能叫作"直道"。"直性"成"直道"之美（承体起用、全体是用），"直道"成"直性"之美（即用见体、全用是体），这就是儒家最为崇尚的内圣外王之道，孟子将其称为"尧舜性之"。在孟子看来，以"直性"成"直道"、追求内圣外王之道的满腔"豪气"在大舜身上体现得很充分："舜之居深山之中，与木石居，与鹿豕游，其所以异于深山之野人者几希。及其闻一善言，见一善行，若决江河，沛然莫之能御也。"③像尧、舜这种居高位的大德者，孟子称为"天吏"："无敌于天下者，天吏也。然而不王者，未之有也。"④孟子认为，任何一个时代，任何一个有着满腔"豪气"想要平治天下的人，都应该走"尧舜性之"（内圣者外王）的"直道"；越是有德行的人越应该身居高位，由直己治己的"天吏"承载、开显、成就运世治世的"天道"，所谓"国君好仁，天下无敌"⑤。所以，孟子在"直道"方面的满腔"豪气"，就是劝当时的居高位者能够满腔豪气地以"直性"走"直道"。比如，崇尚霸道、一心想要开疆扩土的梁襄王问："天下恶乎定？""孰能一之？"孟子的回答是："今夫天下之人牧，未有不嗜杀人者也，如有不嗜杀人者，则天下之民皆引领而望

---

① 程颢、程颐著，王孝鱼点校：《二程集》，第221页。

② 赵岐注，孙奭疏：《孟子注疏》，第162页。

③ 赵岐注，孙奭疏：《孟子注疏》，第360页。

④ 赵岐注，孙奭疏：《孟子注疏》，第91页。

⑤ 赵岐注，孙奭疏：《孟子注疏》，第194页。

之矣。诚如是也,民归之,由水之就下,沛然谁能御之?"有雄才大略而又崇尚文化的齐宣王问:"德何如,则可以王矣?"孟子更是直截了当地回答:"保民而王,莫之能御也。"[①]只要行仁政,时时刻刻都抱有视民如伤、救民于水火的心态,"民望之,若大旱之望云霓也","若时雨降,民大悦"[②],自然就能实现开疆扩土、富国强民的雄伟目标。当齐宣王以"寡人有疾,寡人好勇"为托词而退缩的时候,孟子更是慷慨激昂而又言辞巧妙地鼓动他:"王请无好小勇。夫抚剑疾视曰,'彼恶敢当我哉'!此匹夫之勇,敌一人者也。王请大之!《诗》云:'王赫斯怒,爰整其旅,以遏徂莒,以笃周祜,以对于天下。'此文王之勇也。文王一怒而安天下之民。《书》曰:'天降下民,作之君,作之师。惟曰其助上帝,宠之四方。有罪无罪,惟我在,天下曷敢有越厥志?'一人衡行于天下,武王耻之。此武王之勇也。而武王亦一怒而安天下之民。今王亦一怒而安天下之民,民惟恐王之不好勇也。"[③]孟子"满腔豪气"地向世人宣称,不管是魏国、齐国这样的大国,还是滕国那样在齐、楚二强的夹缝中求生存的小国,在战国乱世之中,只要君主实行仁政,救民于水火之中,就一定能实现国富民强的目标。因为"王者之不作,未有疏于此时者也;民之憔悴于虐政,未有甚于此时者也。饥者易为食,渴者易为饮。孔子曰:'德之流行,速于置邮而传命。'当今之时,万乘之国行仁政,民之悦之,犹解倒悬也。故事半古之人,功必倍之,惟此时为然"[④]。"苟行王政,四海之内皆举首而望之,欲以为君。齐楚虽大,何畏焉?"[⑤]

很显然,孟子的"满腔豪气"主要还是由"一身清气"直接生发出来的。"元气充沛"是活水源泉,而"一团和气"则是理想目标。在孟子这里,如果一定要将"浩然之气"存养扩充的逻辑顺序疏通规整出来,毋宁说乃是"元气—清气—豪气—和气"。这与本文的观点并没有根本的冲突,因为本文只是在这个逻辑顺序中增加、补足了"和气"这个环节,并将之完整地表达出来。本文认为,"浩然之气"生生不息的生发过程应该是"元气—清气—和气—豪气—和气—元气—清气……",不管是对个人修养的"直性"来说,还是对于

① 赵岐注,孙奭疏:《孟子注疏》,第17、19页。
② 赵岐注,孙奭疏:《孟子注疏》,第56页。
③ 赵岐注,孙奭疏:《孟子注疏》,第36~37页。
④ 赵岐注,孙奭疏:《孟子注疏》,第69页。
⑤ 赵岐注,孙奭疏:《孟子注疏》,第170页。

整个社会治理的“直道”来说，“和气”都应该既是“浩然之气”最终养成的理想目标与现实效果，也是在整个社会“浩然之气”的“元气”存养扩充的基础之上所有个体更高层次、更新一轮“浩然之气”的“元气”进一步存养扩充的光辉起点。用《大学》的话来说，就是整个社会的所有个体都“在明明德，在亲民，在止于至善”，“苟日新，日日新，又日新”，“浩然之气”生生不息，塞于天地之间，参天地，赞化育，与天地同流。

二程孟子性论诠释与道统观

彭耀光

摘要：二程的"道学"核心在于揭示"圣人之道"。二程对孟子性论的诠释，凸显了性的两重维度，即性一方面具有超越性，与天道、天理为一，是一形上本体；另一方面具有内在性，必即道德情感和道德行事而存在，因而必须在道德行事上去体证性体，由此揭示了"圣人之道"的内涵和特征。二程以此审视汉唐至宋初儒者，认为他们或者对"圣人之道"全无认识，或者把握出现偏差，都没能有效传承道统。正是在这个意义上，二程才宣称他们在孟子之后重新发现了"圣人之道"，接续了已经中断了1400年的"道统"。这并非一种狂妄的自负，而是基于其特有的义理系统而形成的道统观所作的判断。

关键词：二程　道学　性论　道统观

一、二程的"道学"

程颐在《明道先生行状》中对程颢之学的形成与贡献作了概要的说明："先生为学：自十五六时，闻汝南周茂叔论道，遂厌科举之业，慨然有求道之志。未知其要，泛滥于诸家，出入于老、释者几十年，返求诸《六经》而后得之。明于庶物，察于人伦。知尽性至命，必本于孝悌；穷神知化，由通于礼

彭耀光，山东师范大学齐鲁文化研究院副教授，主要从事儒学研究。

乐。辨异端似是之非，开百代未明之惑，秦、汉而下，未有臻斯理也。"[①]由于二程年龄相若，且程颐自称其学与程颢同，所以这段话可以视为二程兄弟的为学自述。其中至少包含了两层意思：其一，对程颢（其实也是二程兄弟）的为学历程及学问趋向作了提示。大意是程颢早年受周敦颐的影响确立了"求道之志"，经过曲折的学思历程之后，最终在儒家经典中找到了"道"。其二，二程非常自信地认为，他们得之于"六经"的"道"自秦汉而后已湮没千年之久，至其兄弟才复明于世。

二程早年问学于周敦颐，在周氏"每令寻孔颜乐处，所乐何事"的影响下确立了"求道之志"。《行状》未明言"求道之志"具体为何，但从《行状》所记及门人的一些相关叙述中可以看出，程颢所谓"求道之志"实际上是要通过修身成德达于圣人之境。如刘立之说："从汝南周茂叔问学，穷性命之理，率性会道，体道成德，出处孔、孟，从容不勉。"[②]程颐则在 20 岁时所作《颜子所好何学论》中明确提出，为学的目的即是"学以至圣人之道也"[③]。可知二程早年受周敦颐的影响，确立了探求"圣人之道"的人生志向，故张载说："二程从十四岁时便锐然欲学圣人。"[④]因此，他们最终得之于儒家经典的无疑是"圣人之道"。这即是说，二程自认为在儒家经典中发现了"圣人之道"，并将重新发明此道视为自己的使命。二程将自己的学说称为"道学"，大概意在表明其学重在揭示这种"圣人之道"。他们认为，这个工作使中断了千年之久的"圣人之道"重新得以延续。所以，二程所谓"道学"，同时包含着自觉接续自孔孟以后断绝的"道统"的意思[⑤]。对此，程颐在为程颢所撰《墓表》中作了更为明晰的表述：

> 周公没，圣人之道不行；孟轲死，圣人之学不传。道不行，百世无善治；学不传，千载无真儒。无善治，士犹得以明夫善治之道，以淑诸人，以传诸后；无真儒，则贸贸焉莫知所之，人欲肆而天理灭矣。先生生千

---

① 程颢、程颐著，王孝鱼点校：《二程集》，中华书局 2004 年版，第 638 页。

② 程颢、程颐著，王孝鱼点校：《二程集》，第 328 页。

③ 程颢、程颐著，王孝鱼点校：《二程集》，第 577 页。

④ 张载著，章锡琛点校：《张载集》，中华书局 1978 年版，第 280 页。

⑤ 冯友兰先生力主用"道学"称呼宋明儒学，原因之一即是"道学"能显示出宋明儒学的历史渊源，因为"道学"的意思就是要承接孟子以后中断了的"道统"。参见冯友兰：《中国哲学史新编》（下），人民出版社 2004 年版，第 30 页。

> 四百年之后，得不传之学于遗经，志将以斯道觉斯民。……先生出，倡圣学以示人，辨异端，辟邪说，开历古之沉迷，圣人之道得先生而后明，为功大矣。[①]

自中唐儒学复兴运动兴起之后，发明周孔之道、接续儒家道统成为许多儒者的自觉意识。二程倡导“道学”，可以说是这种意识的一个重要体现。但是我们看到，二程明确表示孟子之后只有他们才真的发现了“圣人之道”，也只有他们才真正接续了已中断多年的儒家道统。“辨异端似是之非，开百代未明之惑，秦、汉而下，未有臻斯理也”[②]，“辨异端，辟邪说，开历古之沉迷，圣人之道得先生而后明”[③]诸语，明显都在强调这一点。这就意味着，汉唐1400年间，不但一般儒者无能识此“圣人之道”，就连志在复兴儒学并第一个为儒家构建道统的韩愈，甚至对二程学问方向产生深刻影响、被后人尊为道学宗主的周敦颐等人，在二程看来，也未能透彻地认识此“道”。这就有一个问题值得深究：二程所揭示的自尧舜至孔孟圣圣相传的“圣人之道”究竟是一个什么“道”？为什么孟子之后至他们兄弟之前，竟无一人识得此“道”呢？显然，这个问题不只关涉二程对儒家道统观念的理解，而是关涉对二程道学基本特征与核心精神的理解。

二程自称从“六经”中发现了“圣人之道”，所谓“返求诸六经而后得之”[④]。但是二程认为，《论语》《孟子》集中体现了“六经”的精神，并提出“学者当以《论语》《孟子》为本。《论语》《孟子》既治，则《六经》可不治而明矣”[⑤]的治学主张。这无异是说，《论语》《孟子》最能体现“圣人之道”。同时，二程强调，孟子是孔子之道的重要传人，对阐扬圣人之学居功甚伟。如他们说：“孔子没，传孔子之道者，曾子而已。曾子传之子思，子思传之孟子，孟子死，不得其传，至孟子而圣人之道益尊。”[⑥]又说：“孟子有功于道，为万世之师。”[⑦]这表明，在二程看来，孟子的思想最集中地体现了他们所说的“圣人之

---

① 程颢、程颐著，王孝鱼点校：《二程集》，第640页。
② 程颢、程颐著，王孝鱼点校：《二程集》，第638页。
③ 程颢、程颐著，王孝鱼点校：《二程集》，第640页。
④ 程颢、程颐著，王孝鱼点校：《二程集》，第1241页。
⑤ 程颢、程颐著，王孝鱼点校：《二程集》，第322页。
⑥ 程颢、程颐著，王孝鱼点校：《二程集》，第327页。
⑦ 程颢、程颐著，王孝鱼点校：《二程集》，第76页。

道”。因此，我们要想一探二程所谓“圣人之道”的究竟，从他们对孟子思想的相关论述入手，应该是一个可靠而简便的途径。

二、二程对孟子性论的诠释

二程探求的“圣人之道”即是如何学为圣人。在二程看来，文章、经术非圣人之学，欲为圣人须要向内在的心性着力，所谓“不求于内而求于外，非圣人之学也”①。向内在的心性着力，关键是要做到“尽心”“知性”。程颢云：“圣贤千言万语，只是欲人将已放之心，约之使反，复入身来，自能寻向上去，下学而上达也。”②“将已放之心，约之使反，复入身来”即是孟子所说的“求放心”；“自能寻向上去，下学而上达也”，即是孟子所说的“知性”“知天”。依程颢之意，圣贤教人，只是要人“尽心”“知性”而已。对此程颐说得更为明白：“凡学之道，正其心，养其性而已。中正而诚，则圣矣。君子之学，必先明诸心，知所养，然后力行以求至，所谓自明而诚也。故学必尽其心。尽其心，则知其性，知其性，反而诚之，圣人也。”③这就是强调为学即是要“尽心”“知性”，由此而为圣人。

二程以“尽心”“知性”为圣人之学的关键，这显然是本于孟子的立场。事实上，在二程看来，儒者之中只有孟子对心性的认识与把握最为切要，对性的内涵揭示得最为清晰明白。他们说：“论心术，无如孟子。”④又说：“孟子所以独出诸儒者，以能明性也。”⑤二程极力肯定孟子传道有功，正是因为他最能明性之故。二程为什么说孟子最能明性呢？《遗书》卷一八载：

> 问：“人性本明，因何有蔽？”曰：“此须索理会也。孟子言人性善是也。虽荀、杨亦不知性。孟子所以独出诸儒者，以能明性也。性无不善，而有不善者才也。性即是理，理则自尧、舜至于途人，一也。才禀于气，气有清浊。禀其清者为贤，禀其浊者为愚。”⑥

---

① 程颢、程颐著，王孝鱼点校：《二程集》，第 319 页。

② 程颢、程颐著，王孝鱼点校：《二程集》，第 5 页。

③ 程颢、程颐著，王孝鱼点校：《二程集》，第 577 页。

④ 程颢、程颐著，王孝鱼点校：《二程集》，第 27 页。

⑤ 程颢、程颐著，王孝鱼点校：《二程集》，第 204 页。

⑥ 程颢、程颐著，王孝鱼点校：《二程集》，第 204 页。

性善论是孟子心性论的基本特色。程颐认为,孟子独出诸儒者在于其主张性善。但是我们看到,程颐在这里解释孟子性善内涵时将性与才对举,认为"性无不善,而有不善者,才也";又说,"性即是理","才禀于气",从而将性与才分属理、气两个层面。在二程哲学体系中,理是形而上者,气是形而下者。由此看来,程颐认为孟子"道性善",是将性推到了形而上的层面,是就形上本体的意义而言性的。显然,程颐认为孟子"明性",即指孟子能在形上本体的意义上言性善,为人人皆可成为圣人指出了内在根据。在另一个地方,程颐更明确地指出:"孟子言性,当随文看。不以告子'生之谓性'为不然者,此亦性也,彼命受生之后谓之性尔,故不同。继之以'犬之性犹牛之性,牛之性犹人之性与?'然不害为一。若乃孟子之言善者,乃极本穷源之性。"[①]这仍然是从理与气、形而上与形而下两个层面来疏解孟子性的内涵,认为告子的"生之谓性"是就禀气受生之后而言的,属形而下的层面;而孟子言性,是"极本穷源之性",是就形上本体而言的。

明显,二程之所以认为孟子"明性",是因为他能将性推到"极本穷源"之处,能从形上本体的层面来把握性之内涵。在二程看来,这正是孟子超出诸儒之处,因为一般儒者对性的认识皆未超出形而下、经验的层面,不知性的超越意义和形上内涵。可以说,极力揭示性的超越意义与形上意涵,是二程对孟子性论的一个重要诠释方向。又《遗书》卷一八载程颐语:

> 孟子曰:"恻隐之心,仁也。"后人遂以爱为仁。恻隐固是爱也。爱自是情,仁自是性,岂可专以爱为仁?孟子言恻隐为仁,盖为前已言"恻隐之心,仁之端",既曰仁之端,则不可便谓之仁。退之言"博爱之谓仁",非也。仁者固博爱,然便以博爱为仁,则不可。[②]

"四端说"是孟子性善论的重要内容。在这里,程颐对孟子的"四端说"作了新的解释,强调"仁"是性,"恻隐之心"是情,二者并不等同。如果我们熟悉二程对《中庸》的诠释理路,可知在二程思想体系中,性是"未发",是"体",情是"已发",是"用",两者是形上与形下的关系。因此,程颐强调"仁"与"恻隐之心"的性、情区别,实际是在强调性的本体义与超越义。程颐批评韩愈"以博爱为仁",正是因为其以情为性,没看到性的超越意义与形上意涵。以情

---

① 程颢、程颐著,王孝鱼点校:《二程集》,第63页。

② 程颢、程颐著,王孝鱼点校:《二程集》,第182页。

为性大概是当时普遍存在的状况，所以程颐不断提示人们要注意性、情之分："仁义礼智信，于性上要言此五事，须要分别出。若仁则固一，一所以为仁。恻隐则属爱，乃情也，非性也。"[①]这也可以看出借孟子性论以凸显性之超越义确实是二程的重要致思方向。

二程对孟子性之形上本体义的诠释，可以视为孟子"尽其心者，知其性也，知其性则知天矣"[②]思想所包含的"天道性命相贯通"观念的引申与阐发。不过，他们通过理与气、天命之性与气质之性、性与情的区分来揭示性与天道、天理相通为一的内涵，应该说还是刻意彰显了性之超越义。二程所言"性即是理""极本穷源之性"都表明了此点。但是，这并不意味着二程认为性是与气质之性或情完全对立的、超绝于经验界之外的独立存在的实体。事实上，他们在强调孟子"尽其心者，知其性也；知其性，则知天矣"思想所包含的性的超越性维度的同时，也极重视强调性的内在性，强调心性为一。如程颐说："孟子曰：'尽其心者，知其性也；知其性，则知天矣。'心也，性也，天也，非有异也。"[③]又说："孟子曰：'尽其心，知其性。'心即性也。在天为命，在人为性，论其所主为心，其实只是一个道。"[④]在二程那里，心就主于身而言，表现为道德情感和道德意志对人的行为的主宰。因此，强调心性为一，"心即性也"，即是表明在道德情感与道德意志支配下所完成的道德行为，其所体现的即是性的内容，性必通过道德情感和道德意志落实为道德行事而展现为道。换句话说，形而上的性存在于形而下的情之中，离开了道德情感和道德行事也就无从寻觅性。《遗书》卷一所载一段长文很能表明二程的这种立场：

> "生之谓性"，性即气，气即性，生之谓也。人生气禀，理有善恶，然不是性中元有此两物相对而生也。有自幼而善，有自幼而恶，是气禀有然也。善固性也，然恶亦不可不谓之性也。盖"生之谓性""人生而静"以上不容说，才说性时，便已不是性也。凡人说性，只是说"继之者善"也，孟子言人性善是也。夫所谓"继之者善"也者，犹水流而就下也。皆水也，有流而至海，终无所污，此何烦人力之为也？有流而未远，固已渐

① 程颢、程颐著，王孝鱼点校：《二程集》，第 168 页。

② 朱熹撰：《四书章句集注》，中华书局 1983 年版，第 329 页。

③ 程颢、程颐著，王孝鱼点校：《二程集》，第 321 页。

④ 程颢、程颐著，王孝鱼点校：《二程集》，第 204 页。

浊；有出而甚远，方有所浊。有浊之多者，有浊之少者。清浊虽不同，然不可以浊者不为水也。如此，则人不可以不加澄治之功。故用力敏勇则疾清，用力缓怠则迟清，及其清也，则却只是元初水也。亦不是将清来换却浊，亦不是取出浊来置在一隅也。水之清，则性善之谓也。故不是善与恶在性中为两物相对，各自出来。①

这段话主要是程颢用"生之谓性"来发挥孟子的性善之义及解释恶之来源，但其中却深刻地揭示了性与情的统一性。这可以分两层来说：

其一，程颢所谓"生之谓性，性即气，气即性"，说明了性与气是相即不离的关系，这种关系用程颐的话说即是："离了阴阳更无道，所以阴阳者是道也。阴阳，气也。气是形而下者，道是形而上者。"②意即形而上之性必于形而下之气存在与体现，而形而下之气通体所显现的是形而上之性的内容。所以，程颢又说："盖'生之谓性''人生而静'以上不容说，才说性时，便已不是性也。凡人说性，只是说'继之者善'也，孟子言人性善是也。"③强调性作为形上本体无形影、不容说，只能在其展现于形而下的气中来认识与把握，就像孟子就"四端"而言性善一样。所以，程颐也说："孟子言性之善，是性之本；孔子言性相近，谓其禀受处不相远也。人性皆善，所以善者，于四端之情可见。"④这无疑表明，性非离情而独立存在的一物，必即情（"四端"）而显；因而对性的体认，也必须在情上加以把握。

其二，程颢的"生之谓性"一方面固然如上文所见可以展示气对性的正面意义，即气是性的承载者与展现者，但也蕴含着另一层意思，即气对性也有限制和障碍的负面意义。程颢所谓"人生气禀，理有善恶，然不是性中元有此两物相对而生也。有自幼而善，有自幼而恶，是气禀有然也"，即表明性本是纯善无恶的，但因性必即气而存在，就可能受到气的染污而流为恶。不过，这里要注意的是，气的这种染污不是对性本身的染污，而是在性发而为情时对情的染污，程颢所谓"'继之者善'也者，犹水流而就下也。皆水也，有流而至海，终无所污，此何烦人力之为也？有流而未远，固已渐浊；有出而甚

① 程颢、程颐著，王孝鱼点校：《二程集》，第10～11页。

② 程颢、程颐著，王孝鱼点校：《二程集》，第162页。

③ 程颢、程颐著，王孝鱼点校：《二程集》，第10页。

④ 程颢、程颐著，王孝鱼点校：《二程集》，第291页。

远，方有所浊”[①]即是在强调此点。既然恶是气对情的染污所致的，而情又是性所呈现者，所以恶终归来源于性，亦是性的表现，只不过是一种歪曲的表现罢了。因此，程颢才说："善固性也，然恶亦不可不谓之性也。"[②]恶亦是性，这就更加体现了程颢认为一切情皆是性之表现的立场；特别是，程颢由此提出的恢复善性的方法——对浊水施以澄治之功而变为清水——强调要即恶而转化恶，非是在这恶之外另寻一善性，所谓“及其清也，则却只是元初水也。亦不是将清来换却浊，亦不是取出浊来置在一隅也”[③]。这更加明确地显示，性非离情而独存的一物，必于情上（恶也是情）求。

通过以上对程颢“生之谓性”的两重含义的分析可以看到，二程对性与情的统一性有着清醒而深刻的认识：性虽是形上本体，但就现实而言，性不离气，性即气而显，发而为情（四端），落实为道德实践，情（四端）通体所显现的即是性的内容，即便情被染污而流为恶，亦终归是性之体现；而性也就存在于所显现的道德情感与道德实践之中。因此，如果看到性的超越性，就将性视为超离于道德情感和道德行事之外独存的一物，从而出现离情而言性、离情而觅性的倾向，那将是对性的极大误解。此正如程颐所批评的："自性而行，皆善也。圣人因其善也，则为仁义礼智信以名之；以其施之不同也，故为五者以别之。合而言之皆道，别而言之亦皆道也。舍此而行，是悖其性也，是悖其道也。而世人皆言性也，道也，与五者异，其亦弗学与！其亦未体其性也与！其亦不知道之所存与。"[④]

基于这样的立场，二程反复强调必须于道德行事上去体认性、彰显性，不能于此之外而觅性。在他们看来，孟子的“养气”正体现了这样的立场。二程指出，孟子“养气”的实质是“集义”，所谓“气须是养，集义所生。积集既久，方能生浩然气象”[⑤]。程颢又云："浩然之气，天地之正气，大则无所不在，刚则无所屈，以直道顺理而养，则充塞于天地之间。‘配义与道’，气皆主于义而无不在道，一置私意则馁矣。‘是集义所生’，事事有理而在义也，非自外袭而取之也。"[⑥]可知，“集义”即是在形而上之性发而为形而下的道德行事

① 程颢、程颐著，王孝鱼点校：《二程集》，第 10 页。
② 程颢、程颐著，王孝鱼点校：《二程集》，第 10 页。
③ 程颢、程颐著，王孝鱼点校：《二程集》，第 11 页。
④ 程颢、程颐著，王孝鱼点校：《二程集》，第 318 页。
⑤ 程颢、程颐著，王孝鱼点校：《二程集》，第 207 页。
⑥ 程颢、程颐著，王孝鱼点校：《二程集》，第 11 页。

时，努力克服私意的干扰，在每一件事情上落实道德法则，以此充尽地表现性。这样不断地“集义”，就在做“尽心”“知性”的工夫。由此看来，在道德行事中体认性体是“尽心”“知性”的本质工夫。所以，程颢在《识仁篇》中提出：“学者须先识仁。仁者，浑然与物同体。义、礼、知、信皆仁也。识得此理，以诚敬存之而已。”[①]“识仁”即是指体认仁心性体。[②] 程颢强调“义、礼、智、信皆仁也”，即是说义、理、智、信皆是性之所发，所以识仁即要在义、礼、智、信等性体发用处加以把握，而非在这些道德意识之外另寻一个性（仁）。正如刘蕺山所言：“程子首言识仁，不是教人悬空参悟，正就学者随事精察力行之中，先与识个大头脑所在，便好容易下工夫也。”[③]而程颐更是极力强调要在道德行事上做工夫的重要性，如他说：“敬只是持己之道，义便知有是有非。顺理而行，是为义也。若只守一个敬，不知集义，却是都无事也。且如欲为孝，不成只守着一个孝字？须是知所以为孝之道，所以侍奉当如何，温清当如何，然后能尽孝道也。”[④]由此形成了以“格物致知”为本质内容的工夫论体系。[⑤] 二程的这些观念无疑是对孟子“养气”论的继承与发挥，在二程看来，只有在道德情感（四端）和道德行事上体证性体，才是“尽心”“知性”的本质工夫，才能对性体有准确而全面的把握。

三、“圣人之道”与道统传承

透过上文可以看到，二程对孟子性论的诠释，凸显了性的两重维度：一方面，性具有超越性，与天道、天理为一，是一形上本体；另一方面，性又具有内在性，必即道德情感和道德行事而存在，因而必须在道德行事上去体证性体。就成圣而言，前者揭示了成圣的根据与基础，后者揭示成圣的途径与方法。而所谓圣人，即是经由道德行事去充尽地证显内在的性体，实现与天道为一。用二程的话说，即是“尽性至命，必本于孝悌；穷神知化，由通于礼乐”[⑥]。无疑，二程所谓“圣人之道”即是指此而言。

---

① 程颢、程颐著，王孝鱼点校：《二程集》，第 16 页。

② 参见牟宗三：《心体与性体》（中），上海古籍出版社 1999 年版，第 179 页。

③ 黄宗羲著，陈金生点校：《宋元学案》，中华书局 1986 年版，第 541 页。

④ 程颢、程颐著，王孝鱼点校：《二程集》，第 206 页。

⑤ 参见彭耀光：《二程辟佛与理学建构》，《哲学动态》2012 年第 11 期。

⑥ 程颢、程颐著，王孝鱼点校：《二程集》，第 638 页。

若此，二程的“圣人之道”至少包含三方面的含义：其一，内在的性体是人成圣的根据，人必反身向内去体证性体才可踏上成圣之路。因此，那种否认人内在具有善性的主张与圣人之道相悖，因为它从根本上否定了人成圣的内在根据，如二程批评荀子主张性恶是“大本已失”；而那种向外探求知识的章句训诂之学也与成圣无涉[①]，因为并未在性上做工夫。其二，成圣在于体认本性，而性体不离道德情感（四端）与道德行事。因此，必须在道德情感（四端）与道德行事中体证性体；若于此之外寻性，则会流为异端，亦非圣人之学。二程激烈地批评释、老，即是因为看到了他们在这方面存在的问题。其三，体证性体不离道德情感与道德行事，但是如果看不到性的超越义涵，仅仅停留于规行矩步、被动的遵循道德法则和社会礼俗，就是俗学而非圣人之学；圣人之学必须在道德实践中上达天德，透显出道德创造之源，实现与天道为一。二程明确指出圣人与贤人之不同，圣人已超越了“小我”而进入“无我”的“化境”[②]，即超越天人对立而达与物同体的超越境界。总之，二程的“圣人之道”，是要人以内在的性体为根据，在性体的发用处，即在性发而为道德情感（四端）和道德行事上证显性体，实现生命的超越而达到与天道为一的境界。只有完整、准确地理解了这三个方面并循此而行，才算真正把握住了“圣人之道”。

以此衡之，在秦汉以降至二程所生活的北宋中期 1400 年间，真正理解“圣人之道”并有资格承续道统确乎罕有其人。如汉唐时期以经学为主，学者或究心于经学研习与传播，或以文章博取功名，多不知在心性上做修身成德的工夫，显然与“圣人之道”无涉，就像程颢所批评的：“今之学者，歧而为三：能文者谓之文士，谈经者泥为讲师，惟知道者乃儒学也。”[③]当然，二程也承认，其间亦不乏注重道德操守、品节高尚者，然而不过是风俗使然，非在心性上用功自觉体证而得，因而也与道有间。如他们说：“后汉人之名节，成于

① 如程颐说：“学也者，使人求于内也。不求于内而求于外，非圣人之学也。何谓不求于内而求于外？以文为主者是也。学也者，使人求于本也。不求于本而求于末，非圣人之学也。何谓不求于本而求于末？考详略，采同异者是也。是二者皆无益于身，君子弗学。”（程颢、程颐著，王孝鱼点校：《二程集》，第 319 页）

② 如程颢说：“圣人之动以天，贤人之动以人。若颜子之有不善，岂如众人哉？惟只在于此间尔，盖犹有己焉。至于无我，则圣人也。”（程颢、程颐著，王孝鱼点校：《二程集》，第 126 页）程颐则说：“所谓化之者，入于神而自然，不思而得，不勉而中之谓也。”（程颢、程颐著，王孝鱼点校：《二程集》，第 578 页）

③ 程颢、程颐著，王孝鱼点校：《二程集》，第 95 页。

风俗，未必自得也。然一变可以至道。”[①]事实上，秦汉之后，孔孟心性义理之学不传，二程所批评的这种只知沿袭风俗做一贤人君子，而不知性与天道相通，通过心性修养上达天德成为圣人的情况，似乎为当时的通病。比如，张载也说：“以为知人而不知天，求为贤人而不求为圣人，此秦、汉以来学者大蔽也。”[②]

当然，这不是说汉唐时期所有的儒者都不重视“性”和“天道”的问题，不过在二程看来，他们对道的理解多失于一偏，终究不识“圣人之道”。如汉儒扬雄擅长玄思，对天道性命亦有探讨，二程却说：“如杨子看老子，则谓‘言道德则有取，至如搥提仁义，绝灭礼学，则无取’。若以老子‘剖斗折衡，圣人不死，大盗不止’，为救时反本之言，为可取，却尚可恕。如老子言‘失道而后德，失德而后仁，失仁而后义，失义而后礼’，则自不识道，已不成言语，却言其‘言道德则有取’，盖自是杨子已不见道。”[③]老子言“失道而后德，失德而后仁，失仁而后义，失义而后礼”，显然是将道德与仁、义、礼对立起来，与二程强调仁、义是性（天道）之体现的立场根本不同。因此，二程说老子“自不识道”，而扬雄却认为老子“言道德则有取”，说明扬雄也不知性与天道相通，不懂得天道（性）不可离情（仁、义、礼、智）而存在，故“自是杨子已不见道”。扬雄的这种情况在汉唐儒者中具有一定代表性。

相对于一般儒者，二程对韩愈的评价最高，认为孟子之后只有韩愈对“圣人之道”有深刻的体会。如他们说：“韩愈亦近世豪杰之士。如《原道》中言语虽有病，然自孟子而后，能将许大见识寻求者，才见此人。至如断曰：‘孟氏醇乎醇。’又曰：‘荀与杨择焉而不精，语焉而不详。’若不是他见得，岂千余年后便能断得如此分明也？”[④]不过，二程认为韩愈对“道”的体会并不完全准确，所谓“《原道》中言语虽有病”。韩愈在《原道》中提出“仁与义为定名，道与德为虚位”，有将道与仁义割裂开来的倾向，表明其对性的超越义与内在义理解得不够透彻，二程的批评似与此相关。另外，二程还站在“爱自是情，仁自是性”的立场上对韩愈“博爱之谓仁”提出批评：“退之言‘博爱之谓仁’，非也。仁者固博爱，然便以博爱为仁，则不可。”[⑤]指出韩愈“博爱之谓

① 程颢、程颐著，王孝鱼点校：《二程集》，第 4 页。

② 脱脱等：《宋史·张载传》，中华书局 1985 年版，第 12724 页。

③ 程颢、程颐著，王孝鱼点校：《二程集》，第 5 页。

④ 程颢、程颐著，王孝鱼点校：《二程集》，第 5 页。

⑤ 程颢、程颐著，王孝鱼点校：《二程集》，第 182 页。

仁”是将情等同于性，其实也是在说韩愈对性的超越性认识不清。

特别值得一提的是周敦颐。二程曾师事周敦颐，与周敦颐有明显的学术渊源关系[①]，但也确实说：“吾学虽有所受，天理二字却是自家体贴出来。”[②]表明二程虽受到了周敦颐的影响，但其思想的核心观念并非得自周敦颐，或说与周敦颐有所不同。二程没有对周敦颐作过太多直接的评价与议论，不过，就“天理二字却是自家体贴出来”隐含的意思来看，二程对性体（天理）的体证与周敦颐存在差异。事实上，二程在修养工夫上明确反对“主静”，主张以“主敬”取代“主静”。而“主静”正是周敦颐提出的体证道体的方式，如“圣人定之以中正仁义而主静，立人极焉”[③]；又“‘圣可学乎？’曰：‘可。’曰：‘有要乎？’曰：‘有。’‘请问焉。’曰：‘一为要。’一者无欲也，无欲则静虚、动直，静虚则明，明则通；动直则公，公则溥。明通公溥，庶矣乎！”[④]前文已经说明，依二程立场，必须在道德情感（四端）和道德行事上做修养工夫才能证显性体，周敦颐的“主静”之说显然与此有别。二程反对“主静”，并宣称“天理”是以自己的方式“体贴”出来，没有受到周敦颐的影响。这表明二程不认可周敦颐体证道体的方式，不认为“主静”能准确地体证性体。事实上，二程曾明确说“主静”会流入释老，甚至直称周敦颐是“穷禅客”[⑤]。这表明二程认为周敦颐在体道的方式上对“圣人之道”把握有偏差。

以上几种情况虽然仅是二程对汉唐至宋初部分儒者的评价，但颇能体现二程的基本态度，即他们以孟子性论为基础揭示“圣人之道”的内涵，并以此审视汉唐至宋初儒者，认为他们或者对“圣人之道”全无认识，或者把握出现偏差，因此都没能有效传承道统。由此看来，二程宣称“圣人之道”自孟子之后已经中断1400年，至其兄弟才重新得以发明，并非一种狂妄的自负，而是基于其特有的义理系统而形成的道统观所作的判断。同时，我们也看到，孟子的性论为二程诠释“圣人之道”、建构儒家道统观提供了基本的义理间架，《孟子》实际上成为构建二程道学体系、揭示道学精神的核心经典，反映出唐宋以来《孟子》的升格运动达到了一个新的高度。

---

① 二程是否师事周敦颐，及二程思想与周敦颐思想的关系，杨柱才先生有详细的考辨。参见杨柱才：《道学宗主》，人民出版社2004年版，第354～384页。

② 程颢、程颐著，王孝鱼点校：《二程集》，第424页。

③ 周敦颐著，陈克明点校：《周敦颐集》卷一，中华书局1990年版，第6页。

④ 周敦颐著，陈克明点校：《周敦颐集》卷二，第31页。

⑤ 程颢、程颐著，王孝鱼点校：《二程集》，第85页。

论跨文本诠释的困难和意义

——以退溪的四端七情论为中心

周元侠

摘要：退溪和高峰关于四端七情的辩论是韩国儒学史上重要的哲学争论，二者的辩论均以朱子思想和语录为依据，但得出的结论却大相径庭。一方面因为二人对朱子思想和语录的理解有别，另一方面则由于朱子思想体系与《孟子》本意之间亦有差异。退溪的四端七情论表明，不同时代的经典之间的跨文本诠释往往存在一定的困难，特别是在"多重文本交叠"的韩国儒学史中，这种困难更加明显，但是如何克服困难却为经典赋予了时代新意和地域特色。韩国儒者对四端七情的讨论不仅赋予朱子学新的生命力，而且赋予韩国儒学不同于中国朱子学的地域特色。可以说，"多重文本交叠"背景下的跨文本诠释尽管可能带来某些理论困境，但原有的学说因此焕发出新的生命力也是不争的事实。

关键词：四端　七情　跨文本诠释

"四端"出自《孟子·公孙丑上》中所谓"恻隐之心，仁之端也；羞恶之心，义之端也；辞让之心，礼之端也；是非之心，智之端也"，"七情"来自《礼记·礼运》中所谓"何谓人情？喜怒哀惧爱恶欲，七者弗学而能"，《中庸》又有"喜怒哀乐之未发，谓之中；发而皆中节，谓之和"，深受理学家的重视。退溪和奇高峰的四端七情之辩是围绕《孟子集注》和《中庸章句》的相关内容而展开的。朱子注"四端"曰："恻隐、羞恶、辞让、是非，情也。仁、义、礼、智，性也。心，统性情者也。端，绪也。因其情之发，而性之本然可得而见，犹有物在中

周元侠，福建社科院哲学所副研究员，主要从事儒家哲学研究。

而绪见于外也。"[①]注"喜怒哀乐之未发，谓之中；发而皆中节，谓之和"时曰："喜、怒、哀、乐，情也。其未发，则性也，无所偏倚，故谓之中。发皆中节，情之正也，无所乖戾，故谓之和。"[②]就这两处注释而言，朱子只是用"心统性情"、情根于性、性发为情的观点来解释四端和喜怒哀乐之情，并未提及理气问题。中国理学家在刘宗周之前都没有将四端与七情联系起来，更没有将之与理气本体论结合起来讨论，即便刘宗周将四端与七情相提并论，但他的立场也与退溪截然不同。

值得注意的是，退溪在《四书释义》中提及四端与七情的地方既不是在《孟子》的"四端"处，也不是《中庸》的"喜怒哀乐之未发谓之中"，而是在《论语·雍也》"哀公问弟子孰为好学"章，朱子在该处注中引程颐的《颜子所好何学论》曰：

> 天地储精，得五行之秀者为人。其本也真而静。其未发也五性具焉，曰仁、义、礼、智、信。形既生矣，外物触其形而动于中矣。其中动而七情出焉，曰喜、怒、哀、惧、爱、恶、欲。情既炽而益荡，其性凿矣。故学者约其情使合于中，正其心，养其性而已。然必先明诸心，知所往，然后力行以求至焉。若颜子之非礼勿视、听、言、动，不迁怒贰过者，则其好之笃而学之得其道也。然其未至于圣人者，守之也，非化之也。假之以年，则不日而化矣。今人乃谓圣本生知，非学可至，而所以为学者，不过记诵文辞之间，其亦异乎颜子之学矣。[③]

退溪注释"七情出焉"曰："问性发为情，则性则五而情之为七，何欤？曰：四端之情纯理，故通五性而无加减，七情兼气发故杂而有加。"[④]此处，退溪是用其理气论来解释四端与七情的差异。同样，面对这段关于"五性"和"七情"的论述，中国理学家一直没有提出类似的问题。《四书大全》罗列的诸多注释中，只有胡云峰对五性、七情给予关注，但只是从字源上解释，他说：

---

① 朱熹撰：《四书章句集注》，中华书局 1983 年版，第 238 页。

② 朱熹撰：《四书章句集注》，第 18 页。

③ 朱熹撰：《四书章句集注》，第 84～85 页。

④ 〔朝鲜〕李滉著，〔韩〕李佑成编：《增补退溪全书》（三），韩国成均馆大学校大东文化研究院 1971 年版，第 199 页。

> 程子此段议论，皆自周子《太极图说》来。天地储精，此“精”字即是二五之精；其本也真而静，“真”字即是无极之真。特周子自太极说来，故先真而后精；程子只自天地说起，故先精而后真。“储”字即是“凝”字。自古言性，未尝言五性，《图说》谓五行之生也，各一其性，故此曰“五性具焉”；《图说》谓五性感动而善恶分、万事出，此则曰“其中动而七情出焉”。盖五性感动之后，有善有恶，至于情既炽而益荡，则全失其本来之善矣。《图说》定之以中正仁义而主静，圣人立人极之事；此曰“约其情使合于中，学者克己之事也”。①

胡氏详细说明了程子所言的每一句话的来历，指出了程子对《太极图说》的发展，甚至提到程子此处所言的“五性”前所未有，此处的“七情出焉”也是《太极图说》中所没有的，明确表明“五性感动”后的七情有善有恶云云，但绝口不提“五性”与“七情”的区别。在韩国，情形则截然不同，在退溪提出四端、七情的问题后，韩国儒者对此进行了长期的论辩，这成为韩国儒学史的一大特色。李退溪和奇高峰的争辩则是这场论辩的开端。本文将从二者论辩的核心内容来分析退溪四端七情论的理论贡献和困难，最后归纳出跨文本诠释的困境及其意义。

一、李退溪和奇高峰的四端七情辩论

四端七情论是以朱子的性情之辨、理气之分为主轴展开的创造性诠释。中国理学史上，并没有出现将性情与理气结合的说法，而韩国则存在这种传统。奇高峰说，七情发于形气是朝鲜儒者的普遍说法。李、奇二人的辩论正是由于奇高峰反对四端七情分理气而发生的。权阳村（名近，1352～1409）的《入学图》、权一齐（名采，1399～1438）的《作圣图》，都隐含着四端、七情分属理气之论。郑秋峦（名之云，1509～1561）在《天命图》中有“四端发于理，七情发于气”二语，退溪将之改为“四端理之发，七情气之发”。1558年，奇高峰与郑秋峦论《天命图》，表示不赞成四端七情分理气说。退溪于1559年致书奇高峰，把“四端理之发，七情气之发”改为“四端之发纯理，故无不善；七

① 周群、王玉琴校注：《四书大全校注》（上），武汉大学出版社2015年版，第444～445页。

情之发兼气，故有善恶”。从此，李退溪与奇高峰书信来往，展开了长达8年的论辩(1559～1566)。最后，李退溪以“四端，理发而气随之；七情，气发而理乘之”[①]作为定论，其在晚年所著《圣学十图》之《心统性情图说》中仍持此种观点，曰：“四端之情，理发而气随之，自纯善无恶；必理发未遂而掩于气，然后流为不善。七者之情，气发而理乘之，亦无有不善；若气发不中而灭其理，则放而为恶也。”[②]

奇高峰和李退溪辩论的核心在于四端与七情的同异。奇高峰认为，七情泛指人的一切情感，而四端是七情中善的情感，“乃七情中发而中节者之苗脉也”[③]，所以四端与七情并无本质的不同，所谓“非七情之外复有四端也”[④]。而李退溪则认为四端与七情并不相同，分别从本体论和性情论上给予论证。

首先，退溪从本体论的理气关系来论证四端与七情之别。他说：“性情之辩，先儒发明详矣。惟四端七情之云，但俱谓之情，而未见有以理气分说者焉。”[⑤]又说：

> 夫四端，情也；七情，亦情也。均是情也，何以有四七之异名耶？来喻所谓“所就以言之者不同”，是也。盖理之与气本相须以为体，相待以为用，固未有无理之气，亦未有无气之理；然而所就而言之不同，则亦不容无别。从古圣贤有论及二者，何尝必滚合为一物，而不分别言之耶？[⑥]

奇高峰认为，如果说四端纯是理而不兼气，那么理就脱离气了，就违背了理气不相离的立场。退溪认为，理气不相离的立场并不妨碍从理、气两方面去把握事物，同样可对四端与七情作分别讨论。退溪的逻辑上有个未加论证的前提，即四七关系与理气关系相同，所以可以仿照理气相离不杂的论证方式去论证四七关系。然而，四七之间是否存在理气那样的关系，就超出了朱子理气论的论证范围。

---

① 《退溪先生全书·答李宏仲问目》，《陶山全书》第三册，韩国退溪学研究院1988年版，第89页。

② 《退溪先生全书·进圣学十图劄并图》，《陶山全书》第一册，第198页。

③ 《退溪先生全书·附奇明彦非四端七情分理气辩》，《陶山全书》第二册，第23页。

④ 《退溪先生全书·附奇明彦非四端七情分理气辩》，《陶山全书》第二册，第23页。

⑤ 《退溪先生全书·答奇明彦(论四端七情第二书)》，《陶山全书》第二册，第41页。

⑥ 《退溪先生全书·答奇明彦(论四端七情第二书)》，《陶山全书》第二册，第41页。

为回应奇高峰“理气不离”的诘难，退溪指出“四端非无气，七情非无理”，并将“四端理之发，七情气之发”修正为“四端，理发而气随之；七情，气发而理乘之”。他认为：“大抵有理发而气随之者，则可主理而言耳，非谓理外于气，四端是也。有气发而理乘之者，则可主气而言耳，非谓气外于理，七情是也。”①这便是“理气互发”说，这一学说建立在朱子“理气不离不杂”的基础上。退溪认为：“盖人之一身，理与气合而生，故二者互有发用，而其发又相须也。互发则各有所主可知，相须则互在其中可知。互在其中，故浑沦言之者固有之，各有所主，故分别言之而无不可。”②所谓“相须”，是指理气不相离，互在其中，理中有气，气中有理；而“互发”所指互有发用，是指理气相须中，以理为主或以气为主，此区分不容混漫，是根据“理气不杂”而来的区分。他说：

> 恻隐、羞恶、辞让、是非，何从而发乎？发于仁、义、礼、智之性焉尔。喜、怒、哀、惧、爱、恶、欲，何从而发乎？外物触其形而动于中，缘境而出焉尔。四端之发，孟子既谓之心，则心固理气之合也，然而所指而言者，则主于理，何也？仁、义、礼、智之性粹然在中，而四者，其端绪也。七情之发，程子谓之动于中，朱子谓之各有攸当，则固亦兼理气也，然而所指而言者，则在乎气，何也？外物之来，易感而先动者，莫如形气，而七者，其苗脉也。安有在中为纯理，而才发为杂气？外感则形气，而其发顾为理不为气耶？四端，皆善也，故曰：“无四者之心，非人也。”而曰：“乃若其情，则可以为善矣。”七情，本善而易流于恶，故其发而中节者，乃谓之和。一有之而不能察，则心已不得其正矣。由是观之，二者虽曰皆不外乎理气，而因其所从来，各指其所主而言之，则谓之某为理，某为气，何不可之有乎？③

退溪认为，从现实构成上讲，四端和七情兼具理气；若从根源上讲，四端发于仁、义、礼、智之性，七情则感物而发，这才呈现出善恶的区别。换言之，四端之发因为是心之发，所以合理气，但主要是理发，是一种内在先天的道德情感，都是善的；七情之发也兼理气，是外感而发，是形气发之，所以有中节不

① 《退溪先生全书·答奇明彦(论四端七情第二书)》,《陶山全书》第二册，第 49 页。

② 《退溪先生全书·答奇明彦(论四端七情第二书)》,《陶山全书》第二册，第 46 页。

③ 《退溪先生全书·答奇明彦(论四端七情第二书)》,《陶山全书》第二册，第 41～42 页。

中节的区分，是有善有恶的。这里，李退溪主张"四端，理之发"是一先天本质意义的说明。相对地，七情之发是源于外物感而触发。

其次，退溪用人性论的本然之性与气质之性的关系来论证四端与七情有理气之别。他说：

> 且以"性"之一字言之，子思所谓"天命之性"，孟子所谓"性善之性"，此二"性"字，所指而言者何在乎？将非就理气赋与之中，而指此理源头本然处言之乎？由其所指者在理不在气，故可谓之纯善无恶耳。若以理气不相离之故，而欲兼气为说，则已不是性之本然矣。夫以子思、孟子洞见道体之全，而立言如此者，非知其一不知其二也。诚以为杂气而言性，则无以见性之本善故也。至于后世程、张诸子之出，然后不得已而有"气质之性"之论，亦非求多而立异也。所指而言者，在乎禀生之后，则又不得纯以本然之性称之也。故愚尝妄以为，情之有四端、七情之分，犹性之有"本性""气禀"之异也。然则其于性也，既可以理气分言之；至于情，独不可以理气分言之乎？[①]

退溪以性分理气言推出情以理气言，这样的论证隐含着一个前提，即四端七情的关系同于本然之性与气禀之性的关系。但这个前提如何成立，是缺乏进一步说明的。要之，退溪将朱子哲学中的"气质之性"看作独立于本然之性之外的性，这就不符合朱子的本意了。朱子认为，一切现实的人性都是气质之性，气质之性是理堕入血气形体之后形成的，这个性已经不是理的本来面目了。相对于现实的气质之性而言，理为"本然之性"或"天地之性"。所以朱子说："论天地之性，则专指理言；论气质之性，则以理与气杂而言之。未有此气，已有此性。气有不存，而性却常在。"[②]又说："盖性须是个气质，方说得个'性'字。若'人生而静以上'，只说个天道，下'性'字不得。"[③]朱子又常作喻："气质之性，便只是天地之性。只是这个天地之性却从那里过。好底性如水，气质之性如杀些酱与盐，便是一般滋味。"[④]朱子认为现实中呈现的都是气质之性，只要说"气质之性"就已经意味着理与气相混杂，所以气质之性有善有恶。而退溪这里所说的"本性""气禀"则是将性分为两类，继而

① 《退溪先生全书·答奇明彦(论四端七情第二书)》，《陶山全书》第二册，第 41 页。

② 黎靖德编，王星贤点校：《朱子语类》，中华书局 1994 年版，第 67 页。

③ 黎靖德编，王星贤点校：《朱子语类》，第 2431 页。

④ 黎靖德编，王星贤点校：《朱子语类》，第 68 页。

把四端、七情比作两种不同的性进行论证。显然，这种论证脱离了朱子人性论的体系。

客观而言，在李退溪和奇高峰的辩论中，奇高峰立足于朱子的情根于性、性发为情的基本观点，反对李退溪七情是气发的主张。李退溪在论证四端七情分理气的过程中，只有《朱子语类》中辅广的一条记录可以作为依据，即"四端是理之发，七情是气之发"[①]，这与朱子反复提及"情出于性"形成鲜明对照。尽管退溪说这条记录是"单传密付之旨"，但正如奇高峰所指出的："朱子平生著书立言以诏后学，焕然如日月行天，使有目者皆可睹，岂有靳密宗旨以付一人之理哉？"[②]事实上，退溪将理气相离不杂的关系模式放到四端和七情的区分上，溢出朱子性情论的框架，确实带来了难以解决的理论困境。

二、四端七情论的理论困境

退溪论证四端七情论有两个立足点：一是孟子的性善论，二是朱子的理气论。其中，以朱子理气论分析四端七情是韩国儒学的传统和特色。然而，由于朱子理气论与孟子性善论之间并非全然弥合无缝，故而退溪的四端七情论存在一定的理论困难。对此，林月惠已经指出：

> 如果将"四端，理发而气随之；七情，气发而理乘之"与情之善恶问题一并讨论时，"四端，理发而气随之"则有歧义。一是"四端，理发而气随之"若以孟子之意理解之，四端"理发气随"是纯善无恶。二是若以朱子"理弱气强"之意推论之，"四端"可能"理发未遂而掩于气，然后流为不善"，因而四端之发有善有恶。这显示李退溪以"理气互发"论述四端、七情时，不自觉摇摆于孟子四端本义与朱子理气论之间。[③]

退溪认为，"四端，理发而气随之；七情，气发而理乘之"，四端与七情异质异层，是两种本质有别的情感。相较而言，奇高峰认为四端与七情并无本质不同，更合乎朱子学说，他对退溪的反驳依照的都是朱子学的脉络。李退

---

① 黎靖德编，王星贤点校：《朱子语类》，第1297页。

② 《退溪先生全书·答奇明彦(论四端七情第三书)》，《陶山全书》第二册，第72页。

③ 林月惠：《异曲同调：朱子学与朝鲜性理学》，(台北)台湾大学出版中心2010年版，第95页。

溪主张“四端之情，理发而气随之，自纯善而无恶”，由“四端”为纯善之“情”，来论证“四端”必为“理”发，较朱子更忠实于《孟子》文本的原意。然而，当李退溪说“必理发未遂而掩于气，然后流为不善”，又显示“理发”亦有被气障隔而不能遂其发的可能，这就意味着理发未必纯善。这种说法是朱子“理弱气强”说的必然结论，却导致了“理发”之情亦有善有恶，违背了《孟子》中四端之情至善的观点，退溪义理的不圆融处由此浮现出来。只有从四端之情顺理而发来理解，李退溪的“四端理之发”才能与朱子理气论的说法一致。

李退溪主张“七情，气发而理乘之”，表明七情是以气为根据和来源的，并非指“气外于理”。就七情为气所引发而言，气之发可能顺理，也可能不顺理。气顺理而发，意指气发而有理之乘，故七情无有不善；气若不顺理而发，则是气发而无理之乘，即是“气发不中而灭其理”，七情便流于恶，“陷利欲而为禽兽”。退溪言“气发理乘”之“乘”，指出了七情可善可恶的可能性，这很好地解释了《中庸》中“喜怒哀乐”何以有“中节”“不中节”。但是，“气发”之说与《中庸章句》中所谓“喜、怒、哀、乐，情也。其未发，则性也”不符合。按照朱子的解释，“未发”之情是性，是理，所以面对奇高峰以《中庸章句》为根据的论证，退溪无法正面回应。

退溪论四端七情之所以出现上述矛盾，在于跨文本诠释以及“多重文本交叠”的诠释方法。就四端七情的词源来说，四端出自《孟子》，七情出自《中庸》，各有自己的理论脉络。仅就《孟子》经文中四端之善去协调《中庸》中“喜怒哀乐”之“未发”“已发”问题已经非常困难，更何况在朱子用“心统性情”的三分架构去注释《孟子》和《中庸》之后，如何整合原本异质的《孟子》《中庸》以及朱子性理学的多重文本之间的关系便成了所有理学家面临的难题。值得思考的是，在中国理学家中，只有明末刘宗周注意到四端与七情，他说：“《中庸》言喜怒哀乐，专指四德而言，非以七情言也。喜，仁之德也；怒，义之德也；乐，礼之德也；哀，智之德也；而其所谓中，即信之德也。”①刘宗周认为《中庸》中“喜怒哀乐之未发”为性并非指“七情”未发为性，这意味着刘宗周不承认七情都是发自仁、义、礼、智本心的；换言之，刘宗周认为四端与七情确实存在本质的区别。但总的来说，中国理学始终没有像韩国儒学那样细致地研究四端七情与理气间的关系问题，没有充分揭示出朱子心性

① 黄宗羲著，沈芝盈点校：《明儒学案》，中华书局2008年版，第1525页。

论自身的矛盾。

在朱子哲学体系中，四端与七情并没有本质的区分，皆是“已发”之“情”，都属形而下之气，都以超越的形而上之理作为存有论的根据，所以都根于性。由于在朱子体系中，性与理一样并无活动义，那么“性发为情”就必须凭借“心”的作用，故“心者，主于性而行乎情”[①]。运用朱子的“心统性情”“情根于性”去解读《中庸》之“中和”，以及《孟子》之“四端”都无障碍。《中庸》文本的“未发之中”与“已发之和”是一种综合关系，喜怒哀乐之“发”可能中节，也可能不中节，关键在于“心”的作用。故“性发为情”是指用“心”去知觉“理”而使喜怒哀乐之“情”顺“理”而发，七情中节，即为“已发之和”。同样地，《孟子》四端之心，也因仁、义、礼、智之“性”具于“心”，故能表现恻隐、羞恶、辞让、是非之“情”。

如果将朱子的心性论与情之善恶结合起来，特别是用“即情见性”的方式论证孟子性善论时，义理的不圆融就会出现。以《中庸》而言，由于“七情”有中节与不中节之可能，故情之顺理而发，可见未发之中；而若情未能顺理而发，则知性为气所遮蔽，未发之中无法呈现，《中庸》的未发之“中”与已发之“和”显然存在异质异层的区分。若将同样的逻辑用来论证《孟子》文本，那么问题就来了。孟子所说“乃若其情，则可以为善”，意味着由四端之情善，可以推出人具四德之善性；但四端之情若与七情没有本质的区别，则根据情之可善可恶来推论，就会出现不善之情，进而推出不善之性，这就背离了孟子的性善论。

之所以会出现这样的理论困境，原因在于《孟子》中本没有性、情对举的区分，也没有心、性、情三分的义理间架。对孟子而言，恻隐、羞恶、辞让、是非四端之情，是道德本心的具体表现，意即仁、义、礼、智之性直接发用为四端之情，四端之情直接显现仁、义、礼、智之性。如果按照朱子的心、性、情三分架构来理解孟子四端，由于朱子所言性是超越的形而上之“理”，不具有能动性和活动义，“性发为情”要由“心”发用，而心与情都不是形而上之理，在理弱气强的情况下，心之发用不一定合乎“理”。因而，在朱子体系中，四端之发未必皆善，朱子说：“恻隐羞恶，也有中节、不中节。若不当恻隐而恻隐，不当羞恶而羞恶，便是不中节。”[②]这样的理解实与孟子所言“四端之心”不

① 黎靖德编，王星贤点校：《朱子语类》，第 94 页。

② 黎靖德编，王星贤点校：《朱子语类》，第 1285 页。

同。按照孟子的逻辑，心是道德本心，是理，是性，所以四端之心是至善，进而认定人性也是善的。

朱子认为，情根于性，性发为情，主张情是性的外在表现，而性是情的内在根据。这种观点用于仁、义、礼、智之性与恻隐、羞恶、辞让、是非之情方面，可以自圆其说。同时，朱子又肯定情有善恶，这样就必须说明人的不善情感是否也是性之所发。可是，朱子反复强调前一点，却没有说明后一点，这就在他的性情体用思想上留下了一个缺口。朝鲜儒学正是力图在朱子学体系中解决此问题。奇高峰以《中庸章句》为根据，主张七情都发自仁、义、礼、智之性，而李退溪则以辅广所录朱子语为依据，主张"四端发于理，七情发于气"。尽管李退溪的四端七情论一直在孟子文本本意与朱子理气论之间寻求平衡，但由于朱子理气论本来就与孟子四端的阐释存在差异，因而退溪四端七情论在诠释孟子文本与朱子理气论的过程中出现了跨文本诠释的困境。

三、跨文本诠释对经典诠释的意义

简单地说，跨文本诠释是指以一部作品的内容（观念、概念、命题、理论等）去解释另一部作品，这种诠释方式在解读不同时期、不同地域的经典著作过程中极为常见。中国历史上就有很多经典的跨文本诠释典范，如王弼以《老子》理念去解读《论语》，何晏用《易传》理念去解读《论语》等。朱子的《四书章句集注》的合编就是一种广义上的跨文本诠释，《论语》《大学》《中庸》《孟子》本是出自不同时期、不同作者的四部（或篇）著作，经过朱子理学体系的融贯性解读，成为新的儒家经典。当然，朱子对"四书"的诠释并非完美无瑕，仍存在进一步诠释的空间。退溪的四端七情论便是在朱子体系内部，试图对《孟子》之"四端"与《中庸》之"七情"作一融贯性诠释。从儒学史上看跨文本诠释是解读经典文本的必要方法，但如何进行跨文本诠释，跨文本诠释的问题意识却是因时而异、因地而异、因人而异，即使面对同样的文本、同样的理学体系，身处不同时代、不同国度的理学家仍然会创造出不同的经典诠释。

同样，面对"恻隐之心，仁之端也；羞恶之心，义之端也；辞让之心，礼之端也；是非之心，智之端也”[①]、“喜怒哀乐之未发，谓之中；发而皆中节，谓之和”[②]，以及程子的“天地储精，得五行之秀者为人。其本也真而静。其未发也五性具焉，曰仁、义、礼、智、信。形既生矣，外物触其形而动于中矣。其中动而七情出焉”[③]，中国理学家并未对四端七情的关系给予特别的关注，朝鲜性理学家却对此一再辩论。这固然与韩国儒学的传统有关，但也与韩国儒者面对“多重文本交叠”的现实不无关系。李明辉指出：

> 参与“四七之辨”的朝鲜儒者必须面对双重文本的双重权威：他们除了要面对《礼记》、《孟子》等早期儒学文本及其所代表的权威（即孔、孟的权威）之外，还要面对程、朱性理学的文本及其所代表的权威（即程、朱的权威）。由这双重文本及其双重权威所形成的思想史背景本身便成为引发争论的根源。在退溪之后，由于他在朝鲜儒学中的权威地位，参与“四七之辨”的朝鲜儒者还须面对其文本及权威，而形成三重文本及其权威。[④]

跨文本诠释对于一个文本来说发展了新意，注入了新理念，同时面临着各自文本体系之间是否圆融的难题。朱子通过解读《中庸》文本，对中和问题进行深入思考，最后提出了心统性情、性发为情的性情论，为《中庸》注入新理念，但其“喜、怒、哀、乐，情也。其未发，则性也”[⑤]的解释却没有解答为何喜怒哀乐有“中节不中节”即有善有恶。而退溪则以“七情，气发而理乘之”对喜怒哀乐有善有恶给出本体论的依据，但又违背了朱子“情根于性”的基本性情观。朱子在用性、情二分框架解释《孟子》四端之情时，将四端之情看作仁、义、礼、智之性之所发，却将孟子的道德本心看作“理气合”之心，无法保证四端之情的至善性，背离了《孟子》的本意。退溪则更忠于《孟子》本意，认为“四端之情，理发而气随之，自纯善而无恶”[⑥]，但在朱子“理弱气强”的体系下，则往往得出理被气遮蔽、四端之情不善的结论。实际上，《孟子》

---

① 朱熹撰：《四书章句集注》，第238页。

② 朱熹撰：《四书章句集注》，第18页。

③ 朱熹撰：《四书章句集注》，第84页。

④ 李明辉：《朱子性理学与韩儒丁时翰的四端七情论》，黄俊杰、林维杰编：《东亚朱子学的同调与异趣》，（台北）台湾大学出版中心2009年版，第278页。

⑤ 朱熹撰：《四书章句集注》，第18页。

⑥ 张立文：《退溪书节要》，中国人民大学出版社1989年版，第42页。

文本与朱子理气论、心性论体系之间本来就存在一定差异，退溪既要忠于《孟子》文本，又要运用朱子理气心性论，难免就陷入了理论困境。

说到底，跨文本诠释面临的主要困境还是文本本意和诠释者的"新"理念之间存在的张力。文本本意和诠释者理念之间的张力一方面造成必不可免的理论困境，另一方面又是创新性诠释的契机。比如，朱子用性发为情、情根于性去解释中和、四端之说，退溪用理气互发去解释四端与七情说，都体现了文本本意和诠释者理念的紧张。从其历史影响力来看，这种诠释显然对原典的本意注入了新生命力，成为思想史中的一个新范式。如果诠释者能尽量克服文本与诠释者之间的义理纠缠，将跨文本诠释的义理融会贯通，则能创造出新的理论体系，这正是跨文本诠释的魅力所在。刘笑敢指出："影响诠释结果最大的因素可能是不同文本之间的差异性的大小。跨文本诠释所借用的文本和诠释对象之间的差异越大，偏离诠释对象文本的可能性也越大，所产生的诠释作品也可能越新奇(或谓之为越有创造性)。"①四端与七情本来出于《孟子》和《中庸》不同文本中的不同理论体系。在朱熹性情论框架下，二者都是性之所发，朱子也用此框架去解释《孟子》和《中庸》；但退溪将四端与七情抽离出原有文本脉络，进行并列比对，发现二者不应该出自一个本源，于是提出理发和气发的区别。一方面，他解决了喜怒哀乐等七情存在恶的本体论证明；另一方面，则违背了朱子"情根于性"以及理一元论的基本立场。要之，四端七情论揭示了朱子学内部存在的心性论矛盾，在朱子学体系内部对这一矛盾进行了探索，使朱子学焕发出新的生命力。

相比之下，奇高峰对四端七情的看法则完全依据朱子学说，力求达到朱子本意，从保持朱子学的纯正角度来看具有重要意义，但没有解决朱子学内部的矛盾，也没有为朱子学开出新的路向。而退溪始终以求朱子本意为目标——这一点从其《四书释义》以及与奇高峰的辩论中可以看出——在四端七情辩论中，他主要是用朱子的理气论和性情论来论证自己的观点，只是回避了朱子"情根于性"的大量言论，转而用辅广录的唯一一条朱子语录来支持自己的观点。无论如何，退溪的四端七情论绝非围绕批判朱子学说的立场而展开，而是从维护朱子学说的立场出发的。这表明，批判朱子学说不一定带来理论创新，维护朱子学传统也不必然是故步自封。换言之，追求本意

① 刘笑敢：《从注释到创构：两种定向两个标准——以朱熹〈论语集注〉为例》，《南京大学学报》(哲学·人文科学·社会科学版)2007年第2期。

的目标并不妨碍创造性诠释的进行，只是诠释者本人可能必须面对更多的理论困境，如何解决理论困境则往往成为推动原有思想体系进一步发展的新契机。

正如刘笑敢所说："在借用多种文本以及有多种诠释对象文本的时候，一个成功的诠释体系就必须有大致的融贯性。所谓融贯性诠释是指在多种借用文本和对象文本的差异性之中制造出一种统一性，贯穿于诠释作品之中。并非所有跨文本诠释都能达到融贯性诠释的水平，但达不到融贯性的水准就不会有新的思想体系诞生。""对于异质性高的跨文本诠释来说，诠释者的诠释作品越能融贯一致，与原来的诠释作品的思想差距就可能越大。事实上，企图建立或注入新思想的注释和诠释作品，无论其多么高超、成功，表面看来与原作多么水乳交融，细心的研究终究可以发现其中的裂痕缝隙。"①朱子的"四书"体现了这一点，退溪的四端七情论也体现了这一点。朱子、退溪等都是通过跨文本诠释创立新说的大家，尽管在诠释过程中遭遇了某种理论困境，但都在当下达到了融贯性的义理贯通。更为重要的是，他们的跨文本诠释赋予原有的哲学体系以时代性的新意，使传统的儒学经典或学说焕发出新的生命力。

① 刘笑敢：《从注释到创构：两种定向两个标准——以朱熹〈论语集注〉为例》，《南京大学学报》（哲学·人文科学·社会科学版）2007年第2期。

“清”“任”圆融，以身发明
——清初大儒李二曲对孟子圣人观的新诠释

房秀丽　朱祥龙

摘要：孟子“四圣论”所提出的“清”“任”“和”“时”四种圣人形象，在历代士大夫不断的阐发诠释中获得愈来愈丰富的意涵，对中国士大夫的精神风骨及社会关怀意识影响深远，经历明清变故的大儒李二曲就是其中一位杰出代表。二曲在《四书反身录·孟子》中一方面盛赞伯夷，并以自身的实践呈现为“抱道以避势”、誓死不事清廷的“清者”；另一方面抬高伊尹的操守与事业，并以自身“表正人伦”的讲学实践呈现为“避世以行道”的“任者”。从而，二曲使在孟子那里充满紧张的“道”“势”关系，在“以身发明”的创造性诠释中得到了圆融。

关键词：清者　任者　道　势

众所周知，作为儒家亚圣，孟子对中国士大夫的精神风骨及社会关怀意识影响深远。特别是孟子“四圣论”所提出的“清”“任”“和”“时”四种圣人形象，在历代士大夫不断的阐发诠释中获得愈来愈丰富的意涵。明清鼎革之后，士大夫在易代的惨痛教训中痛定思痛，对士人的理想之境——圣人人格，又开始了新一轮的反思与建构。生于明末、长于清初的大儒李二曲就是其中一位杰出的代表。

李二曲(1627～1705)，名颙，字中孚，世称二曲先生，与同时代的容城之

房秀丽，山东工商学院人文与传播学院副教授，主要从事儒家哲学研究；朱祥龙，山东工商学院讲师，主要从事思想政治教育研究。

孙奇逢、余姚之黄宗羲被誉为清初三大名儒[①]。二曲家世清寒，祖上绝无名人，是一位"生长西陲，崛起于荒崖寂寞之间，不由师资"[②]而自奋自成的穷学者，因深厚的学识与讲学影响特别是誓死不事清廷的气节而为时人所重。同其他儒家士人相同，二曲的志操与社会关怀意识，深受孟子的影响，但又打上明清易代之际的显著烙印。二曲晚年避居土室，阐发"四书"之意，弟子录之成书为《四书反身录》，对孟子的圣人观及士节多有发明。本文试图以《四书反身录·孟子》为基础，探讨一下李二曲对孟子圣人观及士节的新诠释，以求教于方家。

一、孟子论士节及士的理想之境——"四圣说"

孟子生活的战国中后期，是一个周室衰微、礼崩乐坏、群雄并起的社会大变革时代。这一时期，活跃着对以后的历史文化影响至为深远的阶层——士。关于该时期士阶层的崛起与士人自觉意识的凸显，余英时与杜维明两先生已有相当深入的研究，此不赘述。[③] 身为儒家亚圣的孟子对士的自觉意识、价值理想的阐发最为深入。这种自觉意识、价值理想以及"正己而物正"、内圣而外王构架下的社会关怀意识，在孟子那里凝练为士人的品节及从政热情，孟子因此成为战国时期士的精神的最优秀代表。"贤希圣，士希贤"[④]，圣人人格即是士人所追寻的理想境界。在圣人观上，孟子提出了著名的"四圣说"：

> 孟子曰："伯夷，目不视恶色，耳不听恶声。非其君，不事；非其民，

① 全祖望在《二曲先生窆石文》中称："当是时，北方则孙先生夏峰，南方则黄先生梨洲，西方则先生，时论以为三大儒。"（全祖望：《二曲先生窆石文》，李颙撰，陈俊民点校：《二曲集》，中华书局1996年版，第614页）当然，现在关于三大儒的说法，学界争论不一，亦有四大儒、五大儒之说。张岱年先生指出，清初最有名望的三大儒是孙奇逢、黄宗羲、李颙。到了清末，人们讲清初三大儒，就改成了黄宗羲、顾炎武、王夫之。章太炎讲清初五大儒：孙奇逢、黄宗羲、顾炎武、王夫之、颜元。到梁启超那里，又去掉了孙奇逢，称为清初四大家。参见张岱年：《中国哲学史史料学》，三联书店1982年版，第180页。

② 高嵩佀：《二曲集序》，《二曲集》，第709页。

③ 可参见余英时：《士与中国文化》，上海人民出版社1987年版，第1～83页；杜维明：《孟子：士的自觉》，《国际儒学研究》第一辑，人民出版社1995年版，第106～136页。

④ 周敦颐撰，徐洪兴导读：《周子通书》，上海古籍出版社2000年版，第35页。

不使。治则进，乱则退。横政之所出，横民之所止，不忍居也。思与乡人处，如以朝衣朝冠坐于涂炭也。当纣之时，居北海之滨，以待天下之清也。故闻伯夷之风者，顽夫廉，懦夫有立志。伊尹曰：'何事非君？何使非民？'治亦进，乱亦进，曰：'天之生斯民也，使先知觉后知，使先觉觉后觉。予，天民之先觉者也。予将以此道觉此民也。'思天下之民匹夫匹妇有不与被尧舜之泽者，如己推而内之沟中，其自任以天下之重也。柳下惠不羞污君，不辞小官。进不隐贤，必以其道。遗佚而不怨，阨穷而不悯。与乡人处，由由然不忍去也。'尔为尔，我为我，虽袒裼裸裎于我侧，尔焉能浼我哉？'故闻柳下惠之风者，鄙夫宽，薄夫敦。孔子之去齐，接淅而行；去鲁，曰：'迟迟吾行也，去父母国之道也。'可以速而速，可以久而久，可以处而处，可以仕而仕，孔子也。"孟子曰："伯夷，圣之清者也；伊尹，圣之任者也；柳下惠，圣之和者也；孔子，圣之时者也。孔子之谓集大成。"①

在此，孟子的"四圣说"将圣人分为四种类型："圣之清者""圣之任者""圣之和者"与"圣之时者"。那么，何谓"清者""任者""和者"与"时者"？这首先需要结合孟子其人及《孟子》一书的整个语境来分析。孟子作为儒家亚圣，坚守孔门"士志于道""仁以为己任"的神圣使命感，同时秉承了"学而优则仕""修己而安人"的社会关怀意识。然而，在"世道衰微，邪说暴行有作"的战国之世，"内圣"的人格并非关联着现实之"位"。于是，孟子对士人的品节、圣人之境的达成都围绕着两个相互联系又紧张的"道"（对应着士人的品节）与"势"（对应着现实的政治权力）的关系而展开。下面，笔者将结合孟子对道与势的解决方式讨论一下孟子对士节的规定及"四圣说"里所表达的圣人观。

（一）"出仕以道"：士人从政必须符合道义

相比孔子生活的春秋时期，孟子活动的战国中后期，是一个士阶层高度活跃的时期。一方面，士人的从政热情高涨，"士之仕也，犹农夫之耕也"；另一方面，士人的流品却高度分化。如何规范士人出仕的原则及面对政治权力的态度，成为一个亟待解决的问题，孟子就此提出著名的"出仕以道"的观点：

---

① 赵岐注，孙奭疏：《孟子注疏》，北京大学出版社1999年版，第268～269页。

> 丈夫生而愿为之有室，女子生而愿为之有家；父母之心，人皆有之。不待父母之命、媒妁之言，钻穴隙相窥，逾墙相从，则父母国人皆贱之。古之人未尝不欲仕也，又恶不由其道。不由其道而往者，与钻穴隙之类也。①

在这里，孟子以男女婚姻为喻，指出男大当婚、女大当嫁乃人之常情，但婚姻必须符合社会的道德及相应的礼节。在孟子看来，士人从政，同样需要符合道义，并遵循相应的礼节。那些违反道而从政的人，就如同"钻穴相窥、逾墙相从"的男女一样没有廉耻。

士人的从政道德得到规范后，是不是就完善地解决了道与势的关系问题了呢？远非如此，因为士人除规范自己的从政道德之外，更要面对外在于己的现实权势——天子、国君等统治阶层，而这才是士人从政面临的最大困难与考验。正是清醒地认识到了道（士人的人格理想）与势（现实的政治权力）之间的断裂与紧张，孟子才提出了"四圣说"，以之作为士人理想境界的四种标杆。"四圣说"中，伯夷作为"圣之清者"，在道势关系上接近于"抱道以待势"②；伊尹作为"圣之任者"，接近于"谋势以行道"，二者充分体现了道与势之间的紧张关系。道与势的紧张"不和"，使得孟子又推出了"尔为尔，我为我"，区分人我、内外的近于"出泥不染"的圣人形象——柳下惠。但是这种人格有"轻忽时人"③之弊，所以孟子讲"伯夷隘，柳下惠不恭，隘与不恭，君子不由也"④。由于三种圣人都是"有病痛的圣人"，所以孟子又预设了孔子这样的"圣之时者"的形象。虽然孟子讲了四种圣人形象，但作为"圣之时者"的孔子只是士人努力接近的理想类型，而"和而不恭"的柳下惠也与"泰山岩岩""秋杀尽见"⑤的孟子不类。所以，下文只重点讨论"抱道以待势"的"清者"和"谋势以行道"的"任者"两种形象。

---

① 赵岐注，孙奭疏：《孟子注疏》，第 164 页。

② "抱道以待势"借鉴于黄石公《素书·原始》"贤人君子，明于盛衰之道，通乎成败之数，审乎治乱之势，达乎去就之理。故潜居抱道以待其时"。不同之处，一为道家作品，讲"待其时"，一为儒家主张，是处理道势关系时所表现的一种态度。

③ 汉赵岐注"柳下惠不恭"为"柳下惠轻忽时人，禽兽畜之，无欲弹正之心，言其大不恭敬也"（赵岐注，孙奭疏：《孟子注疏》，第 99 页）。

④ 赵岐注，孙奭疏：《孟子注疏》，第 99 页。

⑤ 朱熹、吕祖谦撰，严佐之导读：《朱子近思录》，上海古籍出版社 2000 年版，第 127 页。

(二)“抱道以待势”的伯夷:“清者”的自守

如果说“出仕以道”是孟子的原则,“得势以行道”是孟子的理想,但人类社会的现实却是道、势分离,内在人格上的“圣”与外在势位上的“王”从来就未完全合一过。当现实与理想发生冲突时,“抱道以待势”的伯夷便凸显了他独特的“清者”的价值。孟子为何称许伯夷为“圣之清者”?因为伯夷生处商朝的最后一位君主——历史上最无道的暴君商纣王之时。在此时遇之下,伯夷“非其君不事,非其民不使”,“治则进,乱则退”,树立了一种“抱道以待势”、清洁自守的圣人形象。在这种形象的带动与感化下,“顽夫廉,懦夫有立志”。在孟子看来,伯夷这种志操高洁、超拔流俗、遗世独立的精神,正表现了儒家理想人格在德性优先基础上守道谨严的圣人形象。

孟子虽赞誉伯夷为“圣之清者”,但也表露出些许的批评。在另一处,孟子评论伯夷的“不立于恶人之朝,不与恶人言”,“推恶恶之心,思与乡人立,其冠不正,望望然去之,若将浼焉”[①]这种过于清洁的行为为“隘”。对此,东汉赵岐解释为“与乡人立,见其冠不正。望望然,惭愧之貌也。去之,恐其污己也”[②];今人杨伯峻将“隘”解释为“器量太小”[③],都表达了伯夷因惧怕污染不愿打开心胸接纳世俗之人,属于缺乏任道担当意识的“清者”形象。

(三)“谋势以行道”的伊尹:“任者”的担当

在道与势的紧张关系中,伯夷是偏向于守道严毅的“清者”;“五就汤、五就桀”“治亦进,乱亦进”的伊尹则是孟子心目中偏向于“谋势以行道”的任者[④]。他“何事非君?何使非民?治亦进,乱亦进”的形象就与“不立于恶人之朝,不与恶人言”“治则进,乱则退”的清者伯夷拉开了距离。“谋势以行道”是笔者对《孟子》文本中伊尹形象的归纳,但要真正进行深层的分析,还有三点需要申说。第一,伊尹作为“圣之任者”,需要借助“势”(外在于己的政治权力及个人的人间爵位)。所以,伊尹需要“谋势”。第二,伊尹之“谋势”并非“枉道以从势”,而是坚守了“出仕以道”的原则。在《孟子·万章上》中,孟子明确否认当时流传的“伊尹以割烹要汤”的故事,认为伊尹处于无道

---

① 赵岐注,孙奭疏:《孟子注疏》,第98页。

② 赵岐注,孙奭疏:《孟子注疏》,第98页。

③ 杨伯峻:《孟子译注》,中华书局1960年版,第84页。

④ 伊尹作为一个历史人物,其真实的形象多有争议,本文只讨论伊尹在《孟子》文本中的形象。

的夏桀之乱世，本来“耕于有莘之野，而乐尧舜之道”，同伯夷之志没有区别。但经过商汤三次的敦请，他作为任者的担当意识突然被唤醒：与其隐居而乐尧舜之道，何如辅佐汤王伐夏安民、教化百姓，从而使当世之君成为尧舜之君，使当世之民成为尧舜之民？而要行此“治国平天下”的事业，则必须有相应的“势”的支撑。因此，伊尹不再拒绝人间权势。第三，伊尹谋势的日的和归宿还是“借势以行道”。所以，他以“天民之先觉者”自居，以“将以斯道觉斯民”“非予觉之，而谁也”的行道热忱与担当意识施行起“先知觉后知，先觉觉后觉”的工作。

当然，伯夷与伊尹只是孟子心中人格理想及社会关怀意识的投射，在道与势的紧张关系中，伯夷偏向于清，伊尹偏向于任。偏向于清，近“隘”；偏向于“任”，则很难保证道的原则性，在现实当中很难避免“枉道以从势”。虽然孟子极力否认伊尹之“割烹要汤”的传言，但历史的真相究竟如何却不得而知。对这一点，孟子在竭力为伊尹辩护时，不会没有觉察。虽然，终《孟子》之书也未见到孟子对伊尹的直接批评，但孟子在“清者”与“任者”之后，又讲到了“圣之和者”与“圣之时者”，我们便不难从中窥见端倪。

还有一点需要特别指出的是，孟子本人并非完全符合“四圣说”中的任何一种类型。虽然，孟子的说法是“乃所愿，则学孔子”，内心当中也向往做一个“圣之时者”，但由于个人气质及时势的不同，孟子终究与孔子不类。结合《孟子》一书及其他相关史料，笔者以为，孟子坚守着“以道谋势”的原则，怀揣着“得势以行道”的理想及“如欲平治天下，当今之世，舍我其谁”[①]的从政热情，而从事着游说诸侯的工作。由于现实中道与势的紧张关系，孟子如儒家的斗士一般，一生都在“谋势以行道”与“抱道以抗势”之间徘徊。这是孟子的悲壮处，也是孟子的伟大处，还是孟子留给中国传统士人的最大遗产。

清初的李二曲就是孟子这一遗产的承接者。由于明清易代的刺激，清初的学者大多数在反省理学的空疏中，主张返归先秦孔孟之学。身为理学家的二曲同样要求在“剖破朱陆藩篱”的基础上“上接邹鲁之统”。[②] 在其晚年之作《四书反身录·孟子》中，其弟子问及“孟子愿学孔子，先生何所愿”

① 赵岐注，孙奭疏：《孟子注疏》，第125页。

② 张开宗：《反身录跋》，《二曲集》卷二九，第399页。

时，二曲的回答是，“愿窃比于我孟子而已”[①]，明确地表达了对孟子精神的继承。特别是对孟子论士节及士人的理想境界——“四圣说”，二曲继承与发扬孟子之旨尤其显豁。那么，处于明清易代这一特定时期的二曲又是如何继承、发扬与改造这笔遗产的呢？

二、抱道以避势："清者"新诠

对二曲的《四书反身录·孟子》进行深入研读，我们会发现有两点值得注意。一是二曲同孟子一样，也特别重视“伯夷之清”与“伊尹之任”，把二者视作两种基本的圣人类型；二是二曲对孟子圣人观的诠释有一个鲜明的特征，即不能停留于理论的阐发，而是要“切己自反，以身发明”[②]。因此，整个《四书反身录》，“非疏《四子》也，于其言之有合于《四子》，或时感于《四子》之言，而偶有所发，其诸门人小子笔而存焉”[③]。推之，二曲对自己所景仰的孟子的诠释更是如此。下文言及二曲对孟子圣人观的诠释，将结合二曲整个的生命践履来研讨。据此，我们会发现，二曲对“清者”的诠释为“抱道以避势”，对“任者”的诠释为“避势以行道”。

（一）盛赞伯夷，以“清者”立基

直接谈到伯夷其人的地方，在《二曲集》中只有两处。一见于《四书反身录·孟子》，是二曲对《孟子·公孙丑上》所讲的“伯夷隘，柳下惠不恭，隘与不恭，君子不由”的评论。二曲这样发表自己的见解：

> 伯夷之清固近“隘”，吾人苟能学其清，而不同流合污，虽“隘”亦不害其为贤。若因孟子说“隘”，立身之初，便先从不隘处做去，鲜不流于乡愿。[④]

一见于《年谱》“康熙十一年壬子，四十六岁”条：

> 是春绝粮，几不能生。……先生每值困阨，则诵“伯夷、叔齐饿死”

---

① 李颙撰，陈俊民点校：《二曲集》卷四四，第543页。

② 刘青霞、肃林：《四书反身录序》，《二曲集》卷二九，第397页。

③ 康乃心：《四书反身录序》，《二曲集》卷二九，第398页。

④ 李颙撰，陈俊民点校：《二曲集》卷四三，第514页。

并“志士在沟壑”以自振。[①]

综合这两条，我们可以看出，二曲对伯夷极为推崇，对其评价也明显高于《孟子》当中伯夷的形象。因此，二曲将“清者”的形象作为自己“立身之初”的修养之基，并以之警策自身，勉励众弟子。这是因为二曲生于明末，东林之影响犹在，理学家的修养及东林精神的熏陶使得二曲非常重视名节。对此，二曲又称之为“真品”。这既是对《孟子》中“伯夷”之“清”的继承，也是一位理学家回应清初特殊的形势而作的改造与发扬。

(二)承接“出仕以道”，倡导名节与“真品”

规范从政道德，讲究“出处行藏”的原则与操守，是历代士人特别重视的问题。二曲之重视出处行藏，倡导士人之名节，也是承继了孟子“出仕以道”的路线。其晚年在《四书反身录·论语》中诠释“用之则行，舍之则藏”时，就直接引用了孟子的观念：

> “用之则行”，可以仕则仕；“舍之则藏”，可以止则止。行藏惟道是徇，进退不失其正。道苟见用，则进而行道以济时，进非希荣；道若不用，即退而抱道以守身，万钟有所不顾焉。[②]

“可以仕则仕，可以止则止”语出《孟子·公孙丑上》，是孟子对孔子圣人人格的称述。二曲以孟子此语去诠解孔子的“用之则行，舍之则藏”，是为了表达他心目当中士君子出处行藏应遵循的准则，即“行藏惟道是循”。这是对孟子“出仕以道”的继承与弘扬。

相对于其他时代的儒者，二曲特殊的明遗民身份及早年父亲殒命王事的特殊经历，使得他更加重视品节问题。在南行讲学中，他就对学人强调“义命廉耻”是士人立身之基。在解释孟子“不受百镒、不受万钟”时，二曲又直倡“名节”与“真品”。他说：“名节者，卫道之藩篱；辞受者，立身之大节。学者谈仁义、服道德，必须有此操守，然后学为真学，品为真品。”[③]从二曲对“真品”的重视，又依稀窥见晚明东林学者的影子。东林诸儒在朝纲日颓、阉党日炽的晚明就特别强调一个“真”字，如顾宪成尝言：“人须是一个真，是非之心，人皆有之，只以不真之故，便有夹带。是非太明，怕有通不去、合不来

---

① 吴怀清：《二曲先生年谱》，《二曲集》，第665页。

② 李颙撰，陈俊民点校：《二曲集》卷三四，第457页。

③ 李颙撰，陈俊民点校：《二曲集》卷四三，第544页。

的时节，所以须要含糊。少间，又于是中求非，非中求是。久之且以是为非，以非为是，无所不至矣。"[①]

因为对"真"的强调，二曲与东林皆有黜乡愿而进狂狷的倾向。顾宪成之弟顾允成有言："平生左见，怕言中字，以为我辈学问，须从狂狷起脚，然后能从中行歇脚。凡近世之好为中行，而每每堕入乡愿窠臼者，只因起脚时便要做歇脚事也。"[②]这种斥乡愿进狂狷的倾向为二曲所继承，如他特别称述伯夷之"清"，认为"立身之初，便先从不隘处做去，鲜不流于乡愿"[③]。但由于二曲与东林所处的时代不同，东林处于明之季世，仍希望挽狂澜于既倒；而二曲则处于明清鼎革之后，故不得不以清者自处。所以，东林士人近于"狂者进取"的形象，二曲则是狷介有守的"圣之清者"形象。如从他所讲的"士患立身有瑕，不是美玉；果是美玉，售与不售，于玉何损"[④]，就可看出二曲比之东林更加强调士的清品介节。

(三)反对"身事二姓"，誓死不事清廷

由于讲学影响，二曲中年以后已经声名大震，这也给他招致了两次大的麻烦——清廷的两次征召。一次是康熙十二年(1673)，二曲 47 岁时，陕西总督鄂公以"山林隐逸"荐二曲；一次是康熙十七年(1678)，52 岁时，兵部主政房廷祯又以"海内真儒"荐，二曲两次都是以疾病力辞。第二次征召时，形势极其严峻，官府以锁拿相威胁，二曲不为所动。当时，二曲之族弟李因笃亦以"博学宏词"被举荐，临行时涕泣以劝，二曲以"人生终有一死，患不得所耳。今日乃吾死所也"[⑤]笑答，并遗嘱其子及门人，绝水绝食五昼夜相抗。时人讶为"铁汉"，顾炎武亦为诗志感，称述二曲"读书通大义，立节冠清流"[⑥]。考察二曲誓死不仕清廷的真实原因，主要有两个：一是明遗民的身份及理学家的操守使然。在与友人秦灯岩的书信中，二曲透露了"身事二姓，大节有亏"[⑦]之语；另在《四书反身录·论语》的《微子》篇里，二曲表达了"后世若德

---

① 黄宗羲著，沈芝盈点校：《明儒学案》，中华书局 1985 年版，第 1383 页。

② 黄宗羲著，沈芝盈点校：《明儒学案》，第 1472 页。

③ 李颙撰，陈俊民点校：《二曲集》卷四一，第 514 页。

④ 李颙撰，陈俊民点校：《二曲集》卷三五，第 470 页。

⑤ 吴怀清：《二曲先生年谱》，《二曲集》，第 677 页。

⑥ 吴怀清：《二曲先生年谱》，《二曲集》，第 678 页。

⑦ 李颙撰，陈俊民点校：《二曲集》卷一七，第 187 页。

非微子，分为臣仆，主昏不能极谏，国亡不能殉节，跳身远去，俯首异姓，斯乃名教之罪人，不仁之大者”[①]的看法。二为母苦节育孤、艰困而死在他生命当中烙下的心灵隐痛。“仆痛先母贫困而死，誓终身不独享富贵，若将来强之不已，势必以死报母。”[②]

二曲之声名不仅给他招致了朝廷举荐的麻烦，就连吴三桂乱军也慕名想拉拢他。对此，二曲迁居数百里外的富平县，以示不与之同流合污。[③] 经历了荐举风波和吴三桂乱军的拉拢之后，二曲深以不能藏身敛迹为悔。学人张起庵慕名来访时，语及乾之初爻，二曲深有感触，谓“学须深潜缜密，埋头独诣，方是安身立命。若退藏不密，不惟学不得力，且非保身之道。昔人谓‘生我名者杀我身’，区区今日，便是榜样”[④]，张起庵叹息而去。

自47岁至52岁这几年间，二曲一直处于朝廷举荐和吴三桂乱军的困扰之中。因是，二曲为《谢世言》以绝人事，并自建“土室”，晚年一直避居其中，研读“四书”，除门弟子及二三好友外，不与他人交接。只是，二曲“虽闭户幽居，而一念己饥己溺之心，未尝一刻少忘”[⑤]。所以，二曲在实践伯夷之“清”后，还要力求“避世以行道”，走向“圣之任者”。

三、避势以行道：“任者”新诠

二曲对“圣之任者”的向慕与实践，是从对伊尹的独特诠释开始的。在二曲那里，孟子笔下的“任者”伊尹，呈现为一种“清者”之“任”。那么，二曲是如何具体诠释伊尹的呢？

（一）“清者”之“任”：伊尹新诠

关于伊尹的评价，二曲的《四书反身录·孟子》中出现了3次，一次是在解释《公孙丑上》孟子所讲的“不可召之臣”时：

---

① 李颙撰，陈俊民点校：《二曲集》卷三九，第505页。

② 李颙撰，陈俊民点校：《二曲集》卷一七，第187页。

③ “八月初六日，先生挈家避兵富平。是时，云贵构乱，蜀汉尽陷。盩厔密迩南山，敌人盘踞于中，土人往来私贩者，传敌营咸颂先生风烈。先生闻之大惊，亟拟渡渭远避。会张参戎升总镇，肃舆迎送富平。”（吴怀清：《二曲先生年谱》，《二曲集》，第672页）

④ 吴怀清：《二曲先生年谱》，《二曲集》，第670页。

⑤ 李颙撰，陈俊民点校：《二曲集》卷一八，第210页。

“不可召之臣”，伊吕而后唯诸葛武侯庶几此风，故士必自重，而后为人所重。①

一次是在解释《滕文公下》孟子回应陈代“枉尺直寻”时：

士人有真操守，自然有真事业；若操守不真，则其事业可知。伊、傅、吕、葛一出，而事业卓越不群，良由未出之先，操守卓然不苟。②

一次是在解释《万章上》孟子否认伊尹“割烹要汤”，称赞伊尹躬耕乐道、取严不苟的节操时，二曲发挥道：

伊尹躬耕，惟道是乐。“禄之以天下，弗顾；系马千驷，弗视”，何等胸次！“一介不取”，何等操持！此方是真乐道。吾人居恒非不谈道，非不自谓“乐道”，不知胸中果超然无欲，皭然无滓，于凡非道之物，略无少动乎？取严一介，不肯少苟乎？若此处不慎，而曰“乐道”，道可知矣。③

“天之生斯民也，使先觉觉后觉”，故先觉之觉后觉，实代天宣化，寅亮天工。若自觉而置斯世斯民于度外，不以之觉人，便是旷天工。

问“天固不可旷，然必有伊尹之遇，而后得以斯道觉斯民，否则不尊不信，不信民弗从”。曰：只患不觉，果能自觉觉人，遇不遇非所论也。王心斋，一盐丁耳，偶有悟于圣贤之学，即以先觉自任，挺身号召，随机开导，万众咸集，人人意满，虽皂隶臧获，莫不欢若大梦之得醒，初曷尝藉名位？④

一介不苟之操，万物皆备之量，此伊尹之所以为圣也。周子所谓“志伊尹之志”者，此志而已。⑤

深入分析以上这三段材料，我们明显可看出伊尹在二曲心目中的形象与孟子相比又发生了一些转移。第一，在二曲这里，不再出现“五就汤，五就桀”“治亦进，乱亦进”“何事非君，何使非民”等《孟子》书中的字眼，反而强调了本来就可能已被孟子歪曲的“躬耕乐道”“取予不苟”(上引第三段材料)。

---

① 李颙撰，陈俊民点校：《二曲集》卷四一，第515页。
② 李颙撰，陈俊民点校：《二曲集》卷四一，第517页。
③ 李颙撰，陈俊民点校：《二曲集》卷四二，第522～523页。
④ 李颙撰，陈俊民点校：《二曲集》卷四二，第523页。
⑤ 李颙撰，陈俊民点校：《二曲集》卷四二，第524页。

于是,伊尹的形象,首先就偏向了一个重视品节、抱道守身的"清者"。第二,伊尹不同于伯夷那种纯粹的"清者"的地方,是他有"事业",只不过他的"事业"是"真事业",是由其"真操守"发出的。伊尹同样是坚守"道高于势"的"不可召之臣",是以"清节"为根基的。关于这点,二曲比孟子强调得更甚。第三,伊尹之所以为圣的地方,不仅仅在于他的"事业",更在于他具备"一介不苟之操,万物皆备之量"。所以,即使无伊尹之"遇",依然可以以"先觉自任""随机开导",在民间从事"化民成俗""表正人伦"的讲学工作;用二曲的话说,就是"在朝在野皆有事"。

(二)在朝在野皆有事:"清者"与"任者"的圆融

二曲中年时曾南下讲学,门人录之为《锡山语要》。在这次讲学活动中,二曲就明确表达了这种看法:

> 士人立身,无论显晦,俱要有补于时。在位,则砥德砺行,表正人伦于上;在野,则砥德砺行,表正人伦于下。所谓在朝在野皆有事是也。[①]

在二曲看来,儒者最重要的活动是"表正人伦",教化百姓。那么,无论在朝在野,士人便应当而且可以去推行这一工作。所以,二曲才可以强调"士人立身,无论显晦,俱要有补于时",在位则砥砺德行,表正人伦于上;在野,则砥砺德行,表正人伦于下,总之是"在朝在野皆有事",而非在野便可如佛老一样独善其身。这样一来,伯夷之"清"完全可以走向伊尹之"任",也必须走向伊尹之"任";反过来,伊尹之任也必须以"清者"之"清节"为根基。这样一来,"清者"与"任者"之间的紧张关系就得以化解,二者之间形成了一种圆融无碍的关系。

(三)避势以行道:二曲的"任者"之路

二曲早年的经世意识,与历代大部分儒者并无实质性的不同。未过而立之年的二曲就博览群书,不但于经、史之书广泛涉猎,而且有志于政治、军事之学。据《年谱》载,二曲于30岁时,因目击流寇劫掠之惨,是年究心兵法,称赞太公、武侯、阳明之为"有用道学"。这可以看作明末延续到清初的经世致用思潮的一部分。但是,二曲步入中年以后,经世思想却发生了重大转变。此一转变,二曲友人骆仲麟在为二曲《匡时要务》所作的序中有详细

---

① 李颙撰,陈俊民点校:《二曲集》卷五,第39～40页。

的记载：

《匡时要务》，关中二曲先生语也。先生甫弱冠，即以康济为心，尝著《帝学宏纲》《经筵僭拟》《经世蠡测》《时务急着》诸书，其中天德王道，悲天悯人，凡政体所关，靡不规画。既而雅意林泉，无复世念，原稿尽付"祖龙"，绝口不道，惟阐明学术，救正人心是务。贤士大夫咸师尊之。叶郡伯辟关中书院，延以式多士，终不就。抚军白大中丞，欲疏荐于朝，以隆大任，毅然力辞。①

《匡时要务》作于二曲44岁时，此时已是康熙九年(1670)，清廷统治渐趋稳定。结合此种时代背景，再细思二曲从"凡政体所关，靡不规画"到"雅意林泉，无复世念"的转变，或能些许察觉到明清之际儒者从志存经世、欲图复明到不得已而埋头治学、守先待后的心路历程的转变。这种转变，既是迫于政治高压，也是眼见复明无望，事无可为，不得不将家国之痛深藏于内心，其中饱含的沉痛与辛酸，不难推知。这是二曲及其他同时代儒者最后放弃武装抗清的最重要原因。

这里还有一个值得探讨的问题，即二曲的"雅意林泉，无复世念"真的说明他从此走向佛老遁迹山林的哲学，而于世道治乱、生民休戚不闻不问了吗？我们从他晚年所作的《司牧宝鉴・小引》中便可窥见事实并非如此。二曲说："余闭户养痾，久与世睽，虽居恒绝口弗及世事，而世道人心，未尝一日忘怀。"②《司牧宝鉴》作于二曲晚年，此时二曲已经因屡蒙征召而闭户不出，久与世隔，但仍没有放弃世道生民之念。这说明，二曲终究是一个有着深切救世意识和担当感的儒者。那么，他之所谓的"雅意林泉，无复世念"只能作如下的解释：第一，"雅意林泉"并非真的要遁迹山林，而是明遗民的身份使他采取了与清廷不合作的态度，不愿身仕二姓而为清臣；第二，二曲虽不愿出仕为官，但并未放弃志存经世的儒家立场，只是对现时代的根本问题有着自己独特的看法，并由此而转换了经世的具体思路。他说：

先觉倡道，皆随时补救……若夫今日吾人通病，在于昧义命，鲜羞恶，而礼义廉耻之大闲，多荡而不可问。苟有真正大君子深心世道、志

① 骆钟麟：《匡时要务序》，《二曲集》卷一二，第103页。

② 李颙：《司牧宝鉴・小引》，《二曲集》卷二八，第369页。

切拯救者，所宜力扶义命，力振廉耻，使义命明而廉耻兴，则大闲借以不逾，纲常赖以不毁，乃所以救世而济时也。当务之急，莫切于此。[1]

二曲认为，儒者倡道救世皆是针对当下具体的时代问题，故皆是“随时补救”。在他看来，晚明以来最重要的社会问题便是人心的蛊坏、士风的寡廉鲜耻，即“昧义命，鲜羞恶”导致的伦理纲常的败坏，这是明亡最内在、最根本的原因。而明清易代之后，清廷又实施了文化上威慑利诱的分化瓦解政策，由此加剧了人心士风的堕落与蜕化。二曲认为，当下一个有担当感的儒者最应做的事情便是提撕人心，表正人伦。而要提撕人心，表正人伦，首推讲学。可以说，二曲从中年频繁的讲学活动至晚年的避居土室，依然传授弟子、接引来学，都是此一担当感的具体表现。

二曲晚年最得力的弟子王心敬通过称述其师之言，对二曲的为人与为学作了一个总体的评价：

盖先生之心，万物一体之心；先生之学，万物一体之学。尝自言曰：“离人无所为我，此心一毫不与斯世斯民相关，便非天地之心，便非大人之学，便是自私自利之小人儒，便是异端枯寂无用之学。吾辈须为天地立心，为生民立命。穷则阐往圣之绝诣，以正人心；达则开万世之太平，以泽斯世。岂可自私自利，自隘其襟期。”[2]

王心敬将二曲之学定位为万物一体的大人之学，与二曲对伊尹“一介不苟之操，万物皆备之理”的定位不谋而合。而二曲之言“此心一毫不与斯世斯民相关，便非天地之心，便非大人之学”，正说明了他所做的“穷则阐往圣之绝诣，以正人心”的文化传承活动，即是“为天地立心，为生民立命”，亦是“为万世开太平”的“任者”的事业。在此种意义上来说，“穷则阐往圣之绝诣，以正人心”的社会教化与文化传承活动，也就一样有功于天下，有功于万世，也就可以成为一种独特的经世方式。二曲又称颂伊周孔孟之事迹，认为他们是“得志则经纶参赞，兼善天下；不得志则绍前启后，兼善万世”[3]，尤其是当时不得志的孔孟，反能“绍前启后，兼善万世”。这既是对孔孟所做的文化传承

---

① 王心敬：《南行述》，《二曲集》卷一〇，第76页。

② 王心敬：《司牧宝鉴序》，《二曲集》卷二八，第368页。

③ 李颙撰，陈俊民点校：《二曲集》卷三，第25页。

活动的称颂，也透显出二曲传承道统、担当世运的“清者”与“任者”兼备的圣者情怀。

总之，对孟子的“四圣说”，二曲以自己独特的“反身实践、以身发明”的方式进行了全新的诠释。由于孟子生活在士的地位日益凸显、士的自觉意识日益高涨的战国时代，孟子的“四圣说”是基于道、势紧张关系而提出的圣人观，清者与任者的距离即是道与势紧张关系的呈现。到了清初儒者李二曲这里，在专制制度、改朝换代、异族统治带来的政治高压下，应当说道与势的关系更为紧张。在此种情境下，二曲以“抱道以避势”“避势以行道”的高超智慧圆融地解决了这个问题。这是二曲为易代之际的士人人格的独立、社会关怀意识的承续所探索到的一条出路，也是二曲通过承接孟子“圣人观”而贡献给士人的最大财产。

康有为《尚书》诠释研究

刘　星

摘要:康有为认为,历代封建统治者尊崇的"古文经学"诸如《尚书》《左传》等儒家经典系西汉末年刘歆伪造,应该统统被斥为"伪经"。刘歆作伪经是为王莽政权辩护,故此,古文经学只是新莽政权的一朝之学。康有为著《新学伪经考》的初衷是为《孔子改制考》作铺垫,是要把孔子塑造为一个改革家,为其维新变法的政治目的服务。

关键词:《尚书》　康有为　经典诠释

关于康有为《尚书》辨伪的内容,主要集中在《新学伪经考》一书中,全书共计14卷,初刊于1891年,与《孔子改制考》一书并称"两考"——一破一立,其主旨是打着"公羊学"的旗号,宣扬其托古改制、维新变法等思想。《新学伪经考》重在从经学着手,对传统经典诸如《尚书》《春秋》等儒家古文经进行猛烈攻击。康有为认为,东汉以来的经学系刘歆伪造,而非孔子之典籍,其目的是反对当时流行的乾嘉学派(汉学)与程朱理学(宋学),使汉、宋学失去存在的依据,为变法维新扫清障碍,为其政治目的服务。

一、康有为《尚书》诠释的背景分析

在中国经学发展史上,从汉代开始就出现了用隶书以及先秦古文两种

本文系国家社科基金一般项目"康有为《春秋》新解与儒学转型与发展研究"(19BZX070)阶段性成果。

刘星,内蒙古师范大学马克思主义学院副教授,主要从事中国儒学史研究。

文字写成的儒学经籍，二者分别被称为今文经和古文经。所谓的“伪经”只是康有为对古代经文的一种断定而已，他认为古文经籍根本不是先秦留存下来的原本，而是刘歆为帮助王莽夺取政权而蓄意编造的。作为“六经”之一的《尚书》，早在康有为之前的清代学者那里就开始了辨伪工作，譬如阎若璩(1636～1704)辨东晋《古文尚书》和《孔安国尚书传》之伪。清代学者对《尚书》的辨伪仅限于治经范围，是要在学术上使经学更为真实可靠。而康有为的辨伪工作显然不是对前人的继承，而是出于一种特殊的政治目的。

《新学伪经考》是康有为的辨伪之书，其目的就是要破除两千年的封建思想根基。他直陈全部的古文经书皆系刘歆伪造，“二千年之学，皆新学，皆伪学”。康有为说：“始作伪乱圣制者自刘歆，布行伪经篡孔统者成于郑玄。阅二千年岁、月、日、时之绵暖，聚百、千、万、亿衿缨之问学，统二十朝王者礼乐制度之崇严，咸奉伪经为圣法，诵读尊信，奉持施行，违者以非圣无法论，亦无一人敢违者，亦无一人敢疑者。”①康有为认为，刘歆作伪的目的是取媚于新莽政权。可以看到，康有为的解经方式有着惊人的胆略，或者说他有着超乎常人的自信，甚至当出土文物与其学术、政治主张相抵牾的时候，他仍断言“出土之钟鼎彝器，皆刘歆私铸埋藏以欺后世”②。因此，他如此大胆的“学术研究”可以设想其“学术价值”的含量十分有限。只不过清代今文经学家自魏源起重在对“经世致用”之学的阐发，已不再是对学术价值的追求，而是对政治价值的掘发。对这一极富成效的研究理路，梁启超在总结《新学伪经考》时给予了充分的肯定：“第一，清学正统派之立脚点、根本摇动；第二，一切古书，皆须重新检查估价。此实思想界之一大飓风也。”③这样，康有为就为他日后的维新变法思想作了铺垫。既然古文经学皆系刘歆伪造，那么想要探求孔子最正宗的“微言大义”，便只有从其建构的今文经学理论中去找寻了。康有为认为，“孔子之为万世师，在于制作《六经》，其改制之意，著于《春秋》。孔子早而从周，晚莫道不行，思告后王，于是改制”④。所有这些改制的前奏工作，都以康有为的《新学伪经考》为前提。

---

① 康有为：《新学伪经考》，康有为撰，姜义华、张荣华编校：《康有为全集》第一集，中国人民大学出版社 2007 年版，第 355 页。

② 梁启超：《清代学术概论》，《饮冰室合集》，中华书局 1988 年版，第 56 页。

③ 梁启超：《清代学术概论》，《饮冰室合集》，第 56 页。

④ 楼宇烈整理：《长兴学记》，中华书局 1988 年版，第 19 页。

“当一种文明需要被阐明和弘扬时，往往意味着正处于面临危机之际。正如康有为在《意大利游记》中承认的那样，中国文明在近代已出现了‘退化危弱’之象。”①可以说，康有为早年接触过西方先进的科学技术知识，也看到了西方国家的强大。在他看来，建基于先进的工业文明和现代化生产方式的西方世界，挟持着全球性资本扩张，气势汹汹地与古老中国遭逢，两种文明——中国古老的小农文明与西方的现代工业文明之间产生的激烈碰撞与冲突，使中国陷入了前所未有的困境。在这个“千年未有之变局”当中，古老的中国传统文明如何走出困境并重获生机，便成为近代先进中国人思考问题的核心所在。康有为试图对欧美先进的文明成就进行系统移植，以使中国文明再现汉唐的辉煌，并以新的形象融入人类未来的世界文明。而所有这些目标的实现都要先破除风靡两千年的“无一人敢违”“无一人敢疑”的封建教条，于是，康有为就把矛头指向了以《尚书》为代表的儒家经典。康有为《新学伪经考》的目的是“破”，其后来的《孔子改制考》是“立”，是要彰明孔子的权威，重塑孔子作为改革者的形象。

晚清康有为对《尚书》等儒家经典辨伪而举起的公羊学大旗，客观上促成了维新运动的发动，并成了思想解放的潮流，推动了社会的发展。自龚自珍至康有为，都代表着社会进步力量，他们以“公羊三世说”作为武器对处于统治地位的顽固派的僵死观点进行了殊死的“搏斗”，这也是中国哲学观点演进的重要模式。

康有为对《尚书》等儒家经典的辨伪，开启了疑古、融会西学以及重建经学体系。正是康有为以今文经学的通经致用、托古改制以及变法维新等学说的建构，从根本上瓦解了传统经学的本质，而将其锻造成变法维新的思想武器，最终完成了古典儒学的终结；对《尚书》等儒家经典辨伪而著成的《新学伪经考》，以及《孔子改制考》前期理论建构的完成，加之他对西学、西政的吸收，使康有为从复古更化的政治哲学之维向救亡图存、保国保教的政治现实之维转变。

① 张荣华：《文明本质及其发展的探索与构造——康有为〈春秋笔削大义微言考〉述论》，《学术月刊》1994 年第 7 期。

二、康有为《尚书》诠释的主要内容

康有为今文经学建构的核心，存在于《新学伪经考》与《孔子改制考》的“两考”之中。因此，对《尚书》等儒家经典进行辨伪成为其思想的出发点。下文将以《尚书》为例，剖析康有为的基本逻辑思路。

首先，康有为直陈刘歆作伪的动机问题。康有为认为，刘歆对儒家经典作伪主要出于两个层面的考量：一方面出于学术上的目的，即为“以伪经篡孔学”①，“至于后世，则亡新之亡久矣；而歆经大行，其祚二千年，则歆之篡过于莽矣。而歆身为新臣，号为‘新学’，莽亦与焉，故合歆、莽二传而辨之，以明新学之伪经云”②。康有为认为，刘歆主要通过对孔学的篡改，以达到随意解释经学的目的，“于是夺孔子之经以与周公，而抑孔子为传；于是扫孔子改制之圣法，而目为断烂朝报”③。康有为从道德层面与国家层面分析了刘歆这种做法的恶劣性质，“是上为圣经之篡贼，下为国家之鸩毒者也”④。另一方面出于政治上的目的，即主要为王莽篡汉作理论上的准备。“时莽未有篡之隙也，则歆之畜志篡孔学久矣。遭逢莽篡，因点窜其伪经，以迎媚之。”⑤

其次，关于《尚书》的存案问题。康有为认为，《尚书》并没有在秦朝的“焚书坑儒”中亡佚。故此，《尚书》一直留存着。《史记》云：“伏生者，济南人也。故为秦博士。孝文帝时，欲求能治《尚书》者，天下无有，乃闻伏生能治，欲召之。是时伏生年九十余，老不能行，于是乃诏太常使掌故朝错往受之。秦时焚书，伏生壁藏之。其后兵大起，流亡，汉定，伏生求其书，亡数十篇，独得二十九篇，即以教于齐鲁之间。学者由是颇能言《尚书》，诸山东大师无不涉《尚书》以教矣。伏生教济南张生及欧阳生，欧阳生教千乘兒宽。”⑥康有为认为，伏生的《尚书》版本虽然有所亡佚，但仍可以称为“孔子所传之经”。康有为又言及欧阳生及其“千乘兒宽”，旨在证明伏生继承了《尚书》的正宗，虽“亡数十篇”仍“以教于齐鲁之间”。同样，对于伏生保存《尚书》一事还有相

① 康有为：《新学伪经考》，《康有为全集》第一集，第428页。
② 康有为：《新学伪经考》，《康有为全集》第一集，第429页。
③ 康有为：《新学伪经考》，《康有为全集》第一集，第355页。
④ 康有为：《新学伪经考》，《康有为全集》第一集，第355页。
⑤ 康有为：《新学伪经考》，《康有为全集》第一集，第429页。
⑥ 司马迁撰：《史记·儒林列传》，中华书局1982年版，第3124～3125页。

关描述："伏生故秦博士，秦焚书，非博士所职悉焚，则博士所职不焚，然则伏生之《书》，为孔子所传之经确矣。博士以《尚书》为备，以其传授有绪，故比之二十八宿也。欧阳、大小夏侯传今文者无异辞。"[①]然后，康有为又附一按语："齐、鲁诸儒生千百，而治《尚书》者唯伏生为首，藏书之禁仅数年，藏书之刑仅城旦，不能害也。然则伏生之《书》为孔子之正传确矣。"[②]也意在证明伏生之《尚书》乃"孔子之正传"。

为了证明伏生之"真"与刘歆之"伪"，康有为对《尚书》与《古文尚书》进行进一步的界定："《尚书古文经》四十六卷，《经》二十九卷。《经》者，即伏生二十八篇，并后得《泰誓》之本。《古文经》四十六卷，二十九卷外并得多十六篇，计之尚缺一卷，必合《序》数之乃足，然则《序》与十六篇同出无疑。欧阳、大小夏侯皆不言《序》，后汉古文大行，注《尚书》者遂皆注《序》，则《序》出于歆之伪古文明矣。"[③]康有为对刘歆之于伏生的评价，给予了还击："直谓'伏生阙谬'，可谓无知而悍犷矣。然古学盛行，于是，五百余年积非成是，盗憎主人，奚足记哉！唯'不别记'，则今文遂亡，德明不能无罪焉。"[④]

再次，关于刘歆伪经的后果分析。康有为直陈自汉武帝立"五经"博士之后的百余年，今文经学盛极一时，但是其弊端也随之出现。伪古文经取代今文经的重要原因在于：第一，今文经学的"一经之说，至于百余万言，五字之文，至于二三万字，繁冗至此……"[⑤]，因此烦琐累赘是其最大的弊病。第二，伪经传授者皆为当时的名士，有很大的学术影响力。影响力愈大，其破坏性及其造成的恶劣后果就愈严重："通其一艺即征诣公车，前后千数，以广伪学，壹异说。于是，天下皆诵歆学，而孔子之学绝矣。盖歆之所以得行伪学者，皆莽为之。……盖歆以博闻强识绝人之才，承父向之业，睹中秘之书，旁通诸学，身兼数器，旁推交通，务变乱旧说而证应其学。训诂文字既尽出于歆，天文、律历、五行、谶记、兵法又皆出之，众证既确，城壁愈坚。当时既托古文之名，借王莽之力以广其传，传之既广，行之既久，则以为真先圣之遗文矣。"[⑥]

---

① 康有为：《新学伪经考》，《康有为全集》第一集，第382页。

② 康有为：《新学伪经考》，《康有为全集》第一集，第365页。

③ 康有为：《新学伪经考》，《康有为全集》第一集，第384页。

④ 康有为：《新学伪经考》，《康有为全集》第一集，第460页。

⑤ 康有为：《新学伪经考》，《康有为全集》第一集，第428页。

⑥ 康有为：《新学伪经考》，《康有为全集》第一集，第432页。

因此,康有为对刘歆作伪进行了猛烈的攻击:“学者不正其心术,而以博闻强识造说立端,其祸等于洪水猛兽,可不惧乎!《昏义》:三夫人,九嫔,二十七世妇,八十一御妻。若非歆伪窜者,则三公、九卿、二十七大夫、八十一元士之命妇乎!若以为后宫有是,则断断无是也。”[①]康有为认为,正是因为刘歆的影响力之大、学术造诣之深,其作伪造成的破坏性作用在之后的两千年里,“莫有发难者也”。康有为说:“自魏、晋至唐,言术艺之士皆征于歆。寖(按:浸)淫既久,开口即是,孰能推见至隐,窥其瑕衅乎?此所以范围二千年,莫有发难者也。今《汉书·律历》《天文》《五行志》,皆歆之学,与诸古文经若合符节,月令、兵法亦然。”[②]最后的结果是“不知古学皆刘歆之窜乱伪撰也,凡今所争之汉学、宋学者,又皆歆之绪余支派也。经歆乱诸经,作《汉书》之后,凡后人所考证,无非歆说。征应四布,条理精密,几于攻无可攻,此歆所以能欺给二千年,而无人发其覆也”[③]。

又次,尊孔、尊儒一以贯之。尊孔、尊儒、尊中贯穿康有为的一生。第一,康有为对孔子之学的独尊地位进行论证,指出“孔子之学,秦时已立博士”[④];充分肯定“孔子之学”的重要性,在论证“孔子之学”的重要性之余,又对“儒”作了详细的界定:“凡所云‘儒’者,皆与异教对举而言。盖孔子改制后,从其学者皆谓之‘儒’。故‘儒’者,譬孔子之国号,如高祖之改国号为汉,太宗有天下之号为唐,艺祖有天下之号为宋,皆与异国人言之,至于臣民自言,则云‘皇朝’‘圣朝’‘本朝’‘国朝’,人自明之,不待称国号也。”[⑤]第二,康有为又论述“孔子之学”涵盖其他一切学问。“孔子之道,范围天下,子思所谓‘上律天时,下袭水土’。”[⑥]

最后,康有为对具有政治意义的《周官》以及定刘歆《古文尚书》根本的《书序》进行辨伪。康有为直陈刘歆之“伪《周官》”之害:“特自伪《周官》,欲托身为周公以皋牢一切,故兼收诸子,以为不过备我学一官、一职之守,因痛抑孔子,以为若而人者,亦仅备一官守,足助顺阴阳、明教化而已,阳与之,实所以夺之者至矣!唐人尊周公为先圣,而以孔子为先师,近世会稽章学诚亦

---

① 康有为:《新学伪经考》,《康有为全集》第一集,第437页。
② 康有为:《新学伪经考》,《康有为全集》第一集,第433页。
③ 康有为:《新学伪经考》,《康有为全集》第一集,第361～362页。
④ 康有为:《新学伪经考》,《康有为全集》第一集,第414页。
⑤ 康有为:《新学伪经考》,《康有为全集》第一集,第414页。
⑥ 康有为:《新学伪经考》,《康有为全集》第一集,第416页。

谓周公乃为集大成，非孔子也，皆中歆之毒者。”[①]又对刘歆之《书序》进行证伪，他认为：“《书序》之伪明，百篇之妄祛矣。然篇目真伪杂出，今古淆乱。且真《书》中亦自有辨：有孔子之《书》，有孔子未修之《书》。……刘歆以后，《书序》大行，诸儒征引均祖之。既明《书序》之伪，根本既除，枝叶自去，今置不议。”[②]

三、康有为《尚书》诠释的时代价值

康有为生活在清末民初那个社会大动荡的时代，为实现救国救民的远大抱负，勇敢地接过今文经学的大旗。康有为由最初坚守的古文经学立场到今文经学的转变，缘于其对《尚书》等儒家经典辨伪的《新学伪经考》。

第一，“经世致用”思想的掘发。康有为在《新学伪经考》中对《尚书》等儒家经典进行辨伪的目的，是要把为封建帝制辩护的古文经学拉下神坛。作为一个有鸿鹄之志的读书人，他闭门苦苦思索。残酷现实使他开始把个人的前途与国家的命运和世界风云变幻局势联系起来，在这一阶段，他的思想发生了巨大变化，开始“日日以救世为心，刻刻以救世为事，舍身命而为之”[③]。

树立救民于水火的理想。康有为的决心也像魏源一样，“师夷长技以制夷”，就是要学习西方长处，实行维新变法以振兴中华。1891 年，康有为在“万木草堂”招徒讲学，建立新型的教学团体，这为他日后维新变法的政治团体培养了一批维新变法的骨干力量。“万木草堂”成为他新思想的前沿阵地，特别是 1891 年和 1896 年刊行的《新学伪经考》和《孔子改制考》，具有彻底颠覆性的“两考”在中国思想界掀起了一阵“飓风”。1898 年的戊戌变法，是康有为维新思想积聚已久的结晶，是近代史上重要的政治改革，更是一次重要的思想启蒙运动。

《教学通义》和《民功篇》是姊妹篇，《民功篇》强调“民功”，着重阐述物质生产的重要意义；《教学通义》强调“实学”，着重阐述发展专门技术的重要意

① 康有为：《新学伪经考》，《康有为全集》第一集，第 416 页。

② 康有为：《新学伪经考》，《康有为全集》第一集，第 539 页。

③ 康有为：《康南海自编年谱》，中国史学会主编：《戊戌变法》（四），上海人民出版社 1957 年版，第 118 页。

义。两本书在一定程度上摆脱了宋学和汉学脱离实际、无补于事的弊端，贯彻着强烈的"经世致用"精神。康有为性格中又充满了忧患意识，在学术上喜欢举一反三，追求"实用"之学，也深感"训诂""考据"之学对于挽救民族危亡毫无用处。特别是在朱次琦门下，在其师倡导的"通经致用"思想影响下，康有为走向改变现实命运的学术道路。朱次琦以儒家修齐治平为本义，主张读书的目的是明白事理，自我提升，随时应国家需要挺身而出。他不满汉学的琐屑考据和宋学末流空疏的学风以及门户之见，力倡经世致用，兼采汉学。

第二，打掉圣贤光环的滥觞。康有为对《尚书》等儒家经典的辨伪，洞开了怀疑儒家经典的先河，动摇了封建统治的政治根基。康有为对于今文经学的主张本意并不在考证辨伪，而在于推倒旧说，试图利用对今文经学的诠释来为他新思想的传播拓展空间。琐碎的考证本身无助于阐发新思，还会淹没智慧的灵光。在具体的论证中，《新学伪经考》列出 14 篇，每一篇都旗帜鲜明，力避烦琐，将复杂的考证问题简单化，这正符合了康有为借考证阐发新思想的目的。康有为利用他深湛的儒学功底，首篇就论述《秦焚六经未尝亡缺考》，根据《史记》《汉书》分析秦代不可以也不会将"六经"焚烧殆尽，开篇就质疑了古文经存在的合法根基。史学界公认的一个观点是，这种做法绝对是康有为的第一发明，仅从学术价值而言，同时代的廖平的著作根本无法同康有为相媲美。因此，康有为从容展开各经典的论说，最后得出结论：自从汉代之后占有统治地位的古文经典都是伪经。① 第四篇《汉书河间献王鲁共王传辨伪》，利用《史记》《汉书》对河间献王与鲁共王事迹记载的出入，断言所谓"献王得书，共王坏壁"②纯属子虚乌有。那么，据此产生的古文经当然也就失去了存在的合理性，后代经典的叠相传注也成了伪经的殉葬品。对于以经典安身立命、规范社会伦理的意识形态和治国平天下不二法门的统治秩序来说不啻当头棒喝。《新学伪经考》从根本上动摇了绵达两千年道统的根基，既然经典本身的真伪都成了问题，那么圣经贤传还有何光彩可谈呢？这样，人们不仅可以怀疑经典和道统的真实性，而且对整个统治秩

① 康有为在《新学伪经考》中指出："古学皆刘歆之窜乱伪撰也，凡今所争之汉学、宋学者，又皆歆之绪余支派也。经歆乱诸经，作《汉书》之后，凡后人所考证，无非歆说。"（康有为：《新学伪经考》，《康有为全集》第一集，第 361～362 页）

② 佟大群：《清代文献辨伪学研究》，南开大学博士学位论文，2010 年。

序的合法性投以怀疑的目光，这就是《新学伪经考》一书蕴含的革命性意义。不难设想，如果没有《新学伪经考》对旧秩序内部的破坏作用，新文化运动的呐喊恐怕不会那么及时迅速地得到回应。康有为之所以敢于打破理学传统和考据学传统，是因为他不能接受当时的古文经学作为统治工具的官方思想，认为应当回到原来的、真正儒家的框架中来。在康有为看来，只要清除刘歆的伪经，再与欧洲、印度之圣经贤传融会贯通，儒学的复兴指日可待，儒学仍然不失为好的学说。

第三，维新变法政治思想的皈依。康有为的"两考"一经出版，立即引起轰动，在学界和士大夫阶层广为流传。内容主要是力攻刘歆，谓"六经"皆其伪造。"两考"巧用了古人"经学"的酒杯，浇开了现实社会人们试图寻求"救国良策"的心中块垒，构成了康有为变法维新的两大理论支柱，在当时的知识界和士大夫阶层引起了共鸣。《新学伪经考》翻出了今古文之争的旧案，借题发挥，把汉代以后两千多年的经典都斥为伪经，从根本上动摇了道统的根基，对旧的学术思想及其赖以生存的意识形态具有极大的破坏作用。《孔子改制考》则在《新学伪经考》清算两千年经学传统的基础上重塑道统，将两千年经学历史视为空白，这不管是原始儒学还是西汉董仲舒之于孔子的解释都是石破天惊之举。康有为执意要把经过历代改造的孔子返璞归真，目的是根据自己的需要改造孔子，把涂在孔子脸上的层层油彩去尽；是对孔子进行重新打扮，建立新的道统，再去打着道统的旗号宣传自己的主张。

康有为通过《孔子改制考》一书，把孔子改造成先秦时代最为伟大的改革者。他认为孔子出身布衣，但是有着鸿鹄之志，自称素王，把尧舜同文王视为改革的先驱者，利用他们来强化自己的改革主张，又对传统中的尧舜之治予以美化，作为社会发展的目标。经过这番改造，两千年前的孔子和现在的康有为在实质上已经合一了，这也正是康有为的目的所在。一方面，他自认为上承孔子的道统而成为当今素王，坚信中国社会将在他的改造中发生一次深刻的变革；另一方面，他也深知孔子及其儒家道统已经形成至尊地位，以孔子倡行变法会大大减少改革的障碍，争取更多支持者。因此，康有为改造孔子的真实目的在于利用孔子以达到改造现实的意图。

康有为认为"六经"是孔子为"托古改制"而作，从而把孔子打扮成一个改革家的形象，主张革新和进步，反对守旧和落后。他肯定《春秋》是孔子改制创作之书，孔子之所以被尊为教主，是因为他写成了不朽的"六经"。他批评前人关于孔子"删述六经""述而不作"的说法，因为他把孔子塑造成托古改制的创始人。他认为自己作为一个改革家是对孔子“托古改制”思想的继承和发扬,从而加强了维新变法理论在开明官吏和士大夫中的渗透力和号召力。历史的发展就是沿着这样的发展阶段,从低级向高级不断向前发展的。他强调从据乱世向升平世发展的必然性,要救国就要太平,就要改制,只有改革才能到达最终的太平世局面,从而论证了维新变法的必然性。应该指出,康有为在这里只是运用了今文经学的躯壳,而进化论才是其主宰一切的灵魂。因而,在康氏那里,人们看到的是充满惊世骇俗的新颖理论,这在处于封建桎梏和学问饥渴中的知识界、思想界引起了轩然大波,虽然遭到顽固派的仇视,但在客观上促进了学术界思想解放的潮流。

坚守与善变之间

——梁启超的孟子研究

张少恩

摘要：梁启超始终不渝推崇孟子，但在对孟子具体关注方面随时间推移不断变化，体现出坚守与嬗变的双重特征。梁启超早年集中于从《孟子》中探索经世致用的政治哲学，到后期则转向纯粹的学术和教育哲学挖掘；其对待孟荀关系也经历了"申孟绌荀"到"孟荀并举"的转变；社会思想方面，早年受进化论影响较大，倾向于激进主义的社会变革方式，称赞孟子的革命精神，而晚期则主张以渐进主义的方式来推动社会的改良，致力于提升公德与私德。

关键词：梁启超　孟子　坚守　善变

梁启超作为清末民初过渡时代的思想家，其思想体系规模磅礴、中西合璧，被称为"思想界之陈涉"，其学术可以分几个阶段，具有明显的变化性。他不仅不同的时期于同一问题会"不惜以今日之我难昔日之我"产生不同的评论，即使在同一时期有时也会产生多种说法，各持戟矛、互为鼓簧。正如梁氏自己对其清代学术的评论，"多模糊影响笼统之谈"①。梁启超思想的变化性在其一系列的孟学阐述中多有体现，从早期的《读〈孟子〉界说》《读春秋界说》《论中西学术思想之变迁》(1902)，到后来的《论孟子遗稿》(1918)、《先秦政治思想史》《孟子之编纂者及其篇数》《孟子之内容及其价值》《读孟

张少恩，河北工程大学荀子研究所教授，河北大学哲学与社会学院博士后，主要从事孟学史、孟荀比较、中西比较哲学研究。

① 梁启超：《清代学术概论》，上海古籍出版社1998年版，第89页。

子法》等著作。探究梁氏的孟学诠释似乎无章可循，其实不然，梁启超的孟学研究与梁氏整个思想体系具有内在理路的一致性，这条不断变化的思想脉络与时代的发展、任公自己的思想轨迹相关。本文即尝试根据时间的演进分析其孟学思想的变化轨迹。

一、从政治哲学到教育主义

梁启超早年受其师康有为的影响，基于政治功利的目的，致力于变法改制，关注孟子政治哲学的解读。在《读〈孟子〉界说》中，梁启超通过诠解《孟子》来奠定维新改制的理论基础，指出孟子的贡献主要在于经世致用，传承《春秋》的微言大义；而《春秋》微言大义主旨在于阐释太平世的社会理想，发扬大同社会思想，以实施"春秋"改制为目的，推动社会由"据乱世"向"升平世""太平世"的转变：

> 孔子立小康之义，以治二千年以来之天下，在《春秋》亦谓之升平，亦谓之临一国之言，荀子所述者皆此类也。立大同之义，以治今日以后之天下，在春秋亦谓之升平，亦谓之临天下之言，孟子所述皆此类也。大同之义，有为今日西人所已行者，有为今日西人所未及行，而可决其他日之必行者。读《孟子》者当于此焉求之。①

孟子传承的是大同之义，主张"天下为公"，但荀子主张小康之学。秦汉以来两千年的专制社会为荀子小康之学，政治制度推行"霸道"，只关注一国的治理，没有上升到"天下"的境界。因此，应该通过阐发孟子"天下为公"的大同思想，从而实现改良的维新之道。

梁启超从政治哲学角度出发，分析了孟子思想。梁启超认为孟子提倡的"民为贵，社稷次之，君为轻"的民本精神与"以不忍人之心，行不忍人之政"的仁政，是现代政治体制可以发挥的重点。孟子的民本与西方国家的民主政治有相通之处，因此阐发孟子的"民为贵"可以推动民主制度的建构。西方近代以来进入了民主社会，但是中国当时依然处于专制社会，因此应该通过政治改制，实现孟子的仁政与民本：

> 《孟子》言民为贵，民事不可缓。故全书所言仁政，所言王政，所言

① 梁启超：《梁启超全集》第一卷，北京出版社1999年版，第159页。

不忍人之政，皆以为民也。①

孟子的王道与仁政作为儒家的理想国，并非一种空中楼阁，必须有相应的制度措施，而体现孟子"均平"意识的井田之制即是仁政的具体措施。井田制作为保民的恒产具有多重意义，既可避免当时"不患寡而患不均"的贫富差距问题，还可保证民众的恒心，推动实现保民而王。梁启超认为孟子所探讨的土地制度应该是沿袭上古时代以来的传统而理解的农业互助制度，是儒家的理想制度之一；孟子的井田制即使在现代社会也具有重要的借鉴意义，可以帮助解释西方国家均税制度的合理性。梁氏在解读《孟子·滕文公上》"方里而井，井九百亩，其中为公田，八家皆私百亩，同养公田"以及《孟子·梁惠王上》"五亩之宅……八口之家，可以无饥矣"时，称在"此种保育政策之下"，人民"守望相助，疾病相扶持，则百姓亲睦"。②

梁启超对孟子的政治性阐释与其说是解读经典，不如说是为政治变革制造舆论，是出于政治功利目的而进行的政治哲学解读。而到晚期，梁氏倾向于从纯粹的学术角度出发，探讨教育哲学、人生哲学与修养论等方面的问题。这种转变在后期的《论孟子遗稿》《读孟子修养论》中可以体现出来。

（一）教育主义根柢——人性论

在论证孟子的性善论时，梁启超站在宏观人性论史视角将哲学史上各种人性论主张一一罗列，进行综合评价：孟子性善、荀子性恶、告子性无善无不善、世子性有善有不善、扬雄性善恶混杂，共分五类。必须将思想史上不同的人性论进行重新定义，按照标准进行归类、分判，才可厘清人性的混淆。梁氏进一步指出，中国人性论混乱的原因是中国名学的不发达。"名不正则言不顺"，名学落后，因而人性所指对象不同，范围各异，有的以义理为性，有的以气质为性，有的以情为性，由此产生各家"是其所是而非其所非"的冲突。孟子的人性论更多关注的是内在的善性，以四端为出发点，重在由内发挥本能，将"生而固有，非由外铄"的仁、义、礼、智作为人性之本质与良知良能。人具备良知良能，然后通过修身工夫，可达于至善。对孟子性善论的阐释，可扩充发现人类共通性，"性既非吾一人所独而为全人类之所共，则人类所具之德，吾固当具之；人类所能之事，吾固当能之"③。四端之心作为良知

① 梁启超：《梁启超全集》第一卷，第 159 页。

② 梁启超：《先秦政治思想史》，东方出版社 1996 年版，第 110～111 页。

③ 梁启超：《梁启超论孟子遗稿》，《学术研究》1983 年第 5 期。

良能，人人皆有，这种天生的良知良能可以推向全人类，“人人皆可为尧舜”。梁氏对孟子性善论的系统论证，为阐述孟子教育哲学提供了合理性与可能性。

（二）教育的步骤与工夫修养

梁启超认为，孟子教育的本质即在修身工夫的践行中推行教育，修身与教育是一体的。孟子教育哲学提倡三项步骤：立志、存养与扩充。

首先，“立志”是教育哲学的前提环节，追求目标高远。梁启超在诠释“王子垫问曰：士何事？孟子曰：尚志”时指出：“尚志者，谓高尚其志也。人类之能进步，以其有向上心，不以现状自满足，而常求加进，此其所以异于禽兽也。志一立则肌肤筋骸皆挺举，而神明发皇。”[①]高大志向对于修身教育至关重要，对远大目标的追求促使人不懈努力，这样在修身过程中即使遇到困难和迷茫，仍然可坚持自己的理想和追求，“高山仰止，景行行止”。如果志向很小，则容易在迷茫中迷失自己的方向，沦为流俗，自甘堕落，沉迷于低俗而不能自拔。这种远大的志向与意志自觉结合在一起，通过“立志”发觉每个人的自觉之心，发现自己的潜力所在。“立志”还要有一种舍我其谁的霸气，强立其志其实是一种狂者进取的路径，如果一味谦让，便是志行薄弱的表现，孟子斥之为自暴者与自弃者。梁启超还认为，孟子的“立志”类似于佛家的自作主张，尤其接近西方的自由意志概念。这种自由意志完全在每个人本身，也就是求之在己者通过“立志”发现自我的价值主体性。当然，梁氏指出的自由意志与孟子的“立志”还是有一定差距的，西方的自由意志对于道德主体性不明确，而孟子主要继承和发扬孔子反求诸己的修身之学，“我欲仁，斯仁至矣”，道德的主体性明显突出。

其次，“存养”的工夫论。孟子的修身工夫，通过“存养”实现身心和谐，“仁义礼智根于心，见于面，盎于背，施与四体，四体不言而语”[②]。“存养”是“据存”与“长养”的结合。孟子认为，人性为善，而“据存”是一种消极的保存性善的工夫；“长养”则是一种积极的培养善性的工夫论，强调通过一定的养而使其成长，从而实现教育与修身的完善。“据存”与“长养”在修身工夫中很重要，修身时应权衡两者的平衡，不能失之偏颇。梁启超指出，首先应区分“大体”与“小体”，即神明与躯干。儒家修身注重身心合一，既要重视神明

① 梁启超：《梁启超论孟子遗稿》，《学术研究》1983年第5期。

② 赵岐注，孙奭疏：《孟子注疏》，北京大学出版社1999年版，第362页。

的优先性，又不可割裂神明与躯干的一体性。"养其大体（神明）为君子，养其小体（躯干）为小人"，梁氏认为孟子提倡养其大体，但不忽略小体。根据"存养"工夫，"神明"通过工夫涵养得以"据存"，从而为"长养"做准备，不为外界的环境所泯灭，保证本性不失（求则得之，舍则失之）、不丧（贤者勿丧尔）、不放（有放心而不知求）、不亡（有梏亡之矣）。[①] 如果造成本心（神明）的失与丧，那便不能实现"长养"，只能随波逐流，接受命运的摆布，由此可见勿失而存养的重要性。"存"与"养"作为一体的两面，如鸟之两翼、车之两轮，互为涵摄，没有"据存"便不会有"长养"，"据存"保证本性不失丧，为"长养"奠定条件；而"长养"保证修身工夫的实现，离开"长养"无法保持本性的自得。正如孟子所言："苟得其养无物不长，苟失其养无物不消。"[②]

梁启超还提出，"存养"与"寡欲"也是分不开的。欲望作为人的一种本能，有其存在的合理性，去人欲是不可能的，否则便会出现宗教思想中的禁欲倾向，或者宋明理学的"存天理，去人欲"的礼教思想。治理国家最好是"寡欲"或"导欲"而不是无欲，无欲与禁欲是出世法，"寡欲"才是世间法，可以更好地"存养"。

最后，"扩充"工夫论。"存养"的目的在于"勿失"与"自得"，而修养进一步向纵深发展需要"扩充"工夫。孟子在回答弟子问题时，引申扩展、触类旁通，即"扩充"。梁氏以孟子的良知良能为出发点，因势利导，发挥"扩充"之教，通过激发孟子思想中的善端并逐步地向外推："故自修养者务发挥自己之本能，教人者务发挥人之本能，为国民教育者务发挥国民之本能，如斯而已矣。"[③]这便是发挥本能之教育，此教育也可以称为"尽性"。因此，君子能够发挥自己的本能。如果把人的这种潜能予以挖掘与扩充，那么新民的教育就能实现，从而推动其达至天下。

可以说，立志、存养与扩充三种工夫构成一个有机整体，缺一不可，完美地结合在一起，构成修身教育的整体框架。

（三）入道之途——"狂狷"

梁氏从修养功夫上探讨了立志、修养与扩充，认为最正确的教育方式即不偏不倚的中行之道。但是，在实际的践行之中，"物之不齐，物之情也"，每

① 参见梁启超：《梁启超论孟子遗稿》，《学术研究》1983 年第 5 期。

② 赵岐注，孙奭疏：《孟子注疏》，第 306 页。

③ 梁启超：《梁启超论孟子遗稿》，《学术研究》1983 年第 5 期。

个人的根性不同，入道的路径也会呈现出多样性。如果“不得中行而与之，必也‘狂狷乎’”①。“狂”者指的是激进者、理想主义者，主张相对激进的方式，恨不得“天下一日归仁焉”，也就是《论语》中子张的“狂”者进取的模式。而“狷”者，指的是相对保守派，有所不为也，“不洁不屑圣之清者也”，主张采用渐进的入德路径，即《论语》中的子夏类型。借用西方宗教派别的话语，“狂”者类似于宗教派，而“狷”者类似于教会派。这两派不是矛盾对立的，而是相辅相成的，如一体之两翼或者治国方略的张弛有度，缺一不可。梁氏称：“狂然后有元气，狷然后有正气。无元气则不能发扬，无正气则不能强立。”②孟子倾向于“狂”者之类。其实，从孟子的尚志、善养吾浩然正气就可以发现孟子的典型“狂”者进取模式。孟子效仿伊尹以天下为己任，为了天下归仁而奔波于梁齐陈宋之间，不肯枉道以事君，以仁义说天下行仁政，保民而王，具有援天下以道的担当精神。梁氏称赞的即是这种“狂”者的教育路径。

梁氏在论证“狂狷”的入德模式时，主要区分了“狂狷”与“乡愿”。“乡愿”是那种被孔子称为“德之贼也”的“好好先生”，“狂狷”各得中行之一体。然而，不“狂”不“狷”又失去了原则性，会沦落为具有迷惑性的“乡愿”。乡愿在社会上影响极坏，打着“和其光，同其尘”的旗号，同乎污流、合乎污世、媚乎世俗。民族危亡时刻，这种人最易出卖国家利益；但在国家和平时期，这种人反而人气最旺。在民主时代要警惕这种欺人耳目、哗众取宠的“好好先生”，避免现代“乡愿”。

（四）孟子与现代教育

梁启超还引入现代教育体系来诠释孟子教育思想，指出教育应该作为一种以天下为己任的责任。根据教育要旨，将教育分为道德教育与知识教育，此即德与智的区分。在儒家传统之中，主要是德性培育，而对智育开发不足。尤其孟子以内圣仁义为进德的路径，教育的目的主要是扬善，通过善行把爱的种子推向全世界，让世界充满爱。但是，孟子忽略了知识的重要性，对此应该予以矫正。现代教育应该在孟子道德教育的基础上，增加知识教育的成分。

孟子注重“扩充”的教育方法，此属于联系型思维方式。在这种思维方

---

① 何晏注，邢昺疏：《论语注疏》，北京大学出版社 1999 年版，第 179 页。

② 梁启超：《梁启超论孟子遗稿》，《学术研究》1983 年第 5 期。

式下，宇宙、人、心是联系在一起的。联系型认知方式是以一种标准原理为准则来推诸天下之物，这种典型的"以一御万"的方式为典型的演绎法。梁氏在肯定这种教育方法的同时，也指出了这种方式的缺陷：孟子的求智法对归纳认识不足。这是中国古代学问普遍存在的问题，造成了中国科技的不发达，因此应该引入西学中的归纳方法。

二、从"申孟绌荀"到"孟荀并举"

梁启超对于孟荀关系与孟荀地位的探索，从早期到晚年也经历了一系列的变化，颇有些复杂和周折，但其变迁的过程中也有明确的线索。早年，梁氏与康有为一致，以"申孟绌荀"为主，对于荀子的言辞颇为激烈；然而，到了晚年，梁氏对于荀子的态度有很大的缓和，对其评价也变得相对客观与公允，转向"孟荀并举"。

（一）申孟绌荀

早期，梁启超以孟子为儒家正统，而斥荀子为"孽派"。梁氏跟随其师康有为以变法改制为主，崇尚孟子。在《读〈孟子〉界说》中旗帜鲜明地将孟子列为孔门的正宗传人，即孔子为创立教派者，孟子为行教之人，传承孔子的大同之教。唐宋之后，孟夫子地位的提升具有内在的必然性，之前的"周孔并称"亦变为"孔孟之道"。荀子以传经为主，传承孔子的小康之学，属于儒家的文学之科，汉代以来的儒学皆为荀子之学。梁氏把儒学精神分为经世与传经，传经为普通之学，经世为特殊之学，而荀子属于普通之学。梁氏的这种论断也不是凭空产生的，司马迁的《史记·孔子世家》记载精通六艺者七十有二人，所述"孔子以诗书礼乐教弟子盖三千焉"。经世之学主要有赖孟子而传，以经世为主，传承大同之学。在孔门中，《孟子》被列为政事之科，《春秋》经世先王之志，赖孟子而传。荀子的贡献主要是传承普通的经学，也就是中人之学，像《诗》《书》《礼》《乐》，未得孔子之大道，只能达到小康的水平。到了大同社会，主要践行的是《春秋》大义精神，类似佛教的大乘；荀子属于小乘，不知有《春秋》。因此，梁启超想通过"申孟绌荀"为戊戌变法制造舆论，为改制正名。

梁启超列举孟荀之异。首先，孟子重视民主，倡民权，提倡"民为贵"的民本主义和"人人皆可为圣贤"的平等意识恰是大同社会应该发扬的精神，民本思想还可以阐发出现代性民主意义；然而，荀子主讲礼仪尊卑，提倡尊君。两千多年来，就是荀子这套礼制，尊君抑民，提倡专制，完全歪曲了孔门之真义，现在应该拨乱反正，回归孟子真儒学。其次，荀子只是继承礼仪小节，逊于经世。宋明理学家谨小慎微的弊端也源于荀子，"荀子之学，不讲大义，而惟以礼仪为之"。另外，梁氏把宋明以来理学家的空疏和清代皓首穷经的乾嘉考据之学的弊端也归结于荀子，清代的考据学不讲经世致用。在早期，梁氏通过"擒贼先擒王"的方式，先打倒荀子从而反击汉学。再次，梁氏崇尚思想自由，反对荀子的思想统一。秦汉以来"定学术于一尊"以钳百家之言的独尊儒术其实就是荀子造成的，《荀子·非十二子》排斥异端就是开思想专制的起端。孟子不提倡思想一统，主张思想自由。

梁氏早期的论著出于政治目的，"绌荀尊孟"的用意很明显，对孟、荀地位的事实判断从属于对其价值判断，更从属于梁氏的政治需要。梁启超的"尊孟绌荀"与章太炎的"尊荀抑孟"属于价值取向的不同，其出发点都是从属于价值判断与政治功用的要求。

（二）孟荀并举

随着梁启超思想的变化发展，其对于孟、荀的关系发生了显著变化，由"申孟绌荀"变为"孟荀并举"。从其后期著作《德育鉴》（1905）、《儒家哲学》可以发现，梁氏对荀子的评价较为中肯，能够比较理性而客观地看待孟、荀关系。

首先，孟、荀皆为孔门嫡传。梁启超早年因为政治的需要将荀子排除在孔门之外，斥之为小康之学。但是，从日本归来之后，梁氏逐渐认识到荀子在孔门中的正统性，尤其是摆脱了康有为今文经学思想的影响之后，不再关注大同之学，否认了"荀卿实儒家中最狭隘者也"的观点，同时否认了"故自汉以后，名虽为昌明孔学，实则所传者，仅荀学一支派而已。此真孔学之大不幸也"。[①] 梁氏认为，孟子与荀子并不是针锋相对的两派，只是入德的路径不同而已，荀子在修身、治国等方面都有独到的见解，认同孔子之后能够把儒家思想发扬光大的恰是孟子、荀子二人。"心虚一而静"，梁氏在《德育鉴·存养》中称："此古代主静派之存养说也，孟子、荀子言存养皆以静为主，孟、荀皆孔门嫡传。"[②]

① 梁启超：《论中国学术思想变迁之大势》，上海古籍出版社 2001 年版，第 24、60 页。

② 梁启超：《德育鉴》，北京大学出版社 2011 年版，第 60 页。

其次，孟、荀人性论表面上截然相反，实际上殊途同归。晚年，梁氏从多个角度论证这两种人性论的调和。孟子人性论主要以“应然”而言，并没有否定人天生具有的七情六欲，实际上把人的“性”提升到“命”的层次，打开生命之学向上的通道，以顿悟立教；而荀子论性主要基于人受后天的形气禀赋而言，以后天“熏习”来探讨人性，其实倒接近孔子对于“性相近，习相远”的人性论述。梁氏认为，孟子的人性类似于宋明理学中的“义理之性”，而荀子的性类似“气质之性”。梁氏指出，荀子的性恶论是有感于孟子的性善论而发的，荀子何尝不知礼义的重要性：“水火有气而无生，草木有生而无知……人有气、有生、有知亦且有义，故最为天下贵。”[1]孟、荀都很重视礼义作为人的本质存在的价值性，只是入德的路径有区别。孟子以四端为性，以内在的仁义为性，修身方式主尽性；而荀子以欲为性，重积善。梁氏进一步引用佛学概念来诠释孟荀的心性论：孟子以“真如相”为性，而荀子以“生灭相”为性，两者俱得人性之一体，没必要在人性善恶上纠缠不清。孟、荀的人性论实际上都是构建自己价值体系的一种基础性假设而已，人性论百家异说的原因是中国的名学不发达，孟、荀谈论的“性”实质上是不同的对象，内涵与外延皆有差别。因此，梁氏建议引入西方的概念范畴来厘定人性，澄清概念混乱，使中国的学术与印度和西方并论。

最后，孟、荀教育的调和。梁启超指出，因为孟、荀人性论可融通，所以在教育上也是可以调和的。孟子倾向于性善，以仁义为人之内涵，在教育上倾向内省和尽性，偏重于自得，认为教育的关键在于“求放心”，以仁存心，以寡欲养心，通过反身而诚从而完善自己的人格修养；而荀子主性恶，以人的本能欲望为性，教育宗旨在于变化气质，通过外在的渐进途径来实现积善的修身。两者在教育的方法上各有特色，但绝非矛盾：孟子的方法类似于大乘佛法，讲究顿悟立地成佛，大彻大悟，一了百了，不关注修身次第与等级；然而，荀子教育属于小乘渐化，重视外力，提倡“假物”与学习，所以《荀子》的第一篇为《劝学》。从具体的践行来说，梁氏更认可荀子教育方式的可操作性，尤其在现代性的教育方式中，知识体系逻辑性较强，重视外在智识的积累正是荀子认知方式的优势所在。可以说，荀子比孟子更容易与现代性衔接。

概言之，梁氏早年排荀主要是出于政治的考量，后来孟荀并举主要是从

---

① 王先谦撰，王啸寰、王星贤点校：《荀子集解》，中华书局 1988 年版，第 164 页。

学术价值进行的整理,晚年教育后代主张《孟子》《荀子》皆为必读之书便是很好的明证。因此,孟、荀关系的脉络对于透视梁氏的思想变迁也是一条逻辑清晰的路径。

三、借助孟学,走出进化论

(一)从"尚力"到"尚德"

进化思潮影响了中国半个多世纪,梁启超的早期思想渗透着达尔文进化论思想,尤其是进化竞争的价值观涉及他思想的多个方面,其对《孟子》的解读体现出尚力论、功利主义、激进主义等倾向。比如,在历史哲学中,梁启超倾向于用进化史观来取代孟子的"一治一乱"的循环史观。孟子提出"夫五百年必有王者兴"的具有周期性的循环史观,然而梁氏认为历史发展变化是朝着固定方向朝前运动的,近似直线的模式,即使有些小的螺旋式回复,也往往是向前一大步后又稍稍向后退一些,从而为更大的前进蓄积力量,恰如达尔文史观所认为的"螺旋式上升"。梁氏认为孟子误将旋转前进解释为历史循环论:

> 孟子曰:天下之生久矣,一治一乱。此误会历史真相之言也。苟治乱相嬗无已时,则历史之象当为循环,与天然等,而历史学将不能成立。孟子此言盖为螺线之状所迷,而误以为圆状;未尝综观自有人类以来万数千年之大势,而察其真方向之所在。①

梁启超以进化史观取代孟子的循环史观,其背后的原因是对"力本论"的推崇。梁启超早期重视促进群体的凝聚力,认为这种"力"对于一个民族、国家来说是一种能群的集体主义的力量,人类进化的结果便是能群的集体主义在起作用。这种崇尚集体合力的思想支配着梁氏早期的整个思想体系,其称赞西方颉德的社会进步以"不可不牺牲个人以利社会(即人群),不可不牺牲现在以利将来"②便是明证。

然而,到了晚期,梁启超对自己的进化史观和力本论进行反思,由进化史观评判转向认同孟子的循环史观。其对新民之德的内涵也有新的看法,

---

① 梁启超著,夏晓红、陆胤校:《新史学》,商务印书馆 2014 年版,第 93 页。

② 梁启超:《进化论革命者颉德之学说》,《新民丛报》1902 年 10 月 16 日,第 18 号。

由之前的"力本论"转向"德本论"。早期,梁氏只重视群体主义的强力思想,而到晚期则转向以教育与修养为内涵的道德,其对道德的重视恰恰来自孟子教育主义修身论。梁启超以孟子的修身哲学为立足点,融合理学、心学、佛学的工夫论,提出了一系列工夫修养方法。除了孟子教育哲学中的立志、存养、扩充等修身工夫论外,梁氏还提出来源于儒家修身的两种养心方法:一种为静,另一种为阅历,强调人们通过自我反省和广泛的阅历而达到精神上的清明境界。显然,梁氏晚期对于"德本论"的崇尚,可以说是对进化论的一种反思。

(二)摆脱功利主义

功利主义是梁启超早期的显著特点,其来源主要有两个:一是进化论的"物竞天择",二是边沁的功利主义。在功利主义的影响下,梁氏整个思想与社会活动都体现出此倾向。比如,其利用阐述孟子公羊学以推动维新改制便具有典型的功利性。梁氏还认为,社会的经济生活与运行离不开对于利的追求,人类社会应该以利为基础搭建整个架构,应该承认追求盈利是人类固有的本性,忽视利益是不现实的,中国应该学习西方边沁的功利主义。清末民初的中国积贫积弱,梁启超认为此种贫弱现状与孟子重义轻利有关。孟子排斥功利主义,初见梁惠王便提出"王何必曰利"。因此,梁氏尤其认为应该纠正孟子"重义轻利"的价值观:

> 孟子之最大特色,在排斥功利主义。孔子虽有"君子喻义,小人喻利"之言,然《易传》言"利者义之和",言"以美利利天下",《大学》言"乐其乐而利其利",并未尝绝对的以"利"字为含有恶属性,至孟子乃公然排斥之。①

梁启超还就孟子劝宋牼以利不利游说秦楚罢兵之事例进行评论,在解释孟子与宋牼的对话中"先生以利说秦楚之王,秦楚之王悦于利以罢三军之师……"一章时指出:

> 书中此一类语句甚多,不必枚举。要之此为孟子学说中极主要的精神,可以断言;后此董仲舒所谓"正其谊不谋其利,明其道不计其功",即从此出。此种学说在二千年社会中,虽保有相当势力,然真能实践者

① 梁启超:《先秦政治思想史》,第105页。

已不多。[①]

然而，到了晚期，梁氏也认识到单独追求功利主义的弊端，认为孟子“义利之辨”并不排斥利，而是用“义”来约束“利”，如果“利”超出“义”的约束，则会物欲横流，斯文扫地，而孟子的“义利之辨”恰好可以矫正过度的功利主义。孟子提倡“义而后取”，重视百姓的恒产与恒心，勿夺农时，以及提倡井田制都是对于利的关注。因此，梁氏指出，应该重新评价义利关系：“及近十余年泰西功利主义派哲学输入，浮薄者或曲解其说以自便，于是孟董此学，几成为嘲侮之鹄。今不能不重新彻底评定其价值。”[②]

（三）从激进到渐进

梁氏晚年思想趋于成熟，摆脱了早年的激进主义，趋向渐进与保守，这在其对《孟子》的解读中也可以发现。梁启超在去美国之前，倾向于采用激进的方式来实现新民与政治的革新，并将之称为破坏性的方法，甚至有一定的革命倾向。这应该是受到了孟子“汤武革命”的影响，也应该与对进化论中“力本论”的崇尚有关，还与当时国内深受法国卢梭的激进方式和法国大革命的影响有关。由此而产生的这种彻底的暴力倾向的思想，梁启超称为“破坏主义”：

> 吾不欲复作门面语，吾请以古今万国求进步者，独一无二不可逃避之公例，正告我国民。其例维何？曰破坏而已……用人力以破坏者，为有意识之破坏，则随破坏随建设，一度破坏，而可以永绝第二次破坏之根，故将来之乐利，可以偿目前之苦痛而有余；听自然而破坏者，为无意识之破坏，则有破坏无建设，一度破坏之不已而至于再，再度不已而至于三，如是者可以历数百年千年，而国与民交受其病，至于鱼烂而自亡。呜呼！痛矣哉破坏！呜呼！难矣哉不破坏！[③]

梁启超的破坏主义认为，有破坏才有建设，破坏越大建设越好。当然，其中可以细分为有意识的破坏与无意识的破坏，这是激进破坏主义的典型特征。这与其进化论的主旨相关，因为进化论认为历史是发展的，而破坏是前进的一种方式。

① 梁启超：《先秦政治思想史》，第 105 页。

② 梁启超：《先秦政治思想史》，第 105 页。

③ 梁启超：《中国人的启蒙》，中国工人出版社 2013 年版，第 16～17 页。

梁启超激进的破坏主义所破坏的对象，不仅包括制度，还包括民德。梁启超早年提出“发明新道德”、改造人民思想的新民观念就是这种革命性思想的表现。这种新道德既是公德与私德的结合，又有国家集体主义与民族意识的新内涵。如果要建设新道德就必须破除旧道德，从而全面改造人民的道德、智慧与体力。只要全面改造了人民的思想，制度上的改革便会迎刃而解。梁氏早期这种极端激进的破坏主义与发明新道德分别从制度上、思想上体现出革命倾向，对于20世纪的革命论影响颇深。

但是，从美国回来后，梁启超的思想由激进转向渐进，倾向于采用改良与调适的方式来处理社会问题，逐渐放弃发明新道德的思维方式，强调“淬厉其所本有”，主张采取合适的政治改良措施。政治观点倾向于英国的米勒，认可孟子的“不忍人之政”；道德方面放弃发明新道德，借鉴孟子“养吾浩然之气”的道德修养论，尤其是从孟子心学与阳明学中汲取修身的能量以培养德性，使德性超越力性；对待传统也较为缓和，不赞同一味破坏，而主张在继承的基础上进行创新。

综观梁启超的孟子研究，从早年关注经世致用的政治哲学，到晚年转向关注纯粹的学术；对待孟、荀关系也经历了前后不同的转变，从“申孟绌荀”到“孟荀并举”；对待社会问题则摆脱进化论的桎梏，主张用渐进主义的方式来推动社会改良。本文从时间变化角度来探讨梁氏的孟子诠释路径，发现其早年对孟子的解读主观性较强，部分评论有夸大其词之嫌；晚期比较客观、公允。孟子学研究作为梁氏思想的一部分，与其整个思想体系具有内在理路的一致性。因此，探究梁启超对孟子学的持守与嬗变，可以从侧面窥见其整个思想的发展轨迹。

浅析儒家之"仁"的四个层面

卢　兴

摘要：孔子以"仁"为核心建立了儒家的思想体系，使之成为中华民族精神最为核心的观念之一。"仁"是一种对人的生命价值予以肯认与培护的情感，这种情感基于人本性中的道德意识，同时其外推也蕴含着超道德的意涵。基于这种推扩逻辑，本文将儒家之"仁"归结为以下四个相互关联的层面："个体之仁""类性之仁""成物之仁"和"本体之仁"，这四个层面有机联系、逐层推演；仁爱的对象分别是自我、人际社会、自然界和宇宙本体，四者之间的内在逻辑是仁爱精神的推扩原则，这种推扩建基于仁爱之情的感通作用。

关键词：仁　个体之仁　类性之仁　成物之仁　本体之仁

"仁"无疑是中华民族精神最为核心的观念之一。汉字"仁"是一个会意字，起源于古代东夷的一种礼俗[①]，代表两个人见面互相作揖致意，原初含义表征的是人与人之间的一种亲爱的情感。《说文解字》的解释是："仁，亲也，从人二。"段玉裁注云："独则无偶，偶则相亲，故字从人二。"[②]儒家经典文本《中庸》中提到"仁者，人也"，郑玄对此的注解是："人也，读如相人偶之'人'，

本文系天津市哲学社会科学规划项目"中西比较视野下的儒家个体观研究"（TJZX12－003）阶段性成果。

卢兴，南开大学哲学院教授，主要从事儒家哲学、现代新儒学研究。

① 参见刘爱敏：《东夷文化中"仁"的观念对孔子的影响》，《齐鲁文化研究》第二辑，齐鲁书社2003年版，第76～78页。

② 段玉裁注：《说文解字注》，上海古籍出版社1988年版，第365页。

以人意相存问之言。”[①]“仁”的观念起源很早，在春秋时期逐渐较多地被用来表示一种道德品质和政治原则。孔子将先前零散的思想加以反思与整合，将“仁”提升为一个哲学范畴，进行了系统阐述，并以“仁”为核心建立了儒家思想体系。此外，先秦的墨家、道家、法家、兵家等学派也有关于“仁”的论述，后世思想家也不断丰富和发展“仁”的观念，使之成为中华文化中最具特色的价值观念之一，在现代社会依然具有巨大的影响力。

“仁”的本义就是“爱”，但这种“仁爱”较之于一般意义上的“爱”具有更为广泛而深刻的内涵。简言之，“仁爱”是一种对人的生命价值予以肯认与培护的情感，这种情感基于人本性中的道德意识，同时其外推也蕴含着超越伦常的意涵。正如孔子回答学生提问时对“仁”的解说，“仁”最基本的内容就是“爱人”[②]。这里所说的“人”，可以是自我，也可以是他人，更为准确的理解是指“人类生命的内在价值”。“爱人”首先要对这种普遍的生命价值进行体认，这个过程突出地体现了人内心中道德情感的“感通”作用，对于“个体生命价值”的自觉上升到对于“人类生命价值”的内在体悟。基于这种感通，人自然而然地产生出一种对于这种人类共同的生命价值的尊重、珍惜、培育、呵护之情，由此具体表现为对于自我之外的他人生命的“仁爱”，进一步拓展为对于家庭、族群、国家等社会组织的“仁爱”，甚至扩大为对于人类之外的天地万物的“仁爱”，进而最终上升为将天道本体视为“仁爱”的超越根源。这就是孟子所揭示的“仁爱”观念的推扩逻辑，其内涵是“仁者以其所爱，及其所不爱”，具体展现为“亲亲而仁民，仁民而爱物”的逐层外推，最终达到“仁者无不爱也”[③]的境界，体现为杜维明先生所说的“同心圆”的不断延伸或扩充。[④] 基于这种推扩逻辑，我们认为，以儒家为代表的中国文化中的“仁爱”观念包含了以下内在贯通的四个层面：“个体之仁”“类性之仁”“成物之仁”和“本体之仁”，这四个层面分别与自我、人际社会、自然界和宇宙本体相关联。下文就这四个层面加以具体阐述。

---

① 郑玄注，孔颖达疏：《礼记正义》，北京大学出版社 1999 年版，第 1440 页。

② 《论语·颜渊》：“樊迟问仁。子曰：‘爱人。’”《孟子·离娄下》：“仁者爱人。”

③ 赵岐注，孙奭疏：《孟子注疏》，北京大学出版社 1999 年版，第 380、377～378 页。

④ 参见杜维明：《中庸：论儒学的宗教性》，段德智译，三联书店 2013 年版，第 138 页。

一、修身成己——个体之仁

作为一种道德情感，“仁爱”的原点是道德完善的个体人格。孔子明确地将自己关于“仁”的学说称为“为己之学”，并且指出“为仁由己”，意在阐明学问的根本在于安顿自我的生命价值，成就理想的圣贤人格。因此，中国文化传统非常强调自我道德修养的重要性。儒家经典《大学》指出：“自天子以至于庶人，壹是皆以修身为本。”一方面，“修身”作为仁爱精神的实践基础，旨在塑造完善的个体人格，从而在主体方面保证仁爱之情呈现、发扬的必然性和正当性；另一方面，“修身”同样是仁爱精神的现实贯彻，体现出主体立足于仁爱精神的对于自我生命价值的肯定。具体而言，由于完整意义上的个体人格包含“身”与“心”两大层面，因此“个体之仁”包括“珍爱身体”“培护心灵”以及“统合身心”三方面具体内容。

（一）珍爱身体

以儒、道两家为主体的中国本土文化非常重视“身体”的地位和作用，早期儒家和道家均将形躯之身视为个体生命存在的物质载体，而不是斥之为“灵魂的束缚”或“欲望的源泉”而加以戒防。

相较于道家和道教对于自然生命的重视，儒家更为强调身体的道德价值。孟子指出：“人之于身也，兼所爱。兼所爱，则兼所养也。无尺寸之肤不爱焉，则无尺寸之肤不养也。”[①]在儒家看来，人的身体并不是自我的私有物，而是一系列人伦关系的承载者。《孝经·开宗明义章》就指出：“身体发肤，受之父母，不敢毁伤，孝之始也。”就是说，“我”的生命是父母所赐，“我”的肉身承载着家族的血缘和历史，“我”有义务保护“我”的形躯完整无损，既不做悖德违法之事以避免刑罚，也不出于偏激的情绪而随意否定生命。“我”之所以保全身体，目的在于尽孝道，一方面为了赡养父母，另一方面为了延续家族的血脉传承，正所谓“不孝有三，无后为大”[②]。在儒家看来，只有在道德价值与个体生命之间出现不可调和的矛盾之时，才推崇“杀身成仁”“舍生取义”，原因是这种自我牺牲的行为成就了更高级的仁德。

---

① 赵岐注，孙奭疏：《孟子注疏》，第 312 页。

② 赵岐注，孙奭疏：《孟子注疏》，第 210 页。

（二）培护心灵

在中国文化中，心灵是比肉体更高层次的精神存在，因而颇为重视“心”对“身”的主宰和指导作用。道家追求心灵的自由，追求一种脱离世俗纷扰的逍遥人生；而儒家则特别强调培养心灵的道德价值，通过道德行为提升人的精神境界。

就儒家而言，孔、孟所倡导的“仁爱”观念着眼于心灵之中理性与情感的统一。一方面通过道德理性的发用使情感趋于合理化，使之脱离任意性而合乎伦理规范，实现更高层次的精神自由；另一方面注重对道德情感本身的培养，追求自愿与自律的统一。孔子将“仁”解说为“克己复礼”，力图通过社会化的伦理规范对个体自发的情感、欲求加以约束和引导，促使个体自觉地追求更高级的道德价值，在日用平常的伦理生活之中获得个体精神的高度自由，成就“从心所欲不逾矩”的圣贤境界。同时，孔子并不把“仁”的依据归于外在规范，而是指点出每个人内心的怵惕恻怛之情，将仁爱建基于这种先天情感的自然流露。当弟子宰我打算缩短三年之丧的礼节时，孔子不置可否，只问一句：“食夫稻，衣夫锦，于女安乎？”[①]孔子的意思是说：当父母去世，身为子女者如果依旧安然享受精美的食物，穿着华丽的服饰，心中毫无悲痛之情，那么这个人就是“不仁之人”，甚至不配被称为一个真正意义上的“人”。因此，伦常礼仪不是外在的限制，而是人内心固有的道德情感的必然要求，这种“不安”之感就是“仁”，也就是人之为人的本性之所在。这种情感在孟子那里被称为“不忍人之心”“恻隐之心”，在宋明理学家那里被称为“觉”“惺惺”“不麻木”“知痛痒”，种种名称都旨在说明这种道德情感的先天性和普遍性。正是基于这种人人皆有、人人共通的情感，“仁爱”才得以由个体推广到群体。

（三）统合身心

在晚近出土的郭店楚简中，“仁”字被写作“上身下心”的结构[②]，这说明“仁”字自原初就包含了“塑造身心合一的个体人格”的思想内涵，这一点在儒家那里体现得非常突出。孟子认为：“形色，天性也；惟圣人然后可以践

---

① 何晏注，邢昺疏：《论语注疏》，北京大学出版社 1999 年版，第 241 页。

② 参见荆门市博物馆编：《郭店楚墓竹简》中《五行》《唐虞之道》等篇，文物出版社 1998 年版。

形。"[①]所谓"践形",就是把人内心的德性从形体面貌、举手投足、言谈举止中体现出来,正如"君子所性,仁、义、礼、智根于心,其生色也,睟然见于面,盎于背,施于四体,四体不言而喻"[②]。在孟子看来,一个道德高尚的君子内心包含了各种美好的德性,这种修养自然而然地体现于他的面容形体之上,不必通过语言宣讲,一见他人便可以知晓。原因在于,君子保养了至大至刚的"浩然之气",这种气是不断地通过正义的行为培养出来的,一旦做了不道德的事就会消失,形之于外,人的两个眼眸就会昏暗游移。因此,真正意义上的"修身"必然是兼修身心的,通过精神境界的提升进而实现形象气质的升华。

二、推己及人——类性之仁

正如"仁"字的字形所表达的,"仁"是两个人之间的事,仁爱之情必然超越个体的范围而扩充到人际和社会的领域。仁爱精神在自我与他人之间的关系中得到了集中体现,"仁"的基本含义即是指自我将其对于生命价值的肯定推广到他人身上,进而肯定他人的生命价值,这就是孔子"仁者爱人"这一经典论说的意旨所在。

据统计,在《论语》中"仁"字出现了 109 次。"仁"构成了孔子思想的核心范畴,但他并没有通过下定义的方式来赋予"仁"某种单一的含义,而是针对不同的话语情境、言谈对象随机指点,使"仁"具有多样而灵活的意蕴。当然,孔子言"仁"不拘成法,却不妨碍其自有一以贯之的基本宗旨,那就是"忠恕之道"。按照宋儒朱熹的解释,"尽己之谓忠,推己之谓恕"[③]。具体而言,"忠"意味着自我对于生命价值的内在感知和反省,进而充分地高扬这种生命价值;"恕"意味着自我基于其对人类心灵之共通性的体认,将自己对于自我生命价值的肯定推广到他人身上,同样充分高扬他人的生命价值。简言之,"忠恕"就是"将心比心,推己及人",通过自我反省而与他人痛痒相关,其基础就是内心发挥感通作用的道德情感。"忠恕之道"是孔子"仁爱"思想的实践原则,同时代表了儒家处理人际关系的基本准则。这一原则有两方面

① 赵岐注,孙奭疏:《孟子注疏》,第 373 页。

② 赵岐注,孙奭疏:《孟子注疏》,第 362 页。

③ 朱熹撰:《四书章句集注》,中华书局 1983 年版,第 72 页。

的具体表述形式，其一是“己欲立而立人，己欲达而达人”[1]。这是“忠恕”在积极方面的表述，说明自我意识到“个体的成就”是人所共同追求的正向价值，因而一个君子在自我谋求树立和通达的同时，也使他人的目标得以实现。其二是“己所不欲，勿施于人”[2]。这是“忠恕”在消极方面的表述，从反面说明自我所厌恶、所反对的负面事物（比如疾病、饥饿、杀戮等）也可能是他人所反对的，因而极力避免将其带给他人。在“忠恕之道”的实践过程中，“己”和“人”是有机关联的两个对等主体，具有共通的心理倾向和价值追求。自我在“推己及人”之时正体现出一种对于他人的关爱之情，正是基于这种关爱才能设身处地为他人着想，这就是“仁者爱人”的集中体现。

以上所论的人己关系是在一般意义上讲的。儒家特别强调五种具体的人际关系，即父子、君臣、夫妇、兄弟、朋友，此谓“五伦”，代表了中国传统社会中最基本的人际关系；基于这五种社会关系而具有的道德要求被称为“五常”，意味着这些德性要求是恒久不变的。孟子指出，理想的社会人际关系应当是“父子有亲，君臣有义，夫妇有别，长幼有叙，朋友有信”[3]。在儒家看来，“五伦”关系在根本上是由仁爱之情维系的，关于“五伦”的伦理要求如“父慈子孝”“君礼臣忠”“夫妻和顺”“兄友弟恭”“朋友诚信”[4]都可最终归结为“仁”的最高德性。正是在这个意义上，朱熹将“仁”称为“本心之全德”[5]，认为其统摄其他诸种德性。

在“五伦”之中，父子关系是人不可逃避的自然关系，儒家将其视为其他社会关系的基础。父子关系是仁爱精神最直接的体现，强调作为长辈的父母对子女要慈爱，作为晚辈的子女对父母要孝顺。一方面，它要求做长辈的不仅要以自己的德性生命为晚辈树立足可师法的生命形象，而且要本着对子女的慈爱之怀，尽心尽力地在事业与生活的方方面面为子女创造尽可能充分地发挥生命之德慧的条件与机会。另一方面，它要求做子女的对长辈要尽“孝”。因为父母不仅哺育了子女得以存在的自然生命，并抚养子女长大成人，而且是子女的启蒙老师，从说话识字到为人处世，为培育子女的文

---

① 何晏注，邢昺疏：《论语注疏》，第 83 页。

② 何晏注，邢昺疏：《论语注疏》，第 158 页。

③ 赵岐注，孙奭疏：《孟子注疏》，第 146 页。

④ 关于儒家对“五伦”的具体论述，可参见李翔海：《生生和谐——重读孔子》第二章，四川人民出版社 1996 年版，第 51～95 页。

⑤ 朱熹撰：《四书章句集注》，第 131 页。

化生命与社会生命付出了辛勤的劳动。因此，子女理当孝顺父母。正是在这个意义上，儒家将“孝悌”视作“为仁之本”①。在中国人的价值观中，“孝”是人之所以为人最应当尽到的伦理本分，正所谓“百善孝为先”。具体而言，“孝”最基本的含义是赡养父母，完成养生送死的社会责任；此外，还包括在“合礼”的前提下对于父母之命的顺从，对于父母过错的避讳和婉言劝谏，等等。进一层的含义是尊敬父母，怀着一颗“报本反始”的感恩之心回报父母对自己的疼爱之情。孔子说：“今之孝者，是谓能养。至于犬马，皆能有养；不敬，何以别乎？”②孟子说：“孝子之至，莫大乎尊亲。”③可以看到，“孝”是建立在内心由衷地“敬亲”“尊亲”的基础上的。再进一层，“孝”还要求继承和发扬父辈的志向、事业，自我奋斗以至彪炳史册、光耀门楣。《中庸》云：“夫孝也者，善继人之志，善述人之事者也。”《孝经》云：“立身行道，扬名于后世，以显父母，孝之终也。”“孝”在先秦时代主要是一个家庭伦理范畴，而在秦汉以后逐步具有了社会政治内涵；“孝”的对象不仅是自己的父母，还包括官吏、君王；“孝”不仅要求自我顺从父兄之命，而且要服从君王的统治，对上级要忠诚，这个过程被称为“移孝作忠”。

在传统中国人的家庭关系中，兄弟关系和夫妻关系同样体现出仁爱的精神。“兄弟”一伦涉及的是同辈之间的长幼秩序，儒家认为兄弟之间应当互相友爱，兄长应当对弟、妹友善和疼爱，而弟、妹则应当对兄长恭敬和顺从。相较而言，儒家在强调兄长应当友爱弟、妹的基础上，更多地关注了弟对兄的恭顺问题。这种德性被称为“悌”，在文献中往往“孝悌”并称。这说明，兄弟关系在某种意义上甚至可以看作父子关系的延伸。因为如果父亲过早过世，兄长就应当承担起类似于父亲的职责，对年幼的弟、妹负有抚养和教育的义务，所以弟、妹理应像孝敬父母那样恭敬兄长。儒家进一步将这种年幼者对于年长者的恭敬美德扩大到全社会范围，倡导尊敬比自己年长的人，尤其是老年人，所谓“老吾老以及人之老”。“长幼有叙”的伦理规范造就了中国社会“尊老”的传统，这种传统注重保证老年人的社会福利，将“老者皆有所养”视为最为理想的“大同”社会的重要标志。

“夫妇”一伦关注于婚姻关系中男女之间的关系问题。《中庸》指出：“君

---

① 何晏注，邢昺疏：《论语注疏》，第 3 页。

② 何晏注，邢昺疏：《论语注疏》，第 17 页。

③ 赵岐注，孙奭疏：《孟子注疏》，第 253 页。

子之道，造端乎夫妇，及其至也，察乎天地。”东汉才女班昭在其著作《女诫》中说：“夫妇之道，参配阴阳，通达神明，诚天地之弘义，人伦之大节也。”可见，中国人对于夫妻关系非常重视，将其作为成就君子人格的重要基础。早期儒家倡导的夫妻关系并不是单向的服从与被服从关系，而是强调夫妻基于各自的特点进行有机结合，在分工协作的基础上达到家庭的和谐，正所谓“夫妇和而后家道成”，进而维持社会的整体和谐。因此，理想的夫妻关系是男女双方互相敬重，不仅关切对方的饮食起居，而且达到精神的深度沟通，彼此心心相印、痛痒相关，做到“举案齐眉、相敬如宾”，共同营造和谐欢乐的家庭氛围，如同《诗经·小雅·棠棣》所描述的“妻子好合，如鼓瑟琴”，“宜尔室家，乐尔妻帑”。中国人特别强调“家和万事兴”，认为和谐的家庭关系是社会稳定的基础，而夫妻间的和谐是家庭和睦的根本保证，夫妻之间的互相亲爱同样是“仁者爱人”这一精神的重要体现。当然，由于时代的局限，在中国传统社会中，夫妻关系中也出现了“男尊女卑”“夫为妻纲”乃至以“三从四德”来束缚女性的情况，片面强调妻子对于丈夫尽义务的一面。归根结底，这是有违仁爱精神之要求的。

中国传统社会的基本组成单位是由血缘和婚姻结合而成的家庭（家族）。“五伦”之中的“父子”“兄弟”“夫妇”三者都着眼于人的家庭关系，维系家庭关系的主要力量来自亲情，这是一种建基于自然生命的情感诉求，是人所本然固有、自然流露的亲爱之情。儒家将这种亲亲之爱提升为“仁”的道德品质，以此为中心展开了一套系统的伦理学说、政治学说和本体论学说。《大学》将君子的社会实践展开为“修身、齐家、治国、平天下”四个基本步骤，其中“齐家”的环节非常重要。在儒家看来，能否处理好家庭内部的种种关系是衡量一个人能否成为君子的重要标志之一，也是个体能否进入社会的必要前提。儒家认为，纷繁复杂的社会关系不外是家庭关系的放大和推广，基于家庭生活而具有的道德规范和处事方式可以广泛地应用于社会生活的方方面面，原因在于亲亲之情先天而普遍地存在于人心之中，这种人所本有共有的情感就是孔子所讲的“仁”。儒家在肯定仁爱精神普遍性的同时，也强调仁爱的“差等原则”，后者就是孟子所讲的“爱无差等，施由亲始”[①]。就是说，仁爱的实现方式根据与自身关系的亲疏远近呈现为一个差别化的价

① 赵岐注，孙奭疏：《孟子注疏》，第 155 页。

值序列，对自己父母的亲爱具有优先性，而对于他人父母的亲爱是由前者所推扩、所派生的，人应当在赡养和侍奉好自己父母的前提下再去顾及他人父母，否则就是违情悖理的。根据仁爱对象的价值等级，孟子区分了三种不同级别的情感："君子之于物也，爱之而弗仁；于民也，仁之而弗亲。亲亲而仁民，仁民而爱物。"①在这个价值序列中，血缘之亲是最高的，其次是人类，再次是一般意义上的物。因此，"亲亲"优先于"仁民"，"仁民"优先于"爱物"。

近代以来，有一些人批评儒家思想只重视"私德"而忽视"公德"，只讲血缘亲情而不论法制公理，由此否定儒家仁爱精神的普遍性。这种批评实际上是对"爱有差等"原则的一种误解。上引孟子的话从消极方面理解，是说仁爱精神具体实现的差别原则；从积极方面理解，则是凸显了仁爱精神内在的推扩原则：不能止于血缘之亲，而必然推之于人类全体，亦不能止于人类之特一物种，而必然推之于宇宙万物，"亲亲"是一个起点，而最终的目的指向"仁民""爱物"。仁爱精神这种推扩原则的动力机制来自"仁"的普遍性，而保证这种普遍性的基础是一套宇宙论和本体论学说（详见后文的具体阐述）。孔子所谓"泛爱众，而亲仁"②，孟子所谓"老吾老以及人之老，幼吾幼以及人之幼"③，董仲舒所谓"仁者所以爱人类也"④，韩愈所谓"博爱之谓仁"⑤，张载提出"民吾同胞"⑥，王阳明所谓"视天下犹一家，中国犹一人"⑦，正是这一建立在仁爱精神基础上的推扩原则的鲜明体现。

依据仁爱精神的推扩原则，对于君子而言，"治国"也就是在政治活动中处理与更广泛的他人的各种关系，可以看作"齐家"的自然延伸。就政治领域而言，传统社会中最基本的人伦关系就是"君臣"或"君民"之间的关系。儒家认为，这种上下级之间的关系同样应当讲求仁爱精神，主张"为政在人，取人以身，修身以道，修道以仁"⑧。为此，就要将"仁"作为最核心的价值观念以指导制度建构。这种政治的最高理想就是"仁政"。孔子"为政以德"的

① 赵岐注，孙奭疏：《孟子注疏》，第 377 页。
② 何晏注，邢昺疏：《论语注疏》，第 7 页。
③ 赵岐注，孙奭疏：《孟子注疏》，第 21 页。
④ 苏舆撰，钟哲点校：《春秋繁露义证》，中华书局 1992 年版，第 257 页。
⑤ 韩愈撰，马其昶注：《韩昌黎文集校注》第一卷，上海古籍出版社 2014 年版，第 15 页。
⑥ 张载著，章锡琛点校：《张载集》，中华书局 1978 年版，第 62 页。
⑦ 王守仁：《王阳明全集》卷二六，上海古籍出版社 1992 年版，第 968 页。
⑧ 朱熹撰：《四句章句集注》，第 28 页。

主张为“仁政”提供了基本原则，孟子则进一步对“仁政”进行了比较系统的论述，并从性善论出发揭明这种政治原则根植于人性的内在基础。他指出：“先王有不忍人之心，斯有不忍人之政矣。以不忍人之心，行不忍人之政，治天下可运之掌上。”[①]“不忍人之心”就是“仁心”，所谓“仁政”就是“仁心”在政治上的应用和推广，具体内容是强调君主对于治下百姓要有关切爱护之心，理想的圣王应当做到“视民如伤、爱民如子”。就是说，他体恤人民的疾苦与之痛痒相关，如同对待自己身上的切肤伤痛一样，关爱人民无微不至，如同父亲关爱子女一样。在圣王的这种推己及人的心灵感通之下，每个人都安居乐业，好像沐浴着和煦的春风、温润的甘霖，无不心悦诚服地认同圣王的统治。

就其理想形态而言，中国文化的仁爱精神最终落脚于“天下为公”的“大同盛世”。儒家描绘了这种美好的社会景象：“大道之行也，天下为公，选贤与能，讲信修睦。故人不独亲其亲，不独子其子，使老有所终，壮有所用，幼有所长，鳏寡孤独废疾者皆有所养，男有分，女有归。货恶其弃于地也，不必藏于己；力恶其不出于身也，不必为己。是故谋闭而不兴，盗窃乱贼而不作，故外户而不闭。是谓大同。”[②]这样的大同社会，物质财富丰富，精神风尚良好，人们都能够超越“私心”的局限而达到自觉利他的道德境界，是一个充满和谐仁爱的“人间天国”。

综上所述，仁爱精神具有不断推扩、感通遍润的特点。“仁”这种本真而深厚的道德情感必然要超出个体的范围，由自我推广到自己的家庭、社群、国家乃至全人类。这种“类性之仁”的核心价值是一种人文主义精神，将人本身的尊严和价值高高挺立，使得人由“天地中之一物”提升为“万物之灵”，获得了与天地并立的崇高地位。“类性之仁”所蕴含的人文主义根源于一种具有道德价值的情感，强调人人在共有的情感基础上相互感通与推扩。这不同于西方近代以来建基于理性主义的人文主义思潮，体现出中国文化自身的特质。

① 赵岐注，孙奭疏：《孟子注疏》，第93页。
② 郑玄注，孔颖达疏：《礼记正义》，第658～659页。

三、推人及物——成物之仁

通过仁心的推己及人，仁爱的范围扩大为人类全体。然而，人类不过是茫茫宇宙中之一物，仁心的推扩原则必然超越人类的这种特殊性而进一步涉及其他种类的物，这种推人及物的活动，最终将作为人类生存环境的整个自然界作为仁爱的对象，由“仁民”推至“爱物”。本文借用《中庸》之语将这种对物的“爱”称为“成物之仁”。在这种仁爱万物的情感意向活动中，万物已然不再是自然存在的“自在之物”，而是被仁心赋予了价值的意味，成为对人具有道德意义的“为我之物”。

在中国文化中，人与自然是内在一体的，人与自然以及作为本体的天、道构成了一体统合的“大化流行”。其中，作为大宇长宙中唯一具有灵明者，人并非完全类同于其他万物的存在，而是具有一种特殊使命，即通过人的存在不仅可以更为充分地实现天地之道，而且可以使之发扬光大。但是，这一特殊使命归根结底依然是为了实现天地万物自身本有的内在价值，其特殊之处只在于：只有通过作为天地之灵明的人的努力，天地万物自身本有的价值才能实现得更为豁显，亦更为充分。

传统儒家对于自然万物的理解包含了一种道德目的论，认为“天地生物以养人”，天地在创生了人的同时也创生了万物以供养人的生存。这体现了天地对于人的一种深厚而博大的恩情，因而人与万物之间具有一种亲缘感。这种亲缘感转化为一种生态意识，即要提倡合理地利用资源，保护自然环境，保持人与自然之间的和谐相处。

在儒家看来，大自然中的花草树木、飞禽走兽都充满生机活力，山川湖海、瓦石沙土为生命提供了生存空间，这一切都是生生不息的宇宙天道的体现。孔子主张“钓而不纲，弋不射宿”①，就是在垂钓时不用网捕捞幼小的鱼苗，在狩猎时不射杀归巢的禽鸟，这些都体现出保护弱小的生命以使之代代延续的仁爱之心。孟子更是从“不忍之心”出发，对于生命怀着一种悲悯之情，反对滥杀虐待生物：“君子之于禽兽也，见其生，不忍见其死；闻其声，不忍食其肉。”②在谈到“仁政”时，孟子还指出，仁政的基础在于有节制地利用

① 何晏注，邢昺疏：《论语注疏》，第94页。

② 赵岐注，孙奭疏：《孟子注疏》，第20页。

自然资源进行农业生产，积累社会财富："不违农时，谷不可胜食也；数罟不入洿池，鱼鳖不可胜食也；斧斤以时入山林，材木不可胜用也。谷与鱼鳖不可胜食，材木不可胜用，是使民养生丧死无憾也。养生丧死无憾，王道之始也。"[①]荀子也将可持续发展的农业生产视为"圣王之制"的基本内容："草木荣华滋硕之时，则斧斤不入山林，不夭其生，不绝其长也。鼋鼍鱼鳖鳅鳣孕别之时，罔罟毒药不入泽，不夭其生，不绝其长也。春耕、夏耘、秋收、冬藏，四者不失时，故五谷不绝，而百姓有余食也。污池渊沼川泽谨其时禁，故鱼鳖优多而百姓有余用也。斩伐养长不失其时，故山林不童而百姓有余材也。"[②]

上述生态观念基于一种实用目的而具有某种功利性。此外，儒家生态思想中还有对于自然事物进行审美欣赏和哲学阐释的另一面向，后者超越了前者的功利性，而更鲜明地体现出仁爱精神对于自然价值的肯定。孔子对于山间的野雉表示出欣赏，弟子子路也对禽鸟拱手致意，对于大自然中的生命充满了爱护和尊重。[③] 不仅如此，孔子对于无生命的自然事物同样加以欣赏，从中体味出道德的意义和审美的欣趣。他登高俯瞰奔流的大河，发出"逝者如斯夫！不舍昼夜"[④]的感叹。孟子有感于孔子对流水的领悟，进一步把这一现象阐释为"有本有根、源源不断、笃行不倦、名实相应"的价值意涵："原泉混混，不舍昼夜。盈科而后进，放乎四海，有本者如是，是之取尔。苟为无本，七八月之间雨集，沟浍皆盈；其涸也，可立而待也。故声闻过情，君子耻之。"[⑤]在孔孟看来，大自然就是启迪智慧的源泉，时时观赏就能体会出宇宙人生的大道，处处反省就能提升自身的精神境界。同样，《易传》的作者也认为，正是在对天地万物的仰观俯察之中，圣人体会到了宇宙天道的变化规律："古者包牺氏之王天下也，仰则观象于天，俯则观法于地，观鸟兽之文，与地之宜，近取诸身，远取诸物，于是始作八卦，以通神明之德，以类万物之情。"[⑥]因此，《易传》着力从《易经》六十四卦中的自然物象阐发出君子进德

---

① 赵岐注，孙奭疏：《孟子注疏》，第 9～10 页。

② 王先谦撰，王啸寰、王星贤点校：《荀子集解》，中华书局 1988 年版，第 165 页。

③ 《论语·乡党》："色斯举矣，翔而后集。曰：'山梁雌雉，时哉！时哉！'子路共之，三嗅而作。"

④ 何晏注，邢昺疏：《论语注疏》，第 119 页。

⑤ 赵岐注，孙奭疏：《孟子注疏》，第 222 页。

⑥ 王弼注，孔颖达疏：《周易正义》，北京大学出版社 1999 年版，第 298 页。

修业的道德教义，最为典型的就是“效天法地”，高天刚健有为，因而君子应当像天那样“自强不息”；大地柔顺博大，因而君子应当“厚德载物”。[①] 在宋明儒者那里，周敦颐主张“绿满窗前草不除”，因为窗前青草可以体现出宇宙的生生之意[②]；张载提倡“观驴鸣”，从中体会生命的跃动；程颢认为“观鸡雏。此可观仁”[③]，因为初生的鸡雏最为弱小，最能唤起心中的怜爱恻隐之情，同时他又“置盆池畜小鱼数尾，时时观之，或问其故，曰：‘欲观万物自得意。’”[④]王阳明所谓“见鸟兽之哀鸣觳觫，而必有不忍之心焉……见草木之摧折而必有悯恤之心焉……见瓦石之毁坏而必有顾惜之心焉”[⑤]的说法，最为集中地表达了儒者“推心及物”的“仁者胸次”。

综上所述，仁爱精神超越了人类这一种群的限制而扩大到天地万物，不仅怜惜体恤有生命的鸟兽草木，而且关爱呵护无生命的砖瓦石砾，将万物视为与自身休戚相关的朋友。张载在《西铭》开篇写道：“乾称父，坤称母；予兹藐焉，乃混然中处。故天地之塞，吾其体；天地之帅，吾其性。民吾同胞，物吾与也。”[⑥]儒者具有这样的博大情怀，将天地视为生养万物的父母，而人与物都不外是天地所生的子女。因此，从天地的视角来看人与物之间的关系，物是人的同类朋辈，人类在利用万物来维持生命的同时，也应当使万物延续种群和自然生长，这就是《中庸》所讲的“成己”与“成物”。《中庸》的作者认为：“诚者物之终始，不诚无物。是故君子诚之为贵。诚者非自成己而已也，所以成物也。成己，仁也；成物，知也。性之德也，合外内之道也，故时措之宜也。”君子在内在“成己”的基础上外在“成物”，最终达到“己”与“物”的合一，这就是“合外内之道”，将“诚”的天道完美地展现出来，这就体现出“仁”作为宇宙本体的意义——“生生不息”。

---

① 《周易·乾卦·象传》：“天行健，君子以自强不息。”“地势坤，君子以厚德载物。”

② “周茂叔窗前草不除去，问之，云：与自家意思一般。”（程颢、程颐著，王孝鱼点校：《二程集》，第60页）

③ 程颢、程颐著，王孝鱼点校：《二程集》，中华书局2004年版，第59页。

④ 黄宗羲原著，全祖望补修：《宋元学案》，中华书局1986年版，第578页。

⑤ 王守仁：《王阳明全集》卷二六，第968页。

⑥ 张载著，章锡琛点校：《张载集》，第62页。

四、生生不息——本体之仁

在儒家思想中，“仁”不仅是人道的德性，而且是天道的品格，不仅是一个道德哲学的范畴，还是一个宇宙论和本体论的范畴。作为天道本体的“仁”，其基本内涵是“生生”，代表了宇宙天道永不止息的生命创造力。在儒家看来，“天地之大德曰生”①，就是说天地最高的德性在于创生万物。因此，天道的运行目的指向使万物得以生养和成全，这个过程被称为“生生之谓易”②。所谓“生生”，是说天道运行不是一次创生就止歇的，而是创生了再创生，创造出可以自我生长的新生命，这个生命还会创造新的生命，因此“生生”就成为一个永恒的过程。这种生命观强调宇宙中的一切事物都是天道创生力的体现，宇宙运行的目的是成全而不是毁灭，是培护而不是征服，是促进而不是遏制。儒家将天道创生万物的活动理解为天道自身仁爱精神的体现，认为天道之所以创生万物就是肯定了万物存在和生长的内在价值，就是由于其对万物具有一种博大而深厚的“仁爱之情”，这种仁爱之情是大公至正、无所偏私的。以天道观之，万物无所谓高低、贵贱、好坏、强弱，万物都承受着“生生天道”的恩泽，因此都具有存在、生长、繁育的天赋权利。人作为天地最为杰出的创造物，应当积极地推动这个“生生”的过程。

如果说生生不息的“本体之仁”在先秦儒家那里虽有所显露但并非关注的重心，到了宋明儒家那里其本体意涵则得到了全幅透显。张载所谓“天体物不遗，犹仁体事无不在也”③，实际上是揭示了“天”与“仁”所共同的无限性和遍在性。朱熹则将“仁”的本体论意义更为充分地揭示出来，指出：“天地以生物为心者也，而人物之生，又各得夫天地之心以为心者也。故语心之德，虽其总摄贯通，无所不备，然一言以蔽之，则曰仁而已矣。”④“盖仁之为道，乃天地生物之心，即物而在。情之未发，而此体已具；情之既发，而其用不穷。诚能体而存之，则众善之源、百行之本莫不在是。”⑤在朱熹看来，“仁”

---

① 王弼注，孔颖达疏：《周易正义》，第 297 页。

② 王弼注，孔颖达疏：《周易正义》，第 271 页。

③ 张载著，章锡琛点校：《张载集》，第 13 页。

④ 郭齐、尹波点校：《朱熹集》卷一七，四川教育出版社 1996 年版，第 3542 页。

⑤ 郭齐、尹波点校：《朱熹集》卷一七，第 3543 页。

之所以为“仁”的根本，在于“天地生物之心”。也就是说，天地以创生万物为其基本的存在形态：天地“别无所作为，只是生物而已。亘古亘今，生生不穷”[①]。所谓“天地生物之心”就是万物之所以生生的内在根据（“生理”），这种“生理”是超越而普遍的，如同仁德是超越而普遍的一样，因此朱熹将其称为“仁”，有时也将“仁”解说为“生意”“生气”。[②]

在儒家哲学中，这种具有超越意义的“仁”不仅是宇宙的本体，而且是一种高妙的人生境界。作为境界，“仁”代表了道德完备的圣人在修养基础上所体会到的“天人合一”的精神状态。这种境界借用庄子的话来形容，就是“天地与我并生，而万物与我为一”。张载认为：“圣人尽性，不以见闻梏其心，其视天下无一物非我。”[③]程颢指出：“仁者，浑然与物同体。”[④]“仁者，以天地万物为一体，莫非己也。”[⑤]王阳明指出：“大人者，以天地万物为一体者也。其视天下犹一家，中国犹一人焉。”“大人之能以天地万物为一体也，非意之也，其心之仁本若是。”[⑥]正如宋明儒者所着力凸显的那样，“仁”的最高境界就是人的德性精神与宇宙天道之大德的内在合一，道德心性的感通遍润就是与天地宇宙生生之德的大化流行融为一体的，这就是“天人合一”之境。今人冯友兰先生将这一最高的人生境界称为“天地境界”，在这个境界中人的最高造诣就是“自同于大全”，他将其具体称为“同天境界”。[⑦]

正像冯友兰先生所指出的那样，“天地境界”中的人就是作为“人伦之至”的圣人。圣人不仅能够“成己”“成物”，而且能够“参赞天地之化育”。正如《中庸》所指出的：“唯天下至诚，为能尽其性；能尽其性，则能尽人之性；能尽人之性，则能尽物之性；能尽物之性，则可以赞天地之化育；可以赞天地之化育，则可以与天地参矣。”也就是说，只有将“仁爱之心”发挥到极致并达到“至诚”之境的圣人，才能够将自身内在的天赋本性充分地发挥出来，进而使他人的本性乃至万物的本性也得到彻底发挥，达到了这种境界就可以协助

---

① 黎靖德编，王星贤点校：《朱子语类》，中华书局 1994 年版，第 1280 页。

② 黎靖德编，王星贤点校：《朱子语类》，第 107 页。

③ 张载著，章锡琛点校：《张载集》，第 24 页。

④ 程颢、程颐著，王孝鱼点校：《二程集》，第 16 页。

⑤ 程颢、程颐著，王孝鱼点校：《二程集》，第 15 页。

⑥ 王守仁：《王阳明全集》卷二六，第 968 页。

⑦ 参见冯友兰：《新原人》，《三松堂全集》第四卷，河南人民出版社 2001 年版，第 569 页。

天地创生培育万物，这样圣人就足以与天、地并立而为三。由此，“仁心”的充极推扩，不仅将达至人的充分实现、促使“人间天国”大同之世的到来，而且将使天地宇宙在生生不息的大化流行中呈现出“万物并育而不相害，道并行而不相悖”的“太和”之境。在一定意义上，这也是中国文化的高度理想性之所在。

以上就“个体之仁”“类性之仁”“成物之仁”“本体之仁”四个层面展现了以儒家为主导的中国传统文化关于“仁爱”精神的基本内涵，这四个层面之间是有机联系、逐层推演的，分别与自我、人际社会、自然界和宇宙本体相联系，四者之间的内在逻辑是仁爱精神的推扩原则，这种推扩建基于仁爱之情的感通作用。在儒家看来，这种仁爱之情的逐层延展，不仅是一个认识提升的过程，更主要的是一个不断进行修养实践的过程。仁爱精神起源于人内心之中的一种天然情感，最终指向天人合一、物我一体的人格境界。在一定意义上，“仁”的充量发挥体现了中国文化高度的精神追求，体现了中国文化的“可久、可大”之道，在培育中华民族精神方面发挥了重要的作用。尽管近代以来中国社会经历了深刻的变革，但这种仁爱精神依然作为中国文化的根本精神特质，具有悠久绵长的思想意义。